河北高校学报
特色栏目文库

陈　玉　总主编

王明娟·主编

避暑山庄研究

燕山大学出版社
·秦皇岛·

总序:建设特色栏目集群　提升高校学报影响力

　　中国特色社会主义建设进入新时代,中华民族伟大复兴的历史重任,呼唤加快构建中国特色哲学社会科学。高校学报在我国出版传媒领域中是期刊方阵的重要组成部分,围绕提升学报水平和影响力开展深入研究,是构建中国特色哲学社会科学的内在要求。

　　2021 年 5 月 9 日习近平总书记复信山东大学文科学报《文史哲》编辑部,指出"高品质的学术期刊就是要坚守初心、引领创新,展示高水平研究成果,支持优秀学术人才成长,促进中外学术交流"。贯彻新发展理念,学术期刊的高质量发展,应当为全社会的高质量发展提供知识支撑、发挥创新引领作用,就是要在新发展格局下,提升服务国家创新发展、服务全社会高质量发展的能力和水平,担当好学术期刊的使命。这正是我们开展相关研究的思想起点。

　　目前,河北省共有 89 种高校学报,在全省全部期刊中占比将近一半,在全国各省市自治区中排名第 7,堪称学报大省,但是这些高校学报跻身北大核心期刊的仅有 7 种,与学报大省的地位很不相称,在京津冀区域社会经济、科教文化的协同发展中明显滞后,某种程度上已经成为河北省人文社会科学发展的短板,影响了河北省高校的学术形象。

　　高校学报存在的共性问题,往往来源于一校一刊、学科综合,使它们总体上陷入千刊一面、低水平重复,尤其是地方高校学报在评价指标面前处于竞争劣势。着眼未来发展,学报的稿源、作者、编辑人才以及引文率、发行量平均增长率、辐射范围等指标的数量与质量如何平衡,如何实现良性循环、可持续发展,高校学报界在不断地进行艰辛探索。

　　2021 年,燕山大学主持申报的"河北省高校学报影响力提升路径研究"获得河北省教育厅人文社会科学研究重大课题攻关项目立项支持,同时得到河北大学、衡水学院、邯郸学院、河北民族师范学院等高校学报同行的热情响应,研究很快开展起来。

纵观国内外的相关研究,按期刊影响力辐射范围,可分为国内影响力研究和国际影响力研究。国内影响力的研究主要由国内权威的核心期刊评价机构的评价指标体系构成,即使用期刊影响因子、论文被引量、下载率、转载、摘编情况等要素来考察期刊影响力的指标现状、差异性和发展趋势等。国际影响力研究主要集中于科技类综合期刊和专业性期刊的探讨,有关外语类、双语类期刊和权威核心期刊的较多,社科类期刊的国际影响力研究成果相对较少。对于主体的研究,按照期刊影响力的人力资源构成,可分为以作者为核心的主体研究和以编辑、编委会在学术期刊影响力中发挥能动作用的主体研究。此外还有媒介和渠道研究、国家工程和项目资助研究、期刊评价微观方法研究、特色栏目研究等不同维度。在这些研究中,定性研究占比大,中心议题是围绕高校学报发展现状如何、面临哪些困境,是否需要转型以及转型的效果等,对转型的路径探讨大体上可归纳为特色化、数字化、专业化三条道路。

在上述已经开展的研究中,尤其值得关注的是特色名栏研究这个视角。

在当前学报管理体制尚不能进行变革的前提下,学界几乎将特色化发展视为学报走出困局的唯一方法,社科学报是其中的重点。刘曙光、张积玉、龙协涛、蒋重跃、余志虎、张媛、姚申等学者专家都倾向于认为,高校社科学报应该立足于本地区的历史文化优势,突出地方特色,精心设计特色栏目,在教育部"名栏工程"以及全国高等学校文科学报研究会"特色栏目"评选的推动下,更多的期刊界同仁应当将打造特色栏目作为高校社科学报特色化转型的路径选择,普通高校社科学报通过打造特色栏目形成鲜明的个性文化,是打破"千刊一面"的生长点,既有特色又有水平是高校社科学报特色栏目建设的目标,打造高校社科学报特色栏目是保持高校社科学报的竞争力和提升社会影响力的重要举措,高校社科学报专业化、特色化是综合性文科学报走出困境的唯一道路,高校社科学报应该向集约化、专业化、联合办刊、栏目共建、内涵式发展方向努力,发挥学科优势、地域特色和历史传统,坚持个性化发展,有所为有所不为,必须立足于本校学科优势、地域特色和历史传统,制定科学的评价体系,鼓励个性化办刊。

我们的课题组受到启发,聚焦于特色栏目研究视角,从这个角度切入,展开了学报特色化、专业化研究,目标是以研究特色栏目为中心,分析河北省高校学报的现状、学报评价机制存在的问题,探索提升河北省高校学报影响力的路径。通过研究特色栏目所体现的学报传播方式,推动突破核心期刊至上的学报思维定势、评价模式,转变以刊评文的惯性思维,巩固学报的应有地位,建立更加科学、合理的学报评价体系,为破除"唯核心"的期刊评价体系提供新的评价思维和指标,引领学报转变发展模式,走特色发展之路。

所幸河北省高校学报在打造特色栏目方面已经具备了较好的基础,经过多年辛勤建设,现在拥有"宋史研究""董仲舒与儒学研究""赵文化研究""典籍翻译研究""避暑山庄研究"等约20个特色栏目,已经形成了一个以特色栏目为核心的期刊群,在学报界令人瞩目。这些特色栏目以地域和学科优势为支撑,做到了"人无我有,人有我强",成为学报的支柱性学术高地。壮大特色栏目群,与高校双一流建设同向同行,将是河北省高校学报走出困局、提升影响力的一个突破口,同时也正在形成一个相关的学术共同体。

英国科学家和哲学家坡朗依在《科学的自治》一文中首先提出科学共同体概念,指出学术共同体是从事科学研究的主要阵地和重要载体。学术共同体是学报开展学术交流和学术评价必须把握的关键性的互动关系。构建学报的学术共同体是主客体相互统一的过程,能够统筹人力资源、学术与文化资源、传播渠道、受众需求等各个要素,优化出版方式。

为凸显河北省高校学报社科特色栏目作为学术共同体形成的集群化特征,本课题组策划组织编纂了这套"河北省高校学报特色栏目文库",以突出展示河北省高校的学术成果,催生河北省高校学报特色栏目的集群效应,希望对学报界具有一定的示范意义,积极引领学报的发展。

这套文库由陈玉教授总体设计、全面把握,由一批长期主持特色栏目、经验丰富的一线学报编辑亲自主编,精选河北省5家高校社科学报

特色栏目发表的高质量、有影响的论文,分别汇编集成。首辑共收录5个分册:

《燕山大学学报(哲学社会科学版)》编辑董明伟精选"典籍翻译研究"栏目的代表性论文,主编《典籍翻译研究》;

《河北大学学报(哲学社会科学版)》编辑卢春艳精选"宋史研究"栏目的代表性论文,主编《宋史研究》;

《衡水学院学报》编辑曹迎春精选"董仲舒与儒学研究"栏目的代表性论文,主编《董仲舒与儒学研究》;

《邯郸学院学报》编辑贾建钢精选"赵文化研究"栏目的代表性论文,主编《赵文化研究》;

《河北民族师范学院学报》编辑王明娟精选"避暑山庄研究"栏目的代表性论文,主编《避暑山庄研究》。

编选出版一个省的高校学报特色栏目文库,这在全国尚属新鲜的做法。今后有条件的情况下,我们还将继续拓展补充收录更多的专栏文集。燕山大学出版社对该文库的组稿出版给予指导与支持,感谢出版社的各位编辑用精细严谨的工作与学报编辑们联手为读者呈现了这套颇具专业性的学术研究合集。

甲辰龙年伊始,诚愿以"河北省高校学报特色栏目文库"为龙头,引发河北省高校学报加快提升影响力的思考与行动,促进其有力推动社会经济、科教文化的发展,奋力向着建设成为学报强省的愿景进发!

"河北省高校学报影响力提升路径研究"课题组主持人
燕山大学教授、博士生导师
陈　玉
2024 年 2 月于燕园

序　言

2021 年河北省教育厅人文社会科学研究重大课题攻关项目"河北省高校学报影响力提升路径研究"正式立项,课题的总体框架是以河北省高校学报特色栏目研究为中心,着重研究并出版"河北省高校学报特色栏目文库"(5 种)。《河北民族师范学院学报》的特色栏目"避暑山庄研究"是"文库"的组成部分之一,为此,我们遴选了在《河北民族师范学院学报》刊发过的相关的优秀论文结集出版。

"避暑山庄研究"专栏是《河北民族师范学院学报》特色栏目,创设于 1982 年,40 多年来,专栏已刊发论文 300 余篇,共计 260 余万字。专栏在 2014 年、2019 年和 2023 年全国高等学校文科学报研究会评优活动中荣获特色栏目奖,2018 年荣获全国地方高校学报名栏奖。本次遴选坚持学术至上、宁缺毋滥的原则,选出的论文具有较高的学术价值和代表性,在一定程度上体现了避暑山庄研究的整体水平。这 22 篇优秀论文内容涵盖政治、经济、文化、民族融合等领域,其中,避暑山庄与清代政治研究论文 7 篇,避暑山庄文化研究论文 12 篇,有关避暑山庄与民族融合论文 3 篇。发表于 2000—2009 年的论文有 8 篇,发表于 2010—2019 年的论文有 11 篇,发表于 2020 年以来的论文有 3 篇。借此结集出版之际,对避暑山庄研究专栏的建设与发展作一总结与回顾。

一、"避暑山庄研究"专栏的设置缘由

承德历史悠久,最早可以追溯到新石器时代,这里古建众多、文物丰富,气候物产条件得天独厚,又是清代康乾时期全国的第二个政治中心,举世闻名的避暑山庄及周围寺庙 1994 年被联合国教科文组织列入世界文化遗产名录。习近平总书记 2021 年 8 月 24 日在考察承德避暑山庄时指出:"承德避暑山庄底蕴深厚,在民族交往交流交融、宗教与社会相

适应、传统文化保护和传承、人与自然和谐相处等方面具有重要历史价值和时代意义。"

河北民族师范学院有百余年的办学历史,文化底蕴深厚,是承德当地唯一一所综合性民族高等院校,有一批造诣很高的文史研究人员,长期致力于山庄研究,具有人才专业优势,已形成了一支结构合理、学术背景全面的避暑山庄研究团队。《河北民族师范学院学报》创设"避暑山庄研究"专栏,择优刊发避暑山庄及周围寺庙相关研究成果,为各界学者提供了学术交流平台,同时又能够很好地凝练、构建期刊特色,使之成为学报发展的重要驱动力。

二、"避暑山庄研究"专栏成果一瞥

一座山庄,半部清史,"避暑山庄是中国三百多年来发展的见证"(戴逸语)。40多年来,"避暑山庄研究"专栏围绕避暑山庄及周围寺庙的功能价值、园林建筑艺术、民族团结、文学艺术等进行了广泛研讨,达到了以史为鉴、经世致用的目的。

(一)避暑山庄与承德历史文化研究

蒋秀丹的《扈从文臣与山庄文化》指出,康乾时期的避暑山庄,曾经来过很多政治家、诗人、文学家、史学家、画家,他们的创作,使一座政治性的园林充满了人文色彩,拥有了巨大文化价值。纪欣的《清代康乾盛世以前滦河流域文明的五次高潮》认为,在清代康乾盛世以前,滦河流域文明曾出现过五次高潮,即红山文化、燕文化、唐朝铜镜文化、辽驿路文化和金代北方农业文化。此外还有李月明的《避暑山庄文化点滴——避暑山庄三百年文化沉思》和彭俊波的《北巡、避暑、怀柔、绥靖及其他——避暑山庄文化的现实意义》等。

(二)避暑山庄文学艺术研究

避暑山庄内各名胜景点留有大量具有重要的政治、历史、文化、艺术、民族等方面内涵的楹联、碑文。于佩琴的《山庄皇家寺庙额联蕴含的佛教思想》指出,避暑山庄内外寺庙楹联记录了"康乾盛世"在推行民族团结政策方面所取得的成就,展示了佛教的善恶观念。马云峰的《谈避暑山庄题额和楹联的学术价值》一文指出,避暑山庄的题额和楹联反映了题写者的政治抱负和勤政思想、道德观念和审美追求、民本思想及重视农业的精神及其所奉行的民族政策。周殿芳的《从避暑山庄诗看康乾御制诗的艺术价值》指出,避暑山庄诗基本是用赋的方法写成,赋中兼有比兴,洋溢着浪漫主义的气氛,有浓厚的生活气息,也有浓厚的幻想成分。白晓颖在《避暑山庄文化中的音乐形态》一文中指出,避暑山庄的宫廷音乐有中和韶乐、丹陛大乐、中和清乐、丹陛清乐、导迎乐、铙歌乐、禾辞桑歌乐、庆神欢乐、宴乐、赐宴乐、乡乐等,乐器则随各乐类的不同功用而各异。张德锤的《避暑山庄园林之雄浑美》认为,从园林布局角度说,依山傍水的景观构筑格局使避暑山庄各景观互相遮掩,互为衬景,形成具体看"有"、全局看"无"的特点,显示"返虚入浑",体现了康乾雄健的精神,显示了"积健为雄"的特点,体现了山庄园林的雄浑美。

(三)避暑山庄与清代政治研究

正如李月明在《避暑山庄文化点滴——避暑山庄三百年文化沉思》中所说:"当我们游览避暑山庄时,首先看到的是风景幽美的园林和气势雄伟的寺庙,但却蕴含着明确的政治目的和政治思想。"古语有云"清帝驻跸山庄,如在京师上朝议事",康熙、乾隆和嘉庆三位皇帝曾经多次在避暑山庄中处理朝廷政务。于佩琴在《略论避暑山庄的历史地位和作用》一文中指出,避暑山庄是其引见官吏,接见各民族王公贵族、外国使节及处理朝政,举行各种政治活动的场所,实际上成为清帝处理民族事务、加强北部边防的政治中心,在建立统一的多民族国家的历史进程中发挥了特殊作用。张德锤在《康熙大帝的进取精神》一文中指出,康熙的进取精神表现在:他走在了当时学习儒家文化和西方文化的前列;他坚持"用人行政,惟求其是"的思想路线;他能正确地吸取历史经验教训,完成了民族融合的历史任务。

（四）避暑山庄及外八庙与民族融合研究

外八庙是清王朝中央团结少数民族、巩固发展民族关系、共同抵御外来侵略威胁的历史写照。康熙、乾隆曾经多次在承德避暑山庄接见少数民族首领，促进了少数民族和清王朝的交流，对民族融合起到了一定的促进作用。孙福何在《从避暑山庄及周围寺庙看清代少数民族政策》一文中指出，避暑山庄是实现民族融合、巩固边疆的地方，彰显清帝利用民族与宗教政策，加强民族融合与统一的政治谋略。高俊杰在《须弥福寿之庙民族团结价值研究》一文中指出，须弥福寿之庙是清政府推崇藏传佛教，团结边疆少数民族而修建的最具代表性的藏汉建筑典范，是民族团结的丰碑。

（五）园林古建研究

避暑山庄内有亭、阁、轩、榭、庙宇等 120 余组景观。樊淑媛在《避暑山庄园林艺术特征》一文中对避暑山庄的园林艺术特征从六个方面加以阐述：峰峦岑岭，争奇竞秀；峰落湖心，山水相连；山林古秀，清凉幽静；草原鹿鸣，野趣无穷；园林建筑，融于自然；北雄南秀，和谐统一。杨天在在《避暑山庄的造园艺术》一文中指出，灵活的总体布局，崇尚自然的造园思想，简拙古朴的假山，自然曲折的道路、桥梁，质朴无华的建筑，避暑山庄正是一幅"天然图画"，给人以"清水出芙蓉，天然去雕饰"的美的享受。陈振远在《简述避暑山庄内的假山》一文中指出，避暑山庄的假山叠石，因地制宜，依据不同的建筑和景观需要，随宜布置，使之与建筑周围环境相协调，融为一体，打破了帝王苑囿中常用的"一池三山"的格局。

三、"避暑山庄研究"专栏对学科建设和区域文化发展的积极作用

（一）保持鲜明地域特色，研究成果异彩纷呈

40 多年来，"避暑山庄研究"栏目以世界文化遗产避暑山庄和外八庙为研究对象，充分利用区域优势和承德市众多少数民族（多达 53 个）聚居的特点，展开深入的探讨和研究，填补了地域文化研究的空白，深化

了地方历史文化研究。目前已经出版的有关避暑山庄研究的著作有《康熙三十六景诗选注》《乾隆三十六景诗选注》《外八庙碑文注译》《避暑山庄御制诗鉴赏》《热河行宫诗注释》《避暑山庄御制诗联解读与品评》《避暑山庄文丛》等10余部,连同专栏刊发的300余篇论文,共有600多万字著述公开出版。系列专著、论文的出版发行,对宣传承德历史文化、展示避暑山庄与外八庙的独特魅力、传承承德地区的民族团结融合、开发承德的旅游资源起着不可取代的重要作用。

（二）专家队伍逐渐壮大,研究内容日益精深

学报注重队伍建设,一方面,培养、鼓励本校学者开展山庄研究,形成学报基本作者群;另一方面,积极联络国内外的相关研究专家(如戴逸、阎崇年、赵志强、关纪新、关阔、布尼阿林、何申、郭秋良、滕德勇、赵秀亭、孙继新),以及当地文物研究部门科研人员,积极向专家约稿,让"避暑山庄研究"栏目成为发表山庄研究成果的重要阵地。

（三）品牌意识明显增强,开放办刊格局凸显

多年来,学报积极协助参与当地政府、文物局联合举办避暑山庄研究的国际性学术研讨会。分别组织参与纪念避暑山庄肇建280周年、290周年、300周年国际学术研讨会。为进一步加强对避暑山庄的研究,2015年,河北民族师范学院特别设立了避暑山庄研究中心,中心聚集了一大批校内外专家学者,定期组织考察,举办讲座和研讨会,为学报"避暑山庄研究"栏目提供了强大的智力支持,使创设40年的老栏目再次焕发出勃勃生机。

（四）与时俱进不断创新,研究范畴不断拓展

《河北民族师范学院学报》坚持"大避暑山庄"研究理念,把拥有5000年的红山文化、1000余年的契丹文化和300多年的山庄文化等历史基因纳入其中,丰富了研究范围,拓宽了研究视角。尤其是随着时代的发展,避暑山庄遗产的保护与开发都是需要专家、学者和当地政府格外关注的长久工程,这也是在世界文化遗产传承中具有代表性的难题。避暑山庄研究专栏在集中力量整合学术研究资源与力量、探讨避暑山庄遗产保护传承策略、打造避暑山庄和外八庙研究的学术高地等方面，具有与历史文化名城地位相匹配的文化担当。

四、"避暑山庄研究"专栏的发展现状和未来展望

（一）助力地方经济发展

1. 做强传统经典旅游。承德作为历史文化名城，作为清代皇帝夏天避暑和处理政务的场所，经典景点很多。40多年来，"避暑山庄研究"专栏先后挖掘整理了很多历史遗迹，尤其是对众多遗迹进行建筑说明、文献整理、保护研究等等，完善地方旅游资料，宣传地方旅游文化，为地方传统旅游事业发展提供了智力支持。

2. 为助力地方经济发展献计献策。在为地方经济文化建设和社会发展的服务中，地方高校学报完全可以有所作为，应主动进行一线调研，找到地方高校与地方经济文化发展的契合点，并做好文章。多年来，承德市旅游存在着旅游发展观念陈旧、旅游规模较小、相应的旅游配套设施不足、接待能力有限、客流量少、旅游项目单一、文创产品匮乏、策划设计不科学等急需改善和解决的问题，严重阻碍了承德市旅游经济的发展。《河北民族师范学院学报》编辑部应该通过各种方式联系相关专家、行业学者，请他们为承德的旅游经济发展把脉问诊，出谋划策，并把专家学者的最新研究成果及时刊发在学报上。"避暑山庄研究"专栏相继刊登了《试论清代热河地区经济格局的变迁》《历史上承德民族经济的开放与开发》《承德发展文化产业的实践与思考》《承德市旅游资源的区域开发》《承德市旅游业的战略思考》《视频智能分析技术在避暑山庄文物保护中应用的探讨》等文章，提出了承德旅游经济文化升级的路径方法，使学报发挥了应有的宣传和智库作用。

3. 为打造绿色生态环境献计出力。习近平在2019年中国北京世界园艺博览会开幕式上指出，纵观人类文明发展史，生态兴则文明兴，生态衰则文明衰。杀鸡取卵、竭泽而渔的发展方式走到了尽头，顺应自然、保护生态的绿色发展昭示着未来。地球是全人类赖以生存的唯一家园。

近年来一些学者围绕如何把避暑山庄的山水、林田、湖草从源头上系统开展生态环境修复和保护提出了一些建设性观点和行动方案,例如《承德外八庙园林植物景观原貌研究》《关于避暑山庄景观环境保护的几点思考》《加强避暑山庄山区植被的抚育改造》《试论避暑山庄的生态保护》等文章指出了在城市建设中存在的迫切问题和应采取的规划措施,对历史文化名城的发展起到了一定的推动作用。

(二)助力地方思政教育

1. 以史为鉴,铸牢中华民族命运共同体意识。避暑山庄作为康乾盛世的产物,蕴含了清代政治、经济、文化的辉煌成果,是中华民族自信、自尊、自立、自强民族精神的体现,是一个王朝上升时期海纳百川的博大胸怀和积极进取的时代精神的体现,这也正是华夏文明的精华所在。2021 年 8 月 24 日,习近平总书记在承德考察过程中多次强调:"承德见证了我们国家历史发展的一些重要历史时刻,汉藏满蒙等中华各民族交往交流交融,在这里留下了许多历史印记。我们的祖先在中华民族的进步过程中、在文明发展的过程中,都有哪些政治智慧、做了哪些事情,我们要深入了解。"40 多年来,"避暑山庄研究"专栏围绕避暑山庄修建过程中体现出的清代执政者治国理政的策略和民族政策的目的意义、实践过程和结果价值展开深入分析论证,《乾隆帝木兰秋狝与怀柔蒙古》《避暑山庄与清代民族关系述略》《渥巴锡承德之行与清政府的民族统治策略》《从承德皇家寺庙看康乾民族政策》等文章对于今天加强民族团结和融合、铸牢中华民族命运共同体意识具有很好的历史价值和现实意义。

2. 学史明理,加强习近平新时代中国特色社会主义思想研究。挖掘红色教育基地的意义和价值,是让中华儿女重温历史,牢记使命,体会历史的屈辱,激发中华儿女为中华民族的伟大复兴贡献自己的力量。承德周边有许多革命先辈的英勇事迹。"避暑山庄研究"专栏将加大宣传力度,努力做好"红色旅游+"的文章。2017 年 8 月,习近平总书记对塞罕坝林场建设者感人事迹作出重要指示。随后《河北民族师范学院学报》在"避暑山庄研究"专栏中以"塞罕坝研究"为主题组稿、约稿,五年来,刊发有关文章 20 余篇,挖掘弘扬塞罕坝红色精神实质,为新时代高校大学生思政教育助力献计。

王明娟

2023 年 4 月

目　　录

避暑山庄建立与承德社会变迁

付际红，纪　欣

（承德民族师专 法政系，河北 承德 067000）

[摘　要]　避暑山庄建立后，这里既是皇帝消遣避暑之地，也是处理日常事务、举行重大政治活动的场所，承德成为清朝第二政治中心，由此承德的社会关系、民族融合发生巨变并带动一批新兴城镇的兴起和教育发展。所以，在一个城市或地区的崛起和发展中政府的政策与扶植会起关键性的作用。

[关键词]　清朝；承德；避暑山庄；社会变迁

承德又名热河，清初时是只有几户人家的小居民点。正如康熙、乾隆所言："夫热河，自古关塞以外荒略之区也"，"三皇不治，五帝不服"，"虽金、辽有兴州之称，然旋举旋废，建置沿革率不可考"。但是，康熙四十二年（1703 年）避暑山庄建立后，承德成为清朝第二政治中心并逐渐发展成为塞外名城。本文试就承德成为第二政治中心后所产生的社会变迁作一简要分析。

一、社会关系的巨大变化

马克思、恩格斯在《共产党宣言》中曾说过："在过去的各个历史时代，我们几乎到处都可以看到社会完全划分为各个不同的等级，看到由各种社会地位构成的多级的阶梯。……而且几乎在每一个阶级内部又有各种独特的等第。"在承德也可以看到这种变化了的等级及社会关系。

清初，承德（热河）地区作为蒙古部落的游牧区，其社会关系即是整个蒙古社

1

会的缩影。

蒙古王公贵族集团处于支配地位，享有一系列的优厚待遇和特权。政治上，各盟旗札萨克职务全部由王公担任。司法上也享有特权，庭审时王公作为被告不受拷打，免除其宣誓义务，判决须经理藩院裁决。经济上，不论札萨克还是闲散王公，均可自清廷领取俸禄，此外，王公担任御前行走、年班朝觐、围班扈从以及进贡来京时还能得到大量的赏银和物品。各级王公（额驸可拥有不同数量的随丁、陵户）在仪制上也享有特权，并拥有成为满洲皇室额驸的特权。与此同时，蒙古王公贵族也有一定的义务。清廷规定，王公必须按规定参加年班朝觐、围班扈从和驻京当差；必须象征性地交纳一定数量的贡物，每年派人送到京城；必须定期纂修家谱履历。

僧侣封建主即上层喇嘛，它是蒙古社会的一个特殊阶层，他们有职位、学位，在信仰、宗教仪式、寺院财政、教育等方面都居于统治地位，享有法律或习惯所规定的特权，可以得到清廷的各种优待和赏赐，无偿占有下级喇嘛和庙丁的劳动，支配寺庙财产等，保持着特殊的生活方式。他们与王公贵族共同构成蒙古社会的统治阶级。

与蒙古封建主有严格人身依附关系的、隶属于牧民等级的"阿拉特"，又分成阿勒巴图、哈木济勒噶和沙比三个阶层。他们分别按照各自的等级地位担负各种沉重的封建义务。

在牧民中还有少数奴隶，他们处境更为悲惨，终身为主人从事家务劳动，供主人使唤。

承德成为清朝第二个政治中心后，在这里反映的是整个清朝的社会关系。

清政府从根本上讲是封建地主阶级利益的总代表。清朝皇帝的地位至高无上，拥有无限的权力，也正是他们运用这一无限的权力改变了承德的面貌。虽然，承德（热河）作为清朝的夏都和陪都，皇帝只在木兰秋狝和避暑时才带领浩浩荡荡的皇室成员、满汉大臣前来，但是，皇帝与这些满、汉王公大臣，仍然是有清一代，在承德占有重要地位的统治阶级上层。他们在法律上、礼制上，地位都高于平民百姓。

随着承德第二政治中心的形成，热河行宫总管和府、厅、州、县等各级地方行政及八旗驻防机构纷纷建立起来。这些文武官职设立后，就先后出现了行政和驻防的各级衙署以及兵营、监狱等等，又出现了一大批文武官吏、衙役和士兵。他们都是享有特权、维护清朝封建统治阶级的工具和爪牙。

在这里，直接榨取和剥削劳动人民的是大小地主阶层。当时热河周边地区建立了大批的皇庄,沿武烈河下游直到入滦河处,到处都有皇庄。据统计,其中有内务府庄头 138 个,另外还有宗室王府庄头无详细记载。虽然从某种意义上讲这些庄头是皇族宗室的奴隶,但是,在承德(热河)地区,这些大大小小的庄头就是地主阶层的代表,只是他们的总体数目,不能准确统计。

此外,经济上的剥削者还有高利贷者、投机商、暴发户,他们是随着口外行宫的消费而产生的。同时,还有一些为了生计与蝇头小利而奔走经营的小商小贩。他们中有很多是与木兰行围伴随始终的,也有的因此固定下来。当时清政府为了便利大小商贩从关内贩运货物到这里来,采取了出口免税的办法以资鼓励。清初沿长城各口,都设有税卡,唯独古北口没有。

当然,对承德发展贡献最大、占人口比例最大的,乃是处在当时社会最下层的广大民众。他们中有手工业者,有贫苦农民,有掌握各种手艺的工匠,有靠出卖劳动力养家糊口的长工、短工,也有供人驱使为人做牛马的夫役、奴仆,还有在皇庄上从事耕作、其身份相当于农奴地位的耕作者。正是这些下层劳动民众辛勤的劳动,供养着承德(热河)地区大大小小的满、蒙、汉统治阶级和剥削阶级。

要说明的是,这里还延续着原来蒙古族的社会等级关系,因这里是蒙古贵族的游牧地。避暑山庄建立以后,按照清制,蒙古王公贵族每年都要到避暑山庄觐见皇帝,到了乾隆年间,蒙族王公也有人在这里开始定居,蒙古的社会阶级关系与等级观念自然也就存留下来。直到清末依然如此。光绪十九年(1893 年),根据俄国旅行家波兹德涅耶夫记录承德的社会阶层仍分为拥有特权的官僚阶层、宗教人员、商人、下层贫苦民众。

总之,承德(热河)由反映蒙古社会关系变为反映清朝社会关系,它基本上是整个清朝社会关系的缩影。

二、城镇的兴起与发展

承德兴起之前,这里人烟稀少,十分荒凉。随着木兰秋狝的举行和避暑山庄的建立,皇帝每年总要到避暑山庄居住,而每次前来,除皇室成员外,都有大批满汉王公大臣及其随员从行。如乾隆每次到避暑山庄,除皇子皇孙、妃嫔随行之外,军机大臣、重要的文武官员、少数民族王公贵族都要陪侍,等于是清朝中央政府的一次大搬家。这样,必须有一套服务于山庄的机构和设施,因此,朝房、衙署、馆驿、茶楼、商业街等相继建立起来。如在避暑山庄门前,原来有两排东西相对的平房,正如北京紫禁城午门前的朝房,在当时是六部"值庐",是文武官员和少数民族王公贵族等候皇帝召见的地方。许多重要的文武大臣，因多次随行，为了生活上的方便，也在山庄附近建立起了自己的府第。像乾隆时的权臣和珅就有府第建立在避暑山庄丽正门外以东。嘉庆年间，嘉庆皇帝在处理权臣和珅及福长安时，统计了和珅、福长安在热河的房屋，总计承德处有房屋 121 间，两人从喀喇河屯至阿穆呼郎图共 8 处房屋 294 间，统共 415 间。在丽正门东南隔街相望的还有齐王府、郊王府，东有常王府（或称庄王府），今其地仍称常王府胡同。在市中心区稍南有罗王府；西侧的佟山，相传系佟王府而得名。

当时承德的主要街道有西大街的头道牌楼、二道牌楼、三道牌楼，这是主要的商业区或称买卖街。此外还修建了二仙居街、旱河沿街、土地祠、皮袄街、马市街、草市街等等。这些街市，热闹繁华。到了康熙晚年的时候，承德已经是"生理农商事，居民至万家"的城镇，甚至呈现"万家灯火较前增，井邑纷添有卖蒸"的繁华景象。乾隆年间，买卖街"最称繁富"，"左右市廛、连亘十里"，"商贾辐辏，酒旗茶旌，辉映相望，里闾栉比，吹弹之声彻夜不休"。

伴随着府、厅、州、县数目的增加，清初原是清溪涓涓，绿草茵茵，树木繁盛，牛羊遍野的乌兰哈达（赤峰）和八沟（平泉）等地，到乾隆年间，也相继发展成为新的城镇。

如平泉，因其街中心有股泉水平地涌出，水量大，水质好，甘甜爽口，清澈见底，居民、铺户多用此水而得名。其"上通锦州，下通喜峰口"，原称"八沟"。建于清朝初年，清朝入主中原前，部分八旗官兵在老杖子建庄定居。随之，东三家、西三家等居民点相继建立。顺治四年（1647 年），在老杖子西南修建清真寺，昭乌达盟、卓索图盟八部蒙古入京朝贡，都途经此地。在避暑山庄建立后，进一步修整热河至盛京（沈阳）的道路。康熙四十四年开通北京—喜峰口—瑷辉驿道，平泉境内设南、北五十家子两个驿站，驿道从平泉街东穿过。过五烈岭后沿途经过大的沟川依次排列为头沟、二沟……七沟，到平泉已属第八道，故取名"八沟"。随着清廷封禁政策的放宽和"汉佃招垦""垦荒实边""借地养民"政策的实施，山东、山西、直隶（河北）的穷苦农民，出口谋生的逐年增加。雍正时，平泉已经形成一条东西向街道。设厅建制时，厅治八沟，亦名"八沟直隶厅"。雍正十一年（1733 年）首任八沟厅理事同知莅任，建衙署，修监狱、营房、庙宇，设集市，内蒙古腹地生产的粮食、皮毛、药材、牲畜，关里的布匹、茶糖、器具、日用百货，均在平泉汇集、储运、转销。货栈、粮行、商业店铺、手工业作坊、形成南起南岭，北至七家北口的 20 里的长街。官衙多设于街中心偏西处，居民区分布于街南、街北和西北部，由官府拨款或官倡民筹，先后建成的庙宇,分别坐落于重要街头、巷口。几个分散村落逐步连成一片,城镇规模成型。当时平泉"街长十六里,瓦屋鳞次,商贾辐辏,人烟稠密,口外最繁华处也"。素有"拉不完的哈达,填不满的八沟"之称。

可见,无论是承德还是平泉,这些塞外重镇无一不是伴随着避暑山庄建立、承德的逐渐开发而发展起来并延续至今的。

三、人口增加,蒙、满、回、汉等多民族融合

(一)人口剧增

避暑山庄建立以前,承德只有热河上营和热河下营两个小居民点,这里最多不过十几户人家,人口也很少。然而,由于避暑山庄兴建,移民增加,承德人口增长很快。其人口主要来源有:满蒙贵族、随行人员及侍从人员,商人、小手工业者,皇庄上的劳动力,内地灾民。乾隆元年(1736年),承德府属及六州县初次编审入籍并流寓人丁共3930丁(其中实在行差人丁数才3518丁)。乾隆四十三年,承德府及周围滦平县、平泉州、丰宁县、建昌县、赤峰县、朝阳县总计有户数109805,人口557406人。到乾隆四十六年修《热河志》时,承德府单是府治所在地热河厅,耕地达到2959顷,田税4526两,每年上缴直隶布政司课税5698两,仓储额度26819石,户口8979户,人口41496口。嘉庆二十五年(1820年),已增至783867口。85年间,人口增加了几十倍。《平泉县志》中也反映了人口迅速增长的情况,清朝各个时期汉、满、蒙古、回等各族人口总和分别为:雍正时期19792人,乾隆时期26542人,嘉庆时期341799人,咸丰时期429815人,同治时期435661人,光绪时期381314人,宣统时期587978人。

(二)民族融合深入发展

承德一带不仅人口增长迅猛,民族融合状况也超过历代。

1. 多民族聚居

承德自古以来,就是少数民族聚居地区。夏商至明代,先后有东胡、山戎、匈奴、乌恒、鲜卑、库莫奚、契丹、女真、蒙古族。清代以来,又有满、汉、回等民族迁徙到这里。不过,到清朝初期,这里的主体民族仍是蒙古族。《滦平县志》《平泉县志》《围场县志》《丰宁县志》等对此都有记载,称蒙古族是本地的土著民族,承德蒙古族多为兀良哈后裔。《平泉县志》这样记载:平泉县境域属喀喇沁中旗牧地。居住的蒙古族为喀喇沁部蒙古。其源一为兀良哈(乌梁海)部蒙古,二是喀喇沁部

5

蒙古。

康雍乾时期,为了解决内地旗人、灾民的生计以及建设各行宫特别是避暑山庄,人为地将内地民人迁入,使本地民族结构由主要以蒙古族为主变成了蒙古、满族、汉族、回族等多民族聚居。

承德的满族大多数是康熙九年由北京调拨来镇守城镇、护围、戍守驿站、圈占土地以及管理皇庄、王庄、官庄的满洲八旗兵丁、眷属。

对于满族的由来《平泉县志》是这样记载的:康熙八年六月,玄烨手谕户部"自后圈占民间房地永行停止……至于旗人无地亦难资生,应否将古北口等地外空地拨给耕地",康熙九年二月,拨古北口等口外空闲之地给八旗,是年,有 12 家战功卓著者迁居喜峰口外。

雍正元年六月,因边外可供开垦土地甚多,故将北京八旗无业兵丁移驻于热河。于是出喜峰口东至盛京,西至承德交通沿线地区为满族庄地和上三旗兵丁屯垦地。今平泉县境在此范围的有七沟、凤凰岭、西坝、平泉镇、下店、小寺沟、大吉口、党坝、永安、郭杖子、许杖子等乡镇。

承德的回族是在建避暑山庄后,从河北、山东等地迁入的。康熙四十七年后,清朝皇帝每年都到这里木兰秋狝和处理政务,商业贸易迅速发展起来,直鲁地区的回民商贩纷纷到承德等地做生意,当时称之为"赶皇集"。最初是春来秋去,后来便渐渐在承德安家。《隆化县志》记载了本县回族的由来:隆化县回民大约在清朝雍正年间,从山东曹州府、白家集、赵家集等地而来(详细年代无从可考)。当时,山东连年灾荒,烽火四起,广大回民被生活所迫,背井离乡,四处逃荒,便有几十户人家流落到此,还有几户是经商和随兵而来的。

《平泉县志》记载:随着清廷对口外的开放,山东、山西、直隶沧州的贫苦回民到平泉谋生定居者日增。

承德汉族人口的增多则与皇庄的出现、木兰秋狝和避暑山庄的建立及清末的放垦密切相关。特别是雍正朝初期(1723—1727 年),直隶、山东、山西、河南等地水涝灾害连年,灾民到处流浪。清廷理藩院奉诏向昭乌达、卓索图两盟蒙古王公提出"借地养民",使关内贫苦汉民如潮涌入。由此,也改变了本地民族结构比较单一的状况,成为多民族融合的示范基地。光绪初到清末,俄国不断从北部入侵,清政府推行"移民戍边"政策,使汉人数量增加迅速,进一步改变了承德地区以蒙古族为主体的民族结构。民国以后,关内逃荒者出口做工,经商者不断定居下来,汉民成为本地的主体民族,而蒙古族、满族则成为少数民族,蒙古族汉化、满族汉化趋势明显。

2. 语言、文化融通

满族入关以后,在长期与汉族的经济往来、文化交流中,不断吸收、学习汉族的先进文化,使两个民族的文化相互影响、相互融合,在汉族先进文化的影响下,满族人愈来愈多地浸染上汉人习惯,如修家谱、取汉字名、冠单字姓等。从保存下来的许多满族家谱中可以看到乾嘉以后特别是咸同以后,用汉字汉义取名排辈的日益增多。清代皇帝虽然曾一再明令禁止此种风尚,然皇室本身却从雍正开始即以允(胤)、弘、永(颙)、绵、奕、载、溥、毓、恒、启、焘、闿、增、祺等字一辈一辈地排下来。热河驻防著名文人奎麟(字玉峰)在咸同年间,即为其子侄按汉字汉义取名排字为铭和、霖和、松和、熙和、龄和、诚和,其孙辈又以"文"字相排。承德县满族胡氏,其家族虽散居在十几个乡镇,但均以殿、光、启、维、希、云、祥、耀、松、寿等字排辈。宽城满族自治县缸窑沟乡满族唐氏,按十个字排辈分,即:学、化、文、忠、礼、益、过、喜、志、春。平泉县郭杖子满族乡李氏,是皇粮庄头,属镶黄旗,李珍、李禄的子孙,按儒、景、国、文、凤、春、盛、树等字排辈数。另据平泉县姚氏家谱载,姚氏自十二世开始,即以景、振、秉、宝、永字排辈,现已排到永字辈。

在满、蒙、汉各民族语言交流中,相互吸收、丰富,有些满族词汇也流传下来,成了地方语。如在滦河镇,雍正、乾隆、嘉庆年间,满族人之间通用满文、满语,满族人的称谓、公文也都用满文,只是在与汉人交往中说汉语。同治、光绪以后,满语已不通行,只有一部分有文化的人能使用满文、满语,但称谓还保留着满族的习俗,如,称父亲为"阿玛",母亲为"额娘",嫂子为"新姐"等。到民国初年以后,满族中懂满文、满语的人便屈指可数了。但是,满语中的一些词汇,却变成了汉、满通用语,如,形容水不开或干事不干脆为"乌拉巴突",油发霉变质为"哈拉",疏忽大意或爱忘事为"拉忽",没遵守诺言叫"秃鲁",一丝不挂为"光不溜秋",矮胖的人为"胖布伦敦",痴呆人为"傻不拉几",好摆架子的人为"酸不溜的",墙角为"旮旯",厉害为"察拉",不卫生为"派拉",水壶为"吊子",批评为"数嗒"等等。这些满语词变成满汉通用语的过程,反映出居住在承德各民族之间的相互融合、相互影响的情况。

3. 服饰、饮食趋同

服饰因朝代、民族而异,也因社会阶层而异。清建八沟直隶厅时,境内蒙古族有王族、喇嘛、黑人(奴婢子孙及土著细民)之分,这时服饰因阶层而异。王族、官吏有官服、便服。官府为缨子帽。穿前后有补子(表示官阶的装饰物)的袍套、长统靴;便服,戴瓜皮帽或风帽,穿肥大的长袍,束腰。前后左右插入烟袋刀石等,也

有的把烟袋插入靴筒。衣服质地多为棉布、绸缎,尚紫、黄、红。喇嘛用紫、黄二色,
尊贵者着黄色。衣服从不洗濯。洗脸、饭前后擦器具、擦手都用衣袖、衣襟。垢腻
越厚,越显尊贵、美观。非褴褛不能再用,不换新衣。妇女束盘头,插扁簪,穿长袍。
肥袖、长襟及地,束腰袋,穿靴。青壮年多红、绿色,老年多青蓝色。垢腻同男子。
奴婢和细民夏季多土布,冬衣多用白茬羊皮缝制。康熙朝,关内商民移植频繁,汉
满两族服饰相互融合。除贵族、庄头、官吏按品级规定的官服外,便服和平民服饰
大同小异。色尚青和藏蓝,质地因贫贱富贵而易。样式大体为斜襟开襟袄,上腰抿
裆裤、瓜皮帽、单连或双连布鞋。官绅、富豪和文人裤褂外罩长袍、马褂。妇女穿肥
大的戴襟袄,抿裆裤。汉族系百褶裙,木底绣花鞋。满族多穿旗袍、坎肩,平底或鞋
底中高的绣花鞋。各族妇女都戴耳环、手镯。清末、民国初期,蒙古族男子服饰和
满族、汉族服饰基本相同。

饮食与生活环境、习俗有关,更与社会生产力的提高紧密相连。清初的蒙古族
多以牛羊肉乳为主,辅以炒米、炒面,茶是不可缺少的必需品,后内地汉、满族增多,
饮食结构发生变化,转变为以小米(谷)、高粱为主,辅以豆类杂粮。农忙三餐,农
闲两餐。

由此可见,在承德蒙、满、汉等各民族在经营方式、生活方式、文化、语言、服饰
等方面相互学习、相互融合,形成多民族融洽相处的局面。

四、地方官学的兴起与近代教育的出现

承德成为清代第二政治中心以后,在清政府的扶植下,很快发展成为一个拥有
数万人口的塞外大都市,培养"里巷弦诵,人文渐起"的文化氛围提上了日程,因
此,承德的学校相继建立。清代在承德建立的学校,主要创办于乾隆时期,主要有:

热河蒙古义学:八旗驻防规制形成,八旗子弟携眷属同行,此时清廷对驻防八
旗子弟的教育是重视的,为其子弟设立了初级的义学、官学,作为培养教育他们的
基础性教育设施。

承德府、州学:乾隆三年,礼部议准于承德州"遵立义学,延师训课",因此义学
又名为承德州学,是承德创办最早的官学。但因经济条件限制,这些学校最终并未
建立起来。

热河蒙古官学:乾隆以后,八旗蒙古人逐渐荒疏了本民族语言,这对清朝控驭
蒙古极为不利,为了培养蒙语人才,也为了培养管理蒙古及其他少数民族的人才,
道光八年(1828年),设立了热河蒙古官学,八旗蒙古官学设有骑射或弓箭教习,并

建立了严格的考试制度,学额为 20 名。

书院:书院是清政府允许的一种办学形式,承德府境内建立的书院主要有平泉书院(光绪初年改为"鸿文书院")、秀塔书院(位于建昌县治)、秀峰书院(位于承德府板棚街,后改名为"振秀书院")、赤峰书院、滦江书院(位于滦平县西南)、凤山书院、凤仪书院等。

承德不仅创办和完善了各类学校,也与内地一同步入清代科举制度的轨道。

乾隆初年,承德境内仍然地广人稀,参加科举考试的人相对较少,但是仍然遵循严格的考试要求。乾隆三年规定:除热河本地考生外,热河至八沟四旗同知通判所辖之汉人亦准一体与考,其寄居流寓之人不得假冒。当时,岁科二考,仅有热河、喀喇河屯两处童生应试。随着承德市区人口的增加,经济文化的发展,其考生人数逐年增加,乾隆四十一年经礼部议准,承德府官学学生人数有所增加。乾隆七年,承德生童入学考试,归并在密云县,考场设在通州,这种情况一直延续到乾隆四十一年。翌年十二月,乾隆批准直隶总督周元理的上奏,同意在热河添建考棚,以使七亭所属生童得以就近应试。同时,从乾隆四十四年五月起,承德府生员参加考试,不采取以顺天府乡试通省贝字号卷参试办法,而是"照宣化府之例,另编承字号,每科乡试取中举人一名"。在清政府的扶植下,承德地区通过科举走上仕途的也不在少数。据《承德市教育志》记载,自乾隆五十三年到光绪三十一年,承德府学有各种贡生 54 人;自雍正十三年至光绪二十九年,顺天府是中举人共有 163 人;乾隆三年到光绪三十年,共有进士 22 名。可见,承德地区虽然教育起步晚,不过科举入仕思想的影响却是和内地一样深厚而广远的。

清朝末期,在帝国主义对中国推行扩大侵略的政策面前,为了缓和人民的不满情绪,为维持其摇摇欲坠的封建统治,光绪二十七年,清政府推行"新政",陆续颁布了一些改革法令,其中包括改革和废除科举制度、兴办新式学堂、颁行新的教育制度等等。如光绪二十七年八月,清政府颁布兴学诏书,提出兴学育才为当务之急。要求"除京师已设大学堂应切实整顿外,着各省所有书院,于省城均改设小学堂,各府、厅、直隶州均设中学堂,各州、县均改设小学堂,并多设蒙养学堂"。随着改革法令的实施,承德也出现了近代小学教育。

据《滦平县志》记载:清朝光绪三十年,在县知事俞良臣倡导和绅士孙绳武的支持下,就滦江书院旧址创建县立初等、高等两等小学堂,并创建县立鞍匠屯初等小学堂(关帝庙内)、驻防小学堂(滦河西营房内)。同年十一月,又创建县立金沟屯初等小学堂(关帝庙内)、县立虎什哈初等小学堂(关帝庙内)。清宣统元年

(1909年)七月,又在县衙西河沿(今承德市滦河镇)讲演所内创建县立女子小学堂。七岁以上儿童入初等小学堂,教授科目有修身、读经讲经、中国文学、算术、地理、历史、体操、格致。初等小学堂毕业后才有升入高等小学堂的资格,高等小学堂又增加农业、书画、随意科。授课表和内容由学部公布。各学堂自选教材,在教学上,一般采用传统的注入式教学法,读、讲、背、写诗为主要教学形式。到民国初年,初、高等小学堂一律改称学校。

《平泉县志》记载:光绪三十二年一月,平泉鸿文书院改为平泉州高等小学堂,教员王鸿声,学生30人。同年,又先后设立了小道虎沟乡、小寺沟乡、大吉口乡、南五十家子乡、大道虎沟乡、七沟乡、松树台乡等7所民立初等小学。宣统二年,在太平街建州立女子小学1所,校长李名远。设高级班1个,初级班2个,学生75名,教师3人。民国十年(1921年),初等教育有较大发展,全县城、乡小学堂增为80所,学生2524人,教员86人。

新式小学堂的兴办不仅使社会受教育的层面扩大了,特别是新式小学堂中普遍开设算术、地理等自然科学课程,开启了民智,为整个承德社会的近代化奠定了人文基础。

承德自古就是塞外游牧民族与中原王朝的连接带,历史上有许多少数民族都在这里生息繁衍。到了清代,为了巩固与蒙古族的盟友关系,清帝将北巡进行规制,还实施了封爵、年班、围班等一系列安抚蒙古的政策。为了使这些政策真正起到实效,清廷利用承德优越的自然环境,相继在此设置木兰围场、建立起塞外最大的皇家园林——避暑山庄,并增加了八旗、绿营驻防。因承德是京师与蒙古联系的纽带,因此,修筑了御道,设置了驿站,逐渐提升行政建制,移植内地民人于此,进行开发,使承德社会出现了前所未有的变化——人口增加、城镇兴起、多民族融合、文化教育与内地同步发展。真可谓一座山庄,用山水、建筑、园林、文物撰写了一座城市、一个地区从一介小山村到清王朝第二政治中心的发展历史。

原载于《承德民族师专学报》2009年第1期。

避暑山庄形成过程中的有关问题

彭俊波

（承德市外八庙管理处，河北 承德 067000）

[摘　要]　清帝兴建避暑山庄，其决定因素是为巩固北部边疆，团结各族人民，但直接原因是为去温泉坐浴的方便。热河上营行宫是最早的行宫。避暑山庄在始建时称热河行宫，康熙五十年后称避暑山庄。康熙的建园原则是自然天成，乾隆的建园原则是风流典雅。总的原则是教化天下。

[关键词]　汤泉;热河上营;热河行宫;避暑山庄;自然风雅;教化

康熙初年,有如下几个原因促使康熙北巡成为必要:一是南方的"三藩"之乱,二是内蒙古布尔尼的叛乱,三是外蒙古以北沙俄帝国的不断入侵,四是漠西厄鲁特蒙古部落潜在的不安定因素。以上四个因素有的是直接原因,有的是间接原因,而这其中最主要的因素就是康熙皇帝在镇压叛乱的过程中发现自己的军队竟是如此地懦弱和贪生怕死,所以康熙认为,要战胜分裂分子和外来敌人,只有不断地强化自己的军队,而要达到这个目的,就必须有一个合适的训练方式和训练场地,也就是在这个时候,蒙古喀喇沁旗和翁牛特旗的王公献出自己的牧地作为皇家的御猎场所,用于清帝御猎和训练他的八旗部队,这就是木兰围场。木兰围场建立之后,为了方便北巡,康熙皇帝又在来往途中修建了许多行宫,根据史料记载,到康熙四十二年(1703年)之前,古北口外至少有八处著名的避暑行宫,其中就有"热河上营"行宫,然而康熙四十二年之后,史书上记载只有"热河行宫",再后来又出现了"避暑山庄"。因此这三个名称所代表的是不是同一处行宫,它们之间有没有内在的联系,下面笔者从三个方面谈谈自己的看法,有不妥之处,请方家教正。

一、热河上营

热河上营作为古北口外著名的避暑行宫而出现在史书上的时间是在康熙四十二年至四十六年之间，它是康熙皇帝在热河设立的最早的一处行宫；康熙四十七年之后，取而代之的是热河行宫。从史学家们的研究情况来看，历史上的热河上营似乎有两处，一处为汪灏在他的《随銮纪恩》中记载的"热河上营"，另外一处为避暑山庄的前身，也就是说从康熙四十二年到四十六年康熙皇帝巡幸的"热河上营"指的就是避暑山庄。然而历史上的"热河上营"是否真的有两处，它的具体情况到底怎样呢？

（一）学者们在论述避暑山庄时往往把避暑山庄建立的背景归于清帝的木兰巡围，这只是从史观的角度而言；从微观上看，避暑山庄尤其是热河上营的建立由于其优越的地理位置而与清帝前往热河上营的汤山汤泉"坐汤"之行有密切的关系。现在的史学研究者几乎不怀疑，避暑山庄是清帝木兰行围的产物，也就是说清帝北巡造就了避暑山庄。这个论断从宏观的角度来看还可以说得过去，但从微观即从避暑山庄之前热河上营修建的历史背景来说，似乎有点牵强，热河上营与清帝的木兰行围只有间接的关系，没有直接的联系，这是因为，从地理位置上看，热河上营并不在清帝木兰行围的必经路线之上。康熙十六年木兰围场未辟之前，康熙举行了第一次北巡，不过这次出巡只是省方或体察民情，经过的路线是喜峰口、宽城和热河上营的喀喇沁旗所在地，并且到了滦河岸边的喀喇河屯；第二次出喜峰口、走宽城、过喀喇沁旗地的时间是在康熙二十二年，这一年扈从大学士高士奇作了《松亭纪行》对康熙的这一次活动作了详细的记载。木兰围场正式投入使用之后，康熙举行木兰狩猎往返的主要路线是古北口、喀喇河屯、张三营和木兰围场，并在这条线路上相继建立了七八处行宫，其中巴克什营行宫建于康熙四十九年，两间房行宫建于康熙四十一年，常山峪行宫建于康熙五十九年，王家营行宫、张三营行宫建于康熙四十三年，滦河岸边的喀喇河屯行宫建于康熙四十二年。其中热河上营行宫正位于喀喇河屯东八十多里处的武列河畔，从热河上营到木兰围场还得返回喀喇河屯行宫。康熙早年两次出喜峰口，临幸喀喇沁旗地，多次召见该部盟长，因此在这段时间康熙对喀喇沁旗驻地的风土人情，尤其是热河上营的物产地貌是十分熟悉的；而且根据后来张玉书的记载，该部盟长曾向康熙介绍过"坐汤疗疾"的情况，所以前往汤泉"坐汤"成了康熙向往的目标。康熙三十一年康熙皇帝到了汤山汤泉，实现了他的夙愿。从此只要北幸木兰，有机会即到汤泉"坐汤"，来往途中便发现了热河上营。

（二）康熙在前往汤山"坐汤"途中发现并创建了热河上营行宫，然而研究表明，此时的热河上营行宫并非热河行宫、避暑山庄的前身。热河上营自从被康熙发现并修建行宫之后，到康熙四十二年已经成为古北口外八处著名的避暑胜地之一，《清实录》《热河志》对清帝巡幸热河上营的记载也是从这一年开始的。当时大学士汪灏也在扈从之列，他作《随銮纪恩》详细地记载了康熙巡幸和驻跸情况。汪文说：从六月四日到八月六日康熙分别驻跸了口外的八处行宫，这八处著名的避暑行宫分别是两间房、鞍子岭、化育沟、喀喇河屯、热河上营、蓝旗营、波罗河屯和唐三营，其中热河上营位居第五，"十里登热河岭，遥见山峰重沓，如带如城，引领来朝，云排星拱；又十余里千峰如削，一石如琵琶倒插，山尖一方石如盆盛之，土人呼为棒槌山，为易其名曰'琵琶峰'，其地行宫为塞外避暑之五大行宫"。根据汪氏的记载，我们发现此时的热河上营与日后的热河行宫并非一处，为此研究者们苦心研究，并对它的具体位置进行了详细的考证，笔者见到了两种答案。郑绍宗先生经过考证，认为热河上营行宫当在今承德市火神庙到西大街一带，这里是当年"旱河"所在地，也是承德盆地中最为开阔的地带，又是通往京师的必经之地；同时考古工作者在火神庙、西大街、小溪沟等地发现了许多明末清初的瓷器碎片，这些都很有说服力。稷若先生认为热河行宫在今承德市二仙居附近，看来也只是根据汪文的记载，并没有提供别的什么证据。经过比较，笔者倾向于郑绍宗先生的说法，除了他提供的证据之外，笔者还可以补充几点：其一，从位置上看，汪文中提到的"热河岭"很可能指的就是"广仁岭"，从"热河岭"过十里到见到"琵琶峰"这一段正是今天"广仁岭"到"火神庙"这一段；其二，"火神庙"到"广仁岭"的位置走向与当年清帝从喀喇河屯行宫前往汤泉的路线是一致的，也就是说清帝要到汤泉去"坐汤"，走旱路经双塔山、广仁岭、西大街旱河，比走水路经过滦河以及热河下游的热河下营、上营要近不少的路程，因此热河上营行宫设于西大街旱河之边不是没有道理；其三，后来乾隆年间又在西大街设立了城隍庙、文庙等几座有影响的机构，将西大街坊延续为承德府最繁华的地段，更说明了西大街位置的重要性。

（三）热河上营行宫虽然不是避暑山庄的前身，但是它的产生和发展对避暑山庄的意义是极其深远的。追述避暑山庄的发展历史，应从热河上营行宫开始。热河上营行宫究竟修建于何时，这是一个一直得不到肯定的问题，笔者认为这个问题与"热河"的命名特别是与热河上营汤泉的开发有密切的关系。康熙三十年，经过内蒙喀喇沁旗王公的指点，康熙终于发现了迷人的汤泉，于是便不断地前往那里

"坐汤沐浴",来往途中也体会到了热河上营地理位置和周围环境的优越性,这样热河上营才有萌芽和崭露头角的机会,因此热河上营修建行宫的上限应在康熙发现汤泉之后。同时《热河志》又记载说:"(康熙)四十一年六月乙未,上奉皇太后巡幸塞外,丙寅出古北口,闰六月甲午驻跸热河下营,七月壬子上自热河启跸行围。"这条文字记载为我们探索热河上营的上限提供了两点依据:首先,热河上营、热河下营同为热河下游相距不远的两处村庄,都是当年康熙巡幸汤泉时驻扎军队的营子,它们的命名与康熙对"热河"的命名有直接的渊源关系,既然有热河下营就应该有热河上营。其次,这一次康熙巡幸的"热河"到底是什么地方呢?根据乾隆《热河考源》以及史家的考证来看,"热河"的具体位置应该是从热河行宫内的热河泉水流经塞湖汇入武列河开始一直到武列河与滦河交汇处的热河下营这一带,因此这里的"热河"很有可能指的是热河上营和热河泉。从《热河志》的记载来看,康熙从"六月甲午驻跸热河下营"到"七月壬子自热河启跸行围",期间一共待了十九天,当时清帝在塞外任何一处行宫都没有停留过这么长的时间,所以在这段时间里,康熙肯定考察过热河下营,甚至到过热河上营和热河泉。

(四)史家们在断定避暑山庄诞辰的同时,肯定了避暑山庄的前身热河上营行宫的存在,然而这种肯定缺乏历史依据,热河上营行宫虽然是避暑山庄发展史上不可分割的一部分,但它又是孤立存在的。《清实录》《热河志》都记载说从康熙四十二年到四十六年康熙皇帝巡幸的都是热河上营,但是对行宫的具体位置、建制及历史内容都没有作任何说明,因此这段时期内正史上提到的"热河上营"到底说的是汪文记载的那一处,还是后来史学研究者们所认为的避暑山庄的前身呢?研究者们未作任何说明。笔者认为,在康熙四十二年至四十六年之间康熙皇帝亲幸的"热河上营"正是汪文中提到的那一处,也是历史上唯一的一处,因此在这段时间避暑山庄根本不叫"热河上营",真正有名有姓的时候是在康熙四十七年,不过这个时候是称"热河行宫",理由如下:首先,从康熙御制诗文来看,尽管有这一时期的诗文描写,但具体到某一景点和某一建筑物,或者整个的两处行宫都没作任何说明,也就是说在这段时期,如意洲正在修建的宫殿区及周围的"热河十六景"等在康熙诗文中没有得到反映,甚至连著名的热河泉都只字未提。其次,在康熙四十七年以前,我们还没有发现哪一位扈从大臣在他们的诗文中提到过正在修建的热河行宫,或者说热河行宫内的任何一组建筑。再次,热河行宫从康熙四十一年开始动工,到四十六年完工,四十七年投入使用,其间法定的修建时间应该得到确认。行文至此,应该对热河上营作一下总结,笔者认为,在避暑山庄发展史上,避暑山庄未曾叫过热河上营,而历史上真正的热河上营又是先于热河行宫而存在。从位置上看,两者不曾重合,也不曾叠压;从时间上看,二者有先有后,也有过一段交叉;从内容上看,二者又有继承和被继承的关系。热河上营渊源于清帝的汤泉"坐汤",创建于清帝的北巡之际。尽管它的建制及其造型、建筑特色后人不得而知,但是它创立的背景,尤其是它选择的自然氛围为日后避暑山庄的营建提供了极好的借鉴。因此,虽然历史上的热河上营在时间和位置上不属于避暑山庄,但是从历史的内涵和外延来看,热河上营仍然是避暑山庄不可分割的一部分,也就是说,研究避暑山庄,热河上营是前提。

二、热河行宫

史书上称"避暑山庄"为"热河行宫"是在康熙四十七年以后的事,《清实录》和《热河志》的记载最为明确,从康熙题名"避暑山庄"一直到乾隆初年,"热河行宫"这一称呼继续沿用,乾隆中后期以后史书上很少见到这一称呼,几乎都是代之以"避暑山庄"。笔者将"热河行宫"列为避暑山庄发展史上的一个初期阶段,主要是针对康熙四十七年至五十年之间的这个时期而言,因为这段时期是名副其实的"热河行宫"时期,避暑山庄的基础就是在这个时期奠定的,而且日后避暑山庄的扩建都是以这个基础为中心。在这个时期,热河行宫的发展主要是着眼于宫殿区和苑景区的兴建和扩建而进行的。

(一) 以如意洲延薰山馆为代表的宫殿区和以芝径云堤为代表的十六景是热河行宫最初阶段发展的产物,它们的建成表明热河行宫已经成为古北口外最大的行宫。在位于磬锤峰下武列河右岸的热河行宫之内,原始的自然风貌极其动人。首先,它充分利用行宫内的各种水源,包括山区的各种飞瀑暗泉,同时又疏通长湖引入武列河水,使得热河行宫的奇花异草、珍禽走兽有了极丰富的生命水源。以此为基础,各种自然景观和人文景观相继产生,到康熙四十七年康熙皇帝驾幸(或许是第一次正式驾幸)时,如意洲的延薰山馆宫殿区已经落成,一片云戏楼和浮片玉戏台为康熙在热河行宫崇政之余提供了极好的消遣之所,这种条件也是口内外其他行宫中绝无仅有的;刚刚完工的十六景像十六颗星星一样散落在宫殿区周围。大学士张玉书在扈从热河时除了对清帝在如意洲宫殿区的活动作了详细的记录之外,还对十六景的分布进行了具体的描述:山区共有四景,即万壑松风、锤峰落照、南山积雪、梨花伴月,四处景点或据山临风,或凭泉吮卉,或背依夕照,或独傲南山,景观异常幽美。平原有两景:莺啭乔木和甫田丛樾,二者均于万树园南端据岸而立。其余的十景均散落在湖岛周围,如半藏于深山的长虹饮练、双湖夹镜、石矶观鱼,偎依于荷莲中的曲水荷香,掩映于金莲花前的金莲映日;形如灵芝的芝径云堤,濒临湖岸的西岭晨霞、芳渚临流,还有如意洲塞湖之畔的澄波叠翠等等。这些四字景点均并被纳入康熙三十六景之中。热河十六景是热河行宫草创时期的产物,它的出现成了一种标志,这就是说热河行宫既不同于热河上营,更不同于口内外的其他行宫,十六景的题名、如意宫馆的建立表明了热河行宫已经成为口内外最大的中心行宫。

(二)继十六景之后,康熙又在山峦、湖岗、平原三区开发了许多新的景点,这些景点在分布上比早先的十六景更加合理,在内容上也更加生动,它们同十六景一样成为日后康熙题名三十六景的重要素材和候选对象。在广阔的峰峦、山脊、沟壑等地区,原先也只有万壑松风,锤峰落照、南山积雪、梨花伴月等景点,从分布上看显得比较零散,说明不了行宫的主要特色。因此经过一番权衡,在西山之巅,又设置了四面云山、青枫绿屿、北枕双峰等景点,从而使得清帝在据槛凭栏时更增添了一番平步青云和高瞻远瞩的感觉。在西山之内还有三条比较著名的沟壑,从南往北依次为西峪、梨树峪、松云峡,这三条是行宫内极为难得的避暑之沟,自然景观也很丰富,这里林荫浓郁、泉水清澈、花艳草丰、禽鸣兽从,因此康熙在这三条避暑沟修建了许多新的景点,如西峪的松鹤清樾、梨树沟的澄泉绕石、松云峡的云容水态。湖岗区虽然未再扩建新的景点,但康熙在创建热河行宫时仍然留下了许多宝贵的景点资源,除原来湖岛上的十余景之外,如意洲岛的宫寝区如无暑清凉、延薰山馆、水芳岩秀,环碧岛上的环碧宫,月色江声岛上的湖山罨画、清舒山馆、月色江声等都是极为难得的人文景观,令人遗憾和不解的是康熙在题名三十六景时,除了如意洲岛的多处景观入选之外,环碧岛、月色江声岛的几处景观全部落选。

(三)新的宫殿区的选址及确定,是伴随着热河行宫的扩建而进行的,它显示了一种迹象,这就是塞外一个新的政治中心的萌芽。从历史记载来看,如意洲宫殿区的规划基本上还是对口内外其他行宫的模仿和继续,它的朝寝之间没有明确的界线。不过有一点是应该引起我们注意的,这就是宫寝中间的中轴线开始明显,御道直通南北,而且还有内外朝房,很显然,从开始兴修热河行宫的那一刻起,康熙就带有某种政治目的。随着入觐的蒙藩贵族特别是那些"围班"的王公的日益增多,他们既希望有更多的机会朝见康熙,但是又惧怕出痘;他们需要有这么一个地方,使他们在朝见康熙的时候能免去那种忧虑。于是蒙藩的要求促使了康熙继续开发热河行宫和修建新的宫殿区的可能,而且这里的避暑条件对双方来说无不惬意。

因此康熙经过再次权衡之后决定放弃风景如画但面积太小且缺少体现帝王尊严和气势的如意洲宫殿，重新寻找和开发新的寝宫。从这种想法的产生到新的宫殿区的建成至多不超过三年，康熙五十年六月，新的宫殿区已然落成。这处宫殿区位于万壑松风的西南方，它的中轴线异常明显，御道贯穿南北，从南往北、从前往后依次有宫门、外午门、内午门，有内朝房，也有外朝房，有政殿也有寝宫，有东西偏房也有后妃居处，朝寝之制一如紫禁。宫殿区从如意洲移到万壑松风之南，绝不仅仅是一种地域上的简单过渡，它体现了一种权力的过渡和集中。

（四）在热河行宫的创建时期，官方正史的记载虽然比较稀少，但张玉书的《扈从赐游记》和冷枚的《热河行宫图》却分别从各自不同的角度弥补了这一不足，成为我们研究热河行宫不可缺少的图文史料。

北京故宫博物院藏有一幅关于热河行宫草创时期的风景画，史家考证为宫廷画家冷枚所作，并定名为《避暑山庄图》。这幅史图非常详细地记载了避暑山庄的早期发展概况，因而研究避暑山庄的史学者们在他们的论文和专著都不加思索地采用了这幅史图。后来袁森坡先生对这幅史图的定名提出了疑义，他在论述避暑山庄时考证了这幅史图，根据史图所绘的建筑物及其景点得出结论说，该图创作于康熙五十年之前，应称为《热河行宫图》，而不是《避暑山庄图》。

笔者以为袁森坡先生的考证是有一定的依据的。比较该图和张玉书的《扈从赐游记》，我们不难发现，张文记载的如意洲宫殿区和热河十六景在该图中都得到充分体现，而该图中的环碧岛、月色江声岛等处的景观，还有热河泉旁的苹香泮、如意洲岛的云帆月舫、一片云等建筑景点在张文中显得格外突出；同时张文中还没有提到的澹泊敬诚殿、烟波致爽殿等正宫区所在地在该图中几乎是一片空白。从历史发展来看，澹泊敬诚正宫区应该是避暑山庄的核心，然而在该图中却没有反映，由此可以断定，该图在创作之时避暑山庄还没有得到命名，因此这幅史图称《热河行宫图》较之称为《避暑山庄图》更为贴切。综上所述，作为初期阶段，热河行宫在避暑山庄发展史上起到了承上启下的作用，它借助于热河上营的自然氛围，在行宫组建和构景方面较之热河上营和口内外的其他行宫更为合理；它摒弃了其他行宫的营造模式，并按清帝的意图在选择自然的同时又融入了一种古朴淡雅的格调，从而奠定了日后避暑山庄发展成为"无刻桷丹楹之费，喜泉林抱素之怀"的思想基础。

三、避暑山庄

康熙五十年，随着澹泊敬诚正宫区的落成完工，随着"避暑山庄"的题名和康熙三十六景的建立,避暑山庄终于走向了它的辉煌时期。此后一直到乾隆末年,避暑山庄在清王朝的政治舞台上都占有比较重要的位置,清帝在避暑山庄举行的政治、文化、宗教等一系列活动都成了史学家们研讨清代中前期康乾盛世和避暑山庄发展史的重要依据。

(一) 苑景区的统一规划和布署,康乾七十二景的逐步建立与完善,标志着避暑山庄的避暑条件、避暑职能也走向完备。避暑山庄苑景区的统一规划和布署应该说从康熙四十七年以后开始的。康熙四十七年以前,行宫苑景区的开发还只局限于如意洲宫殿区周围,在广袤的山峦、平原也只有几处景观,这种情况与康熙希望充分发掘热河行宫的思想极不相符,尽管当时已经有十六景,但这些景点的分布极不均衡。因此从康熙四十七年热河行宫正式使用开始,行宫苑景区的扩建和新宫殿区的修建任务同时提上日程。不出三年的时间,康熙又在苑景区开发出了无数的景点,这些景点,有二字三字题名者,也有四字五字甚至六字题名者,其中尤以四字题名者居多,内容最为丰富。康熙五十年,是避暑山庄发展史上最值得纪念的一年。这年六月,康熙皇帝将自己亲手题名的一块鎏金铜匾"避暑山庄"挂在了澹泊敬诚殿前的二宫门门楣之上,从此成为有别于热河行宫、更有别于热河上营的行宫,避暑山庄真正建立在了武列河畔。当时康熙作了《避暑山庄记》,对建庄的作用及其指导思想进行了充分的阐述,康熙三十六景的题名和建立也正是在这种指导思想下完成的,它追求古朴,师法自然,一反京城御苑的豪华奢靡之风,每一处景观都显露出了一种淡雅或野趣,然而淡雅之中不容平庸,野趣情里更显庄重。

乾隆继位之后,中断近二十年的木兰狩猎活动重新开始,避暑山庄继续成为乾隆帝避暑消夏、从政省方的活动场所。从乾隆六年(1741年)开始,避暑山庄进入第二个兴盛时期,这个兴盛时期又分两个发展阶段:

乾隆十九年之前为第一个阶段,以兴建乾隆三十六景为主,以三字题名为标准的乾隆三十六景是对康熙三十六景的继承和发扬。在乾隆三十六景中,康熙时已经题名的有如意湖、颐志堂、水心榭、畅远堂、静好堂、采菱渡、观莲所、清晖亭、般若相、沧浪屿、一片云、苹香泮、澄观斋、永恬居、翠云岩、玉琴轩、临芳墅、涌翠岩、素尚斋等,此外史料上提到的康熙时已经修建、乾隆时才题名的有宁静斋、凌太虚等,总共二十处之多。其余的景点为乾隆时所建,它们分别是丽正门、勤政殿、松鹤斋、青雀舫、绮望楼、驯鹿坡、冷香亭、万树园、试马埭、嘉树轩、乐成阁、宿云檐、罨画窗、千尺雪、知鱼矶等。

第二个阶段是在乾隆题名三十六景之后,在山峦、峰脊、沟谷、泉畔兴建了众多的景点,诸如绿云楼、食蔗居、戒得堂、敞晴斋、秀起堂、静含太古山房、有真意轩、碧静堂、含清斋、玉岑精舍等。这些景点或高踞于峰峦之上,或偎依于飞瀑之荫,或掩映于松柏之下,或凭临于湖泊之滨,景观异常感人。

当山区的景观令人目不暇接的时候,乾隆帝又在塞湖之滨开始了大规模的仿景造园活动,如文园狮子林、烟雨楼就是其中比较突出的两个例子。

（二）避暑山庄的文化活动是伴随着清帝在塞外的各种需要而进行的。对于传统文化来说,避暑山庄则更多地表现出了对汉儒家文化的继承和发扬,所以汉文化的思想精髓成了清帝在塞外各种活动的理论依据。

避暑山庄的文化现象主要可分为佛教文化、传统汉文化和其他文化类型,前两种文化对避暑山庄的影响是极其深远的。康熙肇建避暑山庄之后,基于政治和军事上的考虑,以加强政权建设、巩固边防为主,一直到乾隆中后期,避暑山庄的文化建设还是一个空白。此间尽管清帝对汉文化极为重视,但是这股春风还是没有吹过古北口,吹到避暑山庄。乾隆年间,当时任礼部尚书的曹秀先首先向乾隆提出在热河设文庙、建学宫,得到了乾隆的许可。文庙的重要意义并不仅仅在于热河有了府学、儒学,而更在于它所蕴藏的巨大的精神财富。文庙建立之后,至圣先师孔子的神位被供奉在大成殿正中,乾隆为之题楹联曰："有开必先冠古今而重教化,无思不服合内外以振文章。"为了表示对至圣先师的尊敬,乾隆又按太学之例特设周时法物十件以及各种祭器和乐器,同时又将康熙、雍正还有乾隆自己的御制诗文集等书籍贮藏在尊经阁,共计九十二部三百七十六函。根据史料记载,文庙内保存有许多块记载当时所发生的一些史实的乾隆御制碑文,其中乾隆《御制热河文庙碑记》作于文庙落成之时,《御制十全记》作于乾隆"十全武功"完成之时,《御制平定台湾告成热河文庙碑记》作于平定台湾林爽文起义之后。此外,还有一块碑文即《御制集石鼓文十章制鼓重刻序》是乾隆五十五年为重刻太庙所藏周代石鼓文而作,同时在这篇御制文中乾隆再次阐明了编纂《四库全书》的重要意义。这部丛书是清代历史上最大的一部编类丛书,对开发传统的汉文化具有重要的意义,这套丛书编纂完毕之后,其中的一部连同康熙年间编纂的大型丛书《古今图书集成》均被存放在山庄的文津阁,从此文津阁名扬天下,山庄也因此金碧生辉。以上我们可以看出,文庙虽然在地理位置上不属于山庄,但从历史和文化的角度来看,文庙显然与山庄有着千丝万缕的联系。

（三）基于政权和国防安全的需要,康乾二帝在充分联络和加强民族情感的同时,开始改变兄弟民族的意志,使他们不再只信奉自己的佛祖。历史的经验和教训给了清帝们很大的启示,因此到康乾时期,清帝开始改变策略,利用"佛"这个蒙古人的信奉之神来拉拢、征服这个长期以来桀骜不驯的民族。历史上顺治帝是否以身殉佛,笔者不敢妄加揣测,不过顺治帝的崇佛精神却是极大地鼓舞了他的后代。也许正是这种崇佛精神的鼓舞,康乾二帝才得到了某种启迪,于是另辟蹊径,在处理民族关系问题上找到了另一条出路。康熙三十年为了解决蒙部纷争,康熙举行了具有历史意义的多伦会盟,第一次成功地干预了蒙部的佛教事务并加强了对佛教的管理;两大活佛的设立,两大佛事活动中心的建成,标志着清政府的民族宗教政策取得了很大的进展。康熙五十二年,康熙应蒙藩王公的请求,开始在避暑山庄修建皇家寺庙,这就是溥仁寺、溥善寺,供奉在溥仁寺宝相长新殿的无量寿佛被当作康熙的化身,康熙在前来朝拜的蒙族兄弟的心目中已有了与佛祖相同的地位。乾隆朝,在加强与漠南、漠北关系的基础上,乾隆帝顺应民族情感,继其祖康熙修建溥仁寺、溥善寺之后,又相继在避暑山庄周围建造了十座大型的皇家寺庙,供陆续从雪山荒漠赶到内地、赶到山庄的佛祖列宗们居住。从此佛光不再只从西藏拉萨向外辐射,在热河避暑山庄的皇家寺庙,佛的意志、佛的力量开始发挥巨大的作用,山庄是为"耆阁崛山",寺庙成为指路明灯。佛祖已不是原来的佛祖,他们不再飘零于冰冷的雪山和贫瘠的草原,他们的命运和前途与清帝乃至整个清王朝连在一起。

(四)避暑山庄建立之初正是塞外政治中心萌芽之时,这个政治中心从如意洲宫殿区过渡到澹泊敬诚宫殿区的过程,正是伴随着避暑山庄的逐步发展而进行的。宫殿区的逐渐集中标志着塞外政治中心的逐步建立与完善。避暑山庄建立之前,清帝在塞外的政治活动几乎都是伴随着军事行动而进行的,清帝的木兰秋狝,从其活动宗旨上讲应该是一种有组织有计划的军事演习,它产生了两个积极的作用:其一,官兵们逐渐熟悉了漠北、漠南的气候和复杂的地形;其次,清帝省方简直是佛祖下凡,使得蒙藩的身心受到了极大的威慑。十年木兰行围积累起来的经验,使得康熙帝举行的多伦会盟取得了良好的政治影响,它对于清帝稳定漠北漠南,控制西北极为有利。多伦会盟之后,清帝在塞北的政治活动开始频繁,但仍然没有形成日常的活动中心;同时多伦会盟也没有形成制度,尽管它的影响很大,但辐射范围并不广泛,在广大的漠西,多伦会盟并没有使之振聋发聩。康熙年间,随着清帝连年不断地北巡,塞外的政治中心开始确立,这个中心地点就是避暑山庄,到乾隆朝,这个政治中心得到进一步加强。

正如前文所言,康熙总感如意洲面积过于狭窄,不便拓展,因此决定在万壑松风之南建立新的宫殿区。新的宫殿区确立了以紫禁城为蓝本具有前朝后寝而且真正区别于口内外众多行宫的新格局,这种新格局的制定使得刚刚萌芽在塞北的政治中心得到确立。乾隆朝,乾隆帝先是修建了皇太后寝宫松鹤斋,其规模有别于康熙皇太后的行宫松鹤清樾,其格局较澹泊敬诚宫殿区略小,共八进院落。乾隆十九年,乾隆帝又在行宫内塞湖南端的武列河谷地上修建了卷阿胜境宫殿区,史称卷阿胜境、福寿园,此时宫殿区的从政之殿虽然是勤政殿,但乾隆真正举行政事、召见赐宴少数民族首领和来访使节的地方则是在清音阁。按惯例,凡来山庄朝见清帝的王公贵族、外来使节都要在澹泊敬诚殿受封领赏之后,再在卷阿胜境接受赐膳赏赍,然后在清香阁观戏,这种召见方式很独特,它消除了王公首领们的恐惧心理,从而使得双方都能达到一种默契,达到一种双方都能接受的理想境地。当避暑山庄成为塞外政治中心和策源地的时候,它的室内外陈设也开始表现出如紫禁城一样的富丽和堂皇,这些陈设主要为清宫御用珍品。在室内外陈设中最吸引人的恐怕就是清帝北巡时陈设的卤薄仪仗了,按定制,避暑山庄应该陈设"骑驾卤薄",然而随着时代的发展,清代也在避暑山庄使用了"大驾卤薄"。"大驾卤薄"是最高荣誉的象征,从这个意义上讲,避暑山庄可谓登峰造极了。

原载于《承德民族师专学报》2000 年第 3 期。

略论避暑山庄的历史地位和作用

于佩琴

(河北民族师范学院 学报编辑部,河北 承德 067000)

[摘　要]　承德避暑山庄不仅是难得的避暑胜地,而且曾经是清王朝的第二政治中心。它和康乾盛世许多重要历史事件、重要历史人物有着密切的联系。清帝兴建避暑山庄的政治意义要远远大于它的避暑用意,山庄的兴建是清政府联络蒙古各部及巩固北部边防的一项重要措施。山庄的建立使清政府与蒙古各部的联系更加紧密,康乾二帝通过接见、册封、赐宴、赏赉等形式,为自己树立了崇高的政治威信。清帝每年用近半年的时间在口外从事政治、军训活动。避暑山庄是其引见官吏、接见各民族王公贵族、外国使节及处理朝政等各种政治活动的场所,实际上成为清帝处理民族事务、加强北部边防的政治中心,在建立中国统一的多民族国家的历史进程中发挥了特殊作用。

[关键词]　避暑山庄;处理朝政;民族事务;北部边防

　　承德避暑山庄不仅是难得的避暑胜地,而且曾经是清王朝的第二政治中心。它和康乾盛世许多重要历史事件、重要历史人物有着密切的联系。在避暑山庄建立以后的一百年内,康熙和乾隆皇帝经常到山庄来。康熙在位期间,到塞外巡幸四十八次,驻跸避暑山庄二十一次。乾隆在位期间,到避暑山庄四十九次。康熙和乾隆每年大约从五月到九月,近半年的时间驻跸山庄,皇朝的理政场所由北京紫禁城转移到塞外避暑山庄。

一、清帝驻跸山庄,如在京师处理政务

(一) 勤于政事的康乾二帝

康熙皇帝,即爱新觉罗·玄烨,八岁登基,十四岁亲政,在位六十一年。康熙是玄烨的执政年号,其含义为太平安定,后亦以指称皇帝其人。以此为年号,表明清朝统治者经历了长期战争之后,渴望出现太平安定的局面。康熙幼年是在其祖母培养教育下成长的。其祖母孝庄皇太后,贤良而有卓识,按照培养君王的标准,严格要求,使康熙少年时代就养成了许多好习惯。他喜欢读书,善于思考,不仅具有敏锐的洞察力和高尚的道德情操,而且具有高度的责任感和远大的政治抱负。即皇帝位之后,他励精图治,殚精竭虑,勤于政务。康熙十四岁亲政,开始御门听政。御门听政是康熙接见臣下、处理日常政务的主要方式。按照规定,每月初五、十五、二十五这三日常朝在太和殿,其余时间都去乾清门听政。每日"未明求衣,辨色视朝",春夏早六时,秋冬早七时,风雨不误。康熙听政,十分认真,部院呈送的本章一一全览,最多时日达三四百本,通常少者每天亦不下四五十件。不论多少,康熙都"亲览无遗"。他一日事一日毕,事无巨细,即使奏章有一字讹,也必为改定发出。因他亲览奏疏,故对臣下处理政事敷衍塞责、手续烦琐重复等作风能及时发现,认真解决。在听政中,他发现有一件事两部重复启奏者,于是创立会同启奏制,以简化程序,提高效率。康熙听政时,与臣下直接见面,共商国事,辅臣的某些擅权越轨行为,便能及时发现和制止。如鳌拜擅自更改已经发抄的红本,被冯溥弹劾,遭皇帝批评,便是明显一例。御门听政,可经常了解下情,发挥群臣智慧,集思广益,使国事决策尽量避免偏颇。政务处理迅速及时,堪称康熙朝一大特点。康熙晚年对自己的生平作了这样的评价:"孜孜汲汲,小心谨敬,夙夜不逞,未尝少懈,数十年来殚心竭力,有如一日。"真可谓鞠躬尽瘁,死而后已。

乾隆,即爱新觉罗·弘历,他深得祖父厚爱,二十五岁登基为帝,在位六十年,年号乾隆。乾隆自幼聪明慧敏,博得了康熙器重,被携入宫中,亲耳聆听祖父教诲。康熙巡幸塞外,曾把乾隆带到避暑山庄,安排在环境幽雅的万壑松风居住。康熙在万壑松风读书或处理政务,乾隆曾有幸从旁随侍。康熙勤奋理政的精神及其谆谆教诲,对他产生了积极影响。在祖父教导和影响下,乾隆励精图治,勤于政事,"日理万机,唯日孜孜,不敢暇逸"。他说:"为政之道,莫先于勤。"他称帝六十年,处理政事所"积日策三万一千九百而赢"。对于各级官吏,内自旗部大臣,外至封疆大吏,及郡守以上,普遍注意他们的治绩,定时召见,指示周详,深以"丛脞恬嬉"为

戒。驿章阁本，随时批达，绝无迟延，尤其军务、河务、赈灾等各种大事，更为关切，到即遣发。建于乾隆十九年（1754年）的勤政殿，是乾隆处理政务的场所。以"勤政"为名，意为对政事要尽心尽力，不稍厌怠。乾隆即位时，祖宗给他留下的大清帝业，既兴旺发达，又存在着重重矛盾，暗伏危机。面临这样的局面，乾隆深感自己肩上的担子非常沉重，因此，他理政丝毫不敢懈怠。乾隆执政时，每一天大部分时间都用于处理政事上面。尤其是御门听政之日，东方微露曙光，他就穿戴整齐，做好准备，等待大臣们上朝。乾隆自幼接受骑射训练，身体强健，但也有生病的时候，如乾隆五年正月，由于连日宴请外藩蒙古首领，召见大臣，身体疲惫患上感冒，整天咳嗽不止。有人劝他休息，注意保养身体。他却不以为然地说，暑去寒来，气候变化，生病是寻常之事。如果因为生病，解一身之劳，不事躬亲国家政务，那就错了。乾隆在《勤政殿》诗中写道："不息自强励勤政，永钦家法咏《卷阿》。"就是在勉励自己，要永远虔恭地遵守祖宗的章法，不忘举贤任能把国家管理好，以保持国家的长治久安。正是由于康、乾二帝的勤政，开创了清代前期的盛运。

（二）驻跸山庄，如在京师处理政务

审阅奏章，思考治国大政方略，是皇帝处理日常政务的具体内容之一。康乾二帝勤于政事，即使在塞外巡幸，也不会影响政务的处理，塞外巡幸驻跸之后，清帝随时在行宫大殿上朝理政。他们驻跸山庄时，喜欢在幽静的地方处理政务，为适应皇帝批阅奏章、读书的需要，避暑山庄为清帝避暑避喧及处理政务，设置了功能各异的殿堂，使他们在这里也像在北京故宫一样照常理政。万壑松风殿是康熙处理日常政务的地方，此殿周围古松环翠，寂静幽深，深得康熙喜爱。他经常在这里批阅奏章，会见大臣，也曾让弘历侍陪身旁，熟悉和学习治理国家之道，康熙还经常在此读书写字，并且同身边大臣谈论政事，探讨学问，气氛轻松随意。勤政殿是乾隆处理日常政务、批阅各种奏章和接见群臣、发布政令的所在。清帝自起銮之日为始，各省督抚提镇等奏折，俱齐赴在京总理事务王、大臣处，加封交内阁，随本呈送行在，批示后，随本发回。驻跸山庄期间，照常处理日常军政事务，部院各衙门章奏，每日送内阁。内阁三日一次，随时批发。康熙朝以词臣供奉内廷的查慎行，多次扈从山庄和木兰围场，他在康熙四十四年（1705年）秋，作《山庄杂咏》三十首，其二写道："章奏多从驿骑驰，行宫勤政日孜孜。三更桦烛明如昼，又是宵衣乙览时。"这首诗生动地描绘了皇帝在行宫每日勤于政事和驿骑传递章奏的情景。

康熙出巡时，部院各衙门章奏集中于内阁，每二三日通过驿递驰送行在。一般多于晚刻到达，康熙便立召扈从大学士、学士等，于行宫处理折本。后期，康熙每年来承德避暑山庄,山庄的内午门、烟波致爽寝室及万壑松风等地,都是接见官吏、批阅奏章之处。清帝通过批阅奏章,召见臣工,下达圣谕。各省及京师重要奏章也由驿差传递,而且是直达君前,经皇帝批阅后带回。住京大臣报来的官吏升迁名单,皇帝既要批示,还要调来部分应升官吏亲自考核。清代规定,文武官员升转调补、赴任之前,由吏、兵二部分别带领觐见皇帝,由皇帝最后审定、核准,这种制度称为"引见"。引见仪式,在避暑山庄内午门前举行。避暑山庄门前,有两排东西相对的平房,一如紫禁城午门前的朝房,是六部的"值庐",文武官员和少数民族王公贵族在此等候皇帝召见。清帝有时还在他寝宫的西暖阁内召见官员,一般在皇帝用膳后召见,召见的官员奏报并回答皇上询问。有时对于报来的关内某地的旱涝灾情,要提出解决办法等等。判处死刑案件,最后由皇帝核准的"勾到"仪式,也在这里举行。

乾隆处理政务的基本方式,是批阅各省督抚的奏折,要求对气候变化、庄稼长势、粮食价格、吏治官风、民间习俗、水利设施维护、城防修筑、军营操练、农田开垦、粮食储备、赈灾恤民等所有事务都要及时具折报告,以使他最大程度地发现问题,消除隐患,巩固统治。乾隆每次木兰行围,都要指派内阁大学士、军机大臣以及各部主要官员,一同前往,协助处理军政事务。为了不影响政府职能的运行,规定中央各部门及各省的寻常报告,每三天一次由驿站递送热河。至于紧急报告,则按其程限(日行五百里或六百里)随时递送。若有特殊军报,即使是乾隆在木兰围场中,也可立刻作出批复。时任军机章京的赵翼,先后四次扈从木兰秋狝,他在《檐曝杂记》第一卷《军机直舍》中对此有记载:"扈从木兰时,戎帐中无几案,率伏地起草,或以奏事黄匣作书案而悬腕书之。夜无灯檠,惟以铁丝灯笼作座,置灯盘其上,映以作字,偶萦拂,辄蜡泪污满身。"这段记载,反映了在任何情况下,乾隆都及时料理政务,牢牢地控制着国家大事的决策权。

(三)通过邮驿传递公文下达圣谕

清以前,"邮"是传递公文的组织,"驿"负责提供各种交通或通信工具。宋代一度出现邮与驿并行的马递铺,但未坚持下来。明代辽东地区驿站由卫所管理,以兵卒充驿务,清朝却把这例外的特殊形式扩向全国,使交通与通信合而为一,邮驿才名副其实地统一起来,使清代的邮驿发展到了我国历史上的一个新阶段。清代的邮驿由驿、站、塘、台、铺、所六种组织形式构成,承担着传递谕令、公文、禀报军情,运送贡赋、朝廷赏赐物品和迎送过往官宦、转运兵员以及粮秣军需等任务。清代热河邮驿非常发达,主要有驿和铺两种形式。围绕承德各个方向都有重要的驿路,向西南联通京师,向北连接蒙古游牧地区,往西控制回疆。条条驿路就像一根根神经连通全国各地,及时地传递着各方面的信息,清政府的号令可以有效地贯彻到全国。康乾时期,承德的邮驿特别繁忙,"章奏朝发夕至,综理万几,与宫中无异"。其组织之严密,效率之高,可谓空前,对于统一多民族国家的形成和巩固发挥了重要作用。

清代的邮驿有一套严密的管理体制,在中央由兵部车驾清吏司主管,在地方归按察史司管理。承德府邮驿管理,据《承德府志》记载:"承德驿置古北口外驿站,应付夫马奏销钱粮由古北口管站员外郎掌之,承德府属所司驿站,应付夫马奏销钱粮由热河道府州县掌之。"从京师至避暑山庄,沿途设立台站共三十处,用以邮递章奏。在公文传递上,分驿站传送(人马俱换)、专差传送(换马不换人)、急递铺传送三种方式。选用何种方式封发公文,由公文的性质和内容决定。确立邮驿程限的基本原则,是因程设限,依限传递,因地制宜,区别对待,选择捷径,分秒必争。邮符由兵部掌握,是给驿的证明,有两种,官员驰驿给"勘合",兵役驰驿给"火牌"。给驿的原则是,按地位高低,享受不同待遇。京城往来公文因性质和内容不同,程限五日、四日、一日不等。遇有紧急公文,则有兵部火票马上飞递,按紧急程度标明"五百里加急""六百里加急"。承德避暑山庄博物馆收藏并展出一件兵部火票,就是乾隆驻跸热河期间,发往新疆哈喇沙尔的紧急军事公文。康熙平"三藩"时,驿马的差员一昼夜可行千余里。由于邮驿及时、迅速地传递清帝的号令与公文,保证信息渠道的畅通无阻,康乾时期,特别是乾隆时期,许多重大的军政要务,都在山庄得到妥善处理,如乾隆忧勤定金川。乾隆初年,四川西北部的大小金川土司,因经常与邻近土司争夺土地和人员而相互仇杀,给川西北各土司带来严重威胁。四川巡抚及时向清政府报告,乾隆十分重视,密切关注事态的发展,对往来的奏折及时具体批示,坐镇北京与承德指挥,几度调兵遣将,详细部署,最终彻底平定大小金川的叛乱,使西北地区逐渐稳定,经济也得到了发展。

二、清帝驻跸山庄,如在京师上朝议事,举行庆典

(一)上朝议事,决定国策

朝廷是封建国家的最高领导机构,有许多文武群臣辅佐皇帝。清帝每次巡幸塞外、驻跸山庄,都有一支庞大的中枢宫廷机构(全套的办事机构)。内阁六部、院、司、寺、理藩院等各所属机构都要前来,有大批负责官员和办事人员随行,处理政务的过程没有中断。清帝在山庄边避暑边料理国事,行政运作一如京师。

北京故宫的太和殿,是皇帝上朝接见文武群臣的地方。避暑山庄宫殿区,像北京故宫一样,也修建了正宫,前朝的澹泊敬诚殿,也叫楠木殿,是避暑山庄的正殿。宽阔的正殿内,皇帝宝座安置在大殿中央,典雅肃穆,非常气派。清朝皇帝在此举行重大庆典、接见朝臣及少数民族王公首领、外国使节。此外,避暑山庄还设置了一些小型殿堂,成为供皇帝与文臣武将议事,或与少数民族首领交谈的便殿。澹泊敬诚殿后有五间殿宇,康熙题为"依清旷",乾隆题为"四知书屋"。清帝每当举行大典前后,便在这里休息更衣,也是皇帝平日召见大臣商讨国家政务及军机大事和读书、休息的地方。乾隆曾在这里一次又一次地接见少数民族王公和宗教领袖。喀尔喀蒙古的哲布尊丹巴呼图克图一世、三世、四世以及土尔扈特部首领渥巴锡、西藏政教首领六世班禅等,都曾在这里被皇帝赐座、赐茶,并且彼此做了十分融洽的交流,体现了清帝对远来客人的尊重与真诚。

康熙、乾隆乃至嘉庆,他们在山庄避喧听政,长达百余年,每年朝廷的政务差不多有一半在山庄处理,有许多重大决策也是在山庄作出的。例如,1689 年中俄签订了清王朝对外的唯一平等条约——《尼布楚条约》。中国使团从尼布楚返回,首先到热河行宫,向皇帝报告谈判情况。康熙对谈判的成功"深为快慰"。此后两国边界曾出现较长时间的和平与安定局面。平准噶尔、定回部,即统一新疆的战争,其决策和指挥中心都没离开避暑山庄。乾隆五十三年乾隆坐镇山庄,指挥了平林爽文起义全过程。其他如大小金川之役,缅甸、安南之役,两次反击廓尔喀(今尼泊尔)侵略战争,清政府的决策和指挥中心,除了北京之外,主要是在承德。乾隆末年和嘉庆初年平定川楚白莲教起义等重大战争,也和承德相关。在避暑山庄松云峡南侧林下戏题碑上,刻录着乾隆于嘉庆三年(1798 年)所作《林下戏题》诗,其中之六写道:"符愿坐林下,嘉阴披爽便。虽然归政子,仍励辟邪肩。二竖获日指,一章捷望穿。促吟乘飒籁,睫眼廿三年。"其中"二竖获日指,一章捷望穿",说的就是乾隆虽然做了太上皇,但仍然牵挂着国事,关心早日平定白莲教起义,估计白莲教的两个首领被擒之日不远了,乾隆望眼欲穿地等候胜利捷报的到来。

由此可见,避暑山庄在康、乾、嘉等清帝避暑听政期间,它的政务运作功能,承载着国运兴衰,皇帝坐镇承德就可以通过遍布全国的官僚体系,实现对广袤国土的管理,同时根据反馈制定新的决策,为朝廷的政务运作发挥了很大作用。

(二)举行庆典,颁布嘉奖

清帝在木兰秋狝与驻跸山庄期间,经常举行各种庆祝仪式。从内容上看,主要有三种类型:一是庆功类,一般用于围猎结束,或军事行动获胜后举行;一是宴请类,主要用于各种政治活动的庆典中,包括宴请各少数民族首领、宗教领袖和外国使节等;一是祝寿类,主要指皇帝的万寿节庆典。

在庆功类的庆典活动中,以木兰秋狝大典影响较大。据统计,清帝举行木兰秋狝大典达一百零五次之多,每次秋狝礼成都举行盛大的庆功会,奖励有功的将士,宴赏前来朝觐的蒙古王公和参加行围的将士。筵宴在御营中的大蒙古包以及避暑山庄举行,盛况空前。康熙的七律诗《塞上宴诸藩》,真实记述了他设宴、赏赐、慰劳扈从巡幸狩猎的喀喇沁王公、塔布囊等蒙古各部首领及属下情形:"龙沙张宴塞云收,帐外连营散酒筹。万里车书皆属国,一时剑佩列通侯。天高大漠围青嶂,日午微风动彩斿。声教无私疆域远,省方随处示怀柔。"这首诗是康熙二十年四月,康熙出喜峰口巡视塞外,赏赐和宴请来朝见的蒙古各部首领及其属下时所作,不仅表现出北方边境安定、民族团结的欢乐气氛,也表达出诗人希望将无私的声威和教化传播到更遥远的边疆,随时随地安抚远方的民众。

宴请类庆典仪式,在避暑山庄举行得最为频繁。特别是接见各少数民族首领、宗教领袖和外国使节之后的赐宴,是清帝政治活动中不可或缺的内容。杨天在等在《避暑山庄的万树园及其历史作用》文章里统计,从乾隆十七年至嘉庆二十年的六十三年中,仅在万树园举行的庆典活动就有五十二次,而乾隆年间就达四十七次之多。影响较大的有乾隆十九年清政府在山庄接见准噶尔部杜尔伯特台吉"三策凌",连续五天在万树园大摆灯宴,燃放烟火等。乾隆皇帝还写了《宴都尔伯特亲王策凌郡王乌巴什等于万树园诗以纪事》等诗,来纪念此事。著名的"多伦会盟"也是以赐宴的形式举行的。康熙三十年四月,在木兰围场西北五十公里的多伦诺尔草原上,康熙帝设宴召集喀尔喀三部蒙古王公贵族和四十九旗王公,举行了会盟,颁赏爵位,以调节他们之间的纠纷。筵宴呈现一派以皇帝为中心的团结、统一、和谐气氛。多伦会盟结束了长期以来喀尔喀蒙古的内部纠纷,促进了我国北方蒙古族的团结,朝廷加强了对喀尔喀的管理,使之成为保卫边疆的重要力量。为纪念此事,清政府在多伦诺尔修建汇宗寺以彰盛典,康熙皇帝还亲题《多伦汇宗寺碑文》,以示纪念。

颁布嘉奖是指清帝在塞外举行的各种庆典活动中,对参加活动的少数民族王公贵族、宗教领袖和外国使节给予的奖赏。清帝颁布的奖赏种类很多,主要有两类:一是封爵,二是赏赐。清帝把颁布嘉奖作为管理朝政的政治手段之一,尤其是在处理民族问题过程中,用以密切同各少数民族上层的关系。每次巡幸塞外或行围,清帝都要接受内蒙古诸部王、公、台吉等人的朝贡、请安,并本着"厚往薄来"的原则,对他们分别予以赏赐。清帝通过例行赐宴、赏赉,奖励秋猎有功贵族和将士,并通过会盟、封爵、赏赐、联欢等各种活动,密切同各民族的关系,也体现了清帝在处理民族宗教事务中的一片诚心与细心。其目的之一是彰显皇威和大清王朝的富有,并表明皇帝的优恤之情。

封爵是从政治上给予优厚的待遇。这是清帝在处理民族问题中常用的策略之一。对于率众归附清王朝的少数民族首领封以亲王、贝勒、郡王、台吉、贝子等爵位,有的还任命为盟长、旗长等,从清政府的角度确立他们的政治地位,这些举措,产生了极大的政治影响,令西北各少数民族王公贵族更加心向朝廷,络绎不断地到避暑山庄朝见皇帝。颁赏是指清帝在奉行的各类庆典活动中颁发的物质赏赐。赏赐的物品种类繁多,大体分三类:一类为金、银、玉、宝石等器物,一类为绫、罗、绸、缎等衣物,一类为鞍、马、弓、刀、茶、扇、荷包等物件。赏赐的对象,上自少数民族的王公贵族、宗教领袖和外国使节,下至参加围猎的官兵及蒙古八旗属下。清帝通过物质赏赐,密切了彼此感情,增进了团结。

三、清帝驻跸山庄,如在京师开展政治活动

清帝在避暑山庄期间,广泛开展各种政治活动,显示了高超的政治智慧。活动内容主要表现在三个方面:第一,广泛接触少数民族上层人物,果断处理北部边疆的民族问题;第二,会见宗教领袖,高度重视蒙藏地区的宗教事务;第三,接见外国使节,开展范围广泛的外交活动。避暑山庄既是清廷在塞外解决民族问题的主战场,又是清王朝制定宗教政策的策源地,还是外国人观察中国社会的窗口。避暑山庄见证了中华民族统一多民族国家形成的历史进程。

(一)接见少数民族上层人物

清朝初年,康熙历经南征北战,特别是三次亲征蒙古噶尔丹叛军后,蒙古各部纷纷归顺朝廷。为了安抚与团结蒙古各部,使他们成为国家的藩屏,保卫大清帝国的边疆。加之塞北热河地近内蒙古,气候凉爽,蒙藏等少数民族未出天花者,担心步入京师染病,不以来此地为惧。在此创建避暑山庄,既便于皇帝出塞巡幸,又可在山庄接见少数民族首领,密切清政府与少数民族的关系。因此,清朝前期,朝廷以避暑山庄为基点,经常举行有利于结好少数民族的活动。

从康熙到乾隆,蒙古族、藏族、维吾尔族、哈萨克族、回族、柯尔克孜族、高山族等少数民族上层人物,经常在避暑山庄拜见清朝皇帝,这里成为清朝政府料理民族事务的重要场所。康熙塞外巡幸期间,蒙古诸部相继来朝,络绎不绝。喀喇沁、科

尔沁、敖汉、翁牛特、巴林、土默特、奈曼、喀尔喀、克什克腾、鄂尔多斯、厄鲁特、苏尼特、扎鲁特等诸部落王、公、台吉、额驸等纷纷来朝,康熙帝均以礼接见。召见地点有头沟、热河上营、行宫、青城、黑湾口等地。乾隆年间到山庄及各行宫入觐的人数更多,范围更广。入觐人员除蒙古诸部外,还包括准噶尔都尔伯特、辉特、绰罗斯、和硕特、土尔扈特台吉、吐鲁番四部、喀什噶尔郡王、阿木齐伯克、青海扎萨克郡王、哈萨克、布鲁特等。受朝地点多在澹泊敬诚殿,召见、赐宴地点多在避暑山庄依清旷殿、卷阿胜境殿,此外也在张三营等行宫召见、赐宴。其中影响较大的事件有接见我国漠西厄鲁特蒙古杜尔伯特部贵族"三策凌"、辉特部台吉阿穆尔撒纳、四卫拉特(准噶尔、杜尔伯特、和硕特、辉特四部)、准噶尔部蒙古的一支达什达瓦部众、土尔扈特部首领渥巴锡等上层人物。

乾隆十九年,乾隆在避暑山庄举行盛大仪式,欢迎"三策凌"的到来。这里所说的"三策凌",是指厄鲁特蒙古杜尔伯特部台吉策凌、策凌乌巴什、策凌孟克。乾隆十八年夏,"三策凌"因不满达瓦齐的统治,毅然率领本部三千余户一万多人投归清王朝。乾隆皇帝早就有心解决准噶尔蒙古问题,完成康熙、雍正两朝未竟之业,统一祖国的西北边疆。为了表彰他们维护统一的爱国行动,乾隆皇帝立即调拨牛羊、粮食帮助他们安顿生活。又为他们编旗设盟,任命策凌、策凌乌巴什为正副盟长。乾隆十九年夏初,乾隆皇帝在澹泊敬诚殿接见了他们,并册封策凌为亲王,策凌乌巴什为郡王,策凌孟克为贝勒,其他贵族也各封以爵位。此后,又连续五天在万树园大摆宴席,燃放烟火等,内蒙古、青海、喀尔喀诸部王公也陪同宴饮。乾隆为了纪念这件重大政治活动,命西洋画家郎世宁绘制了《乾隆在万树园接见蒙古杜尔伯特部三策凌图》。

乾隆十九年冬,乾隆不辞辛苦,冒着严寒再次来到热河,为的是在避暑山庄接见厄鲁特蒙古辉特部台吉阿穆尔撒纳。此后册封他为亲王,册封讷墨库、班珠尔为郡王,其他头领分别册封为贝勒、贝子、公、台吉等。乾隆皇帝从"三策凌"和阿穆尔撒纳来归的交谈中,了解到准噶尔部的内部矛盾,看出了解决厄鲁特蒙古的契机,于是决定铲除长期割据于西北的分裂势力,并由军机处拟定了进军计划,将出兵日期由四月改为二月,为顺利消灭准噶尔割据势力创造了条件。在平叛过程中,西北各民族的上层人物,对清政府的向心力大为加强。他们络绎不绝奔赴山庄朝见清朝皇帝。杜尔伯特台吉伯什阿噶什、哈萨克中帐阿布赉汗都曾被乾隆接见。天山南北统一后,厄鲁特蒙古四部、哈萨克、维吾尔、布鲁特的贵族们,踊跃来山庄朝觐,反映了清朝对西北边疆的管理已空前巩固和加强。

乾隆二十四年,避暑山庄还发生了一件大事,准噶尔蒙古的一支——达什达瓦部迁居热河。清政府将他们编为九个佐领,归入热河驻防八旗,发给粮饷,并在普宁寺周围建房,安排住处。达什达瓦部前来热河之后,乾隆还在武烈河之东的山冈上,仿照伊犁固尔扎庙的样式修建了安远庙,供他们瞻仰参拜,让他们仿佛又回到了伊犁固尔扎庙一样,感到格外亲切。

继达什达瓦部迁居热河之后,乾隆三十六年,厄鲁特蒙古土尔扈特部首领渥巴锡等,从伏尔加河率众三万多户十六万人,万里东归返回祖国,渥巴锡等人到避暑山庄觐见乾隆皇帝,是又一件大事。土尔扈特部众不忍外族凌辱,历尽千难万险,长途跋涉,到达伊犁时人员"仅以半计"。为纪念土尔扈特部的回归,乾隆亲自写下《土尔扈特全部归顺记》和《优恤土尔扈特部众记》两篇文章,用满、蒙、汉、藏四体字刻于两块巨型石碑之上,至今仍屹立于普陀宗乘之庙碑亭之内。

康乾时期来避暑山庄朝觐皇帝的不仅有北部边疆的少数民族首领,还有来自台湾的高山族头目。高山族是我国古老的民族之一,是祖国统一的多民族大家庭中不可分离的一员。康熙二十三年,派将军施琅攻占台湾后,遂在台湾设置一府三县,隶属福建省管辖。当时称高山族为"番"或"土番"。乾隆时期每年台湾高山族的头目,都要携带贡品到北京或热河觐见皇帝。乾隆五十五年七月初,高山族"生番"头目怀目怀等十二人抵达热河,他们与其他各少数民族首领和外国使节一同,参加了乾隆帝的八旬盛典。朝鲜使臣柳得恭在《滦阳录》中作了生动的描述,"着绿长衣,外穿红短衣,缘以金线缎;冠前后檐崛起,龃龉,画云纹,正中如穿窿。梁列插鸡羽,冠左右各悬小铜铃各三,行步丁当。项悬木牌,一面书名,一面书其所居社名"。乾隆对高山族头目的到来非常重视,在他们到来前,遣专人接迎,返回时,又派员专程护送,甚至返途中一番目因出痘治疗无效身殁,乾隆还派人备棺盛殓护送回台。乾隆在避暑山庄接见高山族头目怀目怀等,在我国历史上谱写了台湾人民不断派代表向清政府表示倾心向化的篇章,从不同侧面反映了清朝国内各民族的团结和统一。

(二)接见宗教领袖

为了更好地团结少数民族,清王朝十分重视宗教的作用,康熙、乾隆和嘉庆分别接见、封赏过喇嘛教的三大活佛和六世班禅额尔德尼。

康熙三十年,康熙封喀尔喀蒙古的哲布尊巴丹呼图克图为大喇嘛,管理外蒙古的宗教事务。康熙五十二年,又封章嘉呼图克图为国师,管理青海、甘肃、北京、五台山、内蒙古的宗教事务。康熙曾在避暑山庄多次接见哲布尊巴丹和章嘉。这两名活佛在清政府的支持下,政治地位和宗教地位显著提高,与达赖、班禅并列,分管内外蒙古、前后藏教务,在清朝统一边疆的活动中,他们发挥了有益的作用。

乾隆时期,为加强对喀尔喀蒙古的控制,在第二世哲布尊巴丹圆寂之后,不准在喀尔喀蒙古贵族之家选择转生,而令选择于西藏。乾隆二十八年,第三世哲布尊巴丹年仅五岁,由西藏经青海、热河赴喀尔喀蒙古,五月三十日,乾隆在避暑山庄亲切接见,这名出生于西藏的小活佛,用蒙语回答了乾隆皇帝提出的问题,令在场的蒙古王公大为惊奇。乾隆又命章嘉国师授以小戒,赐乘黄车,转多伦诺尔赴库伦(今乌兰巴托)。乾隆五十六年和六十年,嘉庆七年和十四年,第四世哲布尊巴丹也曾到避暑山庄朝见乾隆和嘉庆,清帝通过召见蒙古活佛,加强了对喀尔喀蒙古政治上的管理。

乾隆四十五年,西藏第六世班禅额尔德尼来避暑山庄,这是清代前期民族关系史中发生的一件重大历史事件,也是历代中央王朝对西藏地方加强管理的发展和继续。西藏自古就是我国领土不可分割的一部分,藏族同胞是我国大家庭中兄弟民族的一员。早在清朝顺治九年(1652年),西藏的五世达赖喇嘛就曾到北京觐见过顺治皇帝。清朝政府为接待五世达赖,特在北京修建了一座西黄寺,作为他居住、讲经之所。六世班禅名贝丹意希,佛经的造诣很深,是八世达赖的老师,在蒙藏地区有很高的威望,乾隆四十四年,六世班禅从后藏日喀则扎什伦布寺启程,率随行人员千余人,历时十三个月,跋涉一万余公里于七月二十一日抵达承德。乾隆给予了极高的礼遇。对六世班禅离藏赴承途中迎接,赏赐貂帽、豹袍,飞递哈密瓜,赐金顶御轿、黄伞、红伞、珍珠袈裟等。还派皇六子和章嘉国师到多伦诺尔迎接班禅一行。为了让六世班禅在承德能有像到家一样的感受,"肖其所居,以资安禅",仿在后藏日喀则所居住的扎什布伦寺,不惜重金敕建了须弥福寿之庙,作为六世班禅的驻锡之地。七月二十一日,班禅一行,在皇六子和章嘉国师、尚书永贵的陪同下来到承德。六世班禅来承当日,在澹泊敬诚殿朝觐乾隆皇帝,乾隆用藏语和班禅对话,令班禅感激不尽。当晚,乾隆在须弥福寿之庙备办丰盛可口的饭菜,欢迎六世班禅一行住入寺庙。班禅在承德一月有余的时间里,乾隆为他在万树园蒙古包举行四次大型的野宴,赐他们观立马技、观看烟火,并连续数日在山庄内清音阁演戏。又在四知书屋、万树园等地举行隆重的接见仪式,并设宴款待,还向班禅颁发了金印和金策。班禅在承德期间,还率众多次为乾隆皇帝诵经祝寿。

(三)接见外国使者

康乾盛世时期,作为一个强盛的大国,清王朝势必对世界产生深远的影响。乾隆中期以后,由于国家的巩固和统一,承德迅速发展成为塞外的重要城市。作为盛世王朝的陪都,塞外的避暑山庄也不可避免地在亚洲乃至世界的某些范围内,受到人们的特别关注。

当时亚洲的许多国家与中国保持着朝贡关系,朝贡国要接受中国对当地国王的承认,并加以册封,在国王交替和举行某些庆典活动的时候,要派使团到中国朝见。清代前期,特别是乾隆时期,在山庄接见了许多亚洲国家的使团,其中有朝鲜国使团七十多人,安南国(今越南)使团一百八十多人,南掌国(今老挝)使团十多人,缅甸国使团三十多人,还有尼泊尔等国的使团,他们于乾隆五十五年万寿节前赶到热河,觐见皇帝,呈递国书,为乾隆皇帝祝寿,接受宴赏。在朝贡体系中朝鲜与清朝的关系最为密切,往来频繁,所派使团规模也较大,使团中不乏文化名人。十八世纪,朝鲜著名的学者朴趾源和他的弟子柳得恭,曾随朝鲜使团到热河,回国之后,都写下了传世之作。他们通过对清朝皇帝和官僚的政治、日常生活的观察,对清王朝的政策和中国的社会情况,有了很深刻的了解。朴趾源的《热河日记》记录了作者于乾隆四十五年,恭贺乾隆七十大寿来华观光沿途的所见所闻。这部日记,不仅介绍了乾隆盛世时期的承德,同时也是评论十八世纪清代社会及清朝诗文的一部不朽之作。

康乾时期朝廷不仅与朝贡国保持友好往来,还开始了超越朝贡体系的国际交往,进一步与西方文化接触,避暑山庄也留下了西方人士的足迹。当时供职于朝廷的一些法国、葡萄牙、意大利神甫等也都曾到过承德,受到乾隆的接见。这些外国人来到承德,他们在山庄观察、了解清中央政府和中国的社会,清朝也通过这些外交活动,了解到国外的一些情况,从这个意义上说,山庄已成为清代前期的对外"窗口"。

乾隆皇帝在避暑山庄,隆重接见了英国使臣马戛尔尼,这是中英早期关系中最重要的历史事件。马戛尔尼使团作为英国政府派出的第一个访华使团,是鸦片战争前西方殖民主义者的先遣队,他们以为皇帝祝寿为名来到中国,希望通过与中国最高当局的谈判,打开中国门户,开拓中国市场,了解当时中国的政治、军事、经济等方面的情况。乾隆五十八年八月初三,英国使团在马戛尔尼率领下抵达热河,乾隆皇帝在御幄蒙古包举行的庆典上,接见了英国使团,马戛尔尼特使向乾隆行单腿下跪谒见礼仪。这个并不复杂的礼仪,还是中英双方磋商了好几天才定下的。这群来自欧洲与众不同的客人,向历经近千年几近完美的中国礼仪制度发起了挑战。以大国自居,习惯于朝贡体系和平交往的清王朝,面对迅速崛起的西方新的世界体系,显得毫无准备,很不适应。英使向皇帝递交国书,赠送礼品,乾隆对使节官员加以赏赐,接着参加了万树园举行的盛大蒙古包宴。游览了避暑山庄和外八庙。山庄园林的美景及所藏宝物,令他们惊叹不已。他们通过观察和与清官吏的接触,了解、搜集中国的情况,为英国以后对中国的政策提供依据。对于处于封建社会末期奉行闭关锁国政策的清政府,也通过这些外交活动,了解到国外的一些情况。马戛尔尼希望通过与清王朝最高当局直接谈判,打开中国大门,然而他企图开拓东方贸易市场的构想,并没有实现,清朝在办理交涉过程中维护了王朝国威和尊严。

总之,清帝兴建避暑山庄的政治意义要远远大于它的避暑用意,山庄的兴建是清政府联络蒙古各部及巩固北部边防的一项重要措施。随着众蒙古的相继来归,觐见者日益增多。山庄的建立使清政府与蒙古各部的联系更加紧密,康乾二帝通过接见、册封、赐宴、赏赉等形式,为自己树立了崇高的政治威信。清帝每年用近半年的时间在口外从事政治、军训活动。避暑山庄是其引见官吏、接见各民族王公贵族、外国使节及处理朝政、举行各种政治活动的场所,实际上成为清帝处理民族事务、加强北部边防的政治中心,在建立中国统一的多民族国家的历史进程中发挥了特殊作用。

原载于《河北民族师范学院学报》2012年第3期。

乾隆帝用兵统一准噶尔蒙古的决策刍议
——以乾隆帝在热河的活动为例

赵艳玲[1]，于多珠[2]

（1. 河北民族师范学院，河北 承德 067000；2. 承德医学院，河北 承德 067000）

[摘　要]　准噶尔蒙古问题是清朝中央政权颇为头疼的边疆问题，继康熙、雍正两朝，乾隆朝也经历了"和"与"战"的决策过程。乾隆十九年，乾隆皇帝夏、冬两赴热河，亲自接见杜尔伯特"三策凌"、阿睦尔撒纳，为经理西陲之始，成为其决策出兵的关键时期。本文以《钦定热河志》《军机处满文准噶尔使者档译编》为依据，以乾隆皇帝在热河活动为切入点，探讨乾隆帝用兵统一准噶尔蒙古的决策及实施过程。

[关键词]　乾隆；决策；统一；准噶尔

清朝统一蒙古准噶尔部历康雍乾三代帝王，统一的完成既是时代发展使然，又与统治者的最高决策分不开，尤其中国古代专制王朝之下，一切"皆由神谟独断"，研究统治者的最高决策对事实的厘清有一定帮助。乾隆帝自己谈道，"朕自登极以来，初无用兵意"，然而，乾隆十九年（1754年），声称要在上苍眷顾下，决计出兵统一准噶尔蒙古。《热河志》也记载"是年，为经理西陲之始"，什么原因促使乾隆帝决策变化？

一、乾隆帝统一准噶尔战略决策的变化

乾隆帝自登基始至乾隆二十一年，处理与准噶尔蒙古之间的关系，其决策是在"战"与"和"之间变化的，所以我们首先梳理这一阶段乾隆帝战略决策的变化。

第一，长达四年的议和。1733年乾隆帝即位，明确提出："朕亦惟有仰副朕之

皇考之圣意,除念阐扬黄教、安逸众生外,并无用兵之意。"很明确他遵从先帝雍正帝的意愿,决计与准噶尔蒙古完成议和。

雍正十一年(1733年),准噶尔噶尔丹策零开始向清廷谋求议和。此前双方先后在雍正七年、雍正九年和雍正十年,三次大规模战争,前两次清朝出击准噶尔部,结果损失惨重;雍正十年,准噶尔军队出击早已归附清朝的喀尔喀蒙古,死伤万余人,雍正一朝的较量中双方互有胜负。雍正十一年,雍正帝回应噶尔丹策零请求,双方接洽议和,未竟,雍正帝撒手人寰,乾隆帝即位,在"遵从朕之皇考谕定疆界"前提下,与准噶尔议和,根本问题上不让步,来回往返商议,长达四年,至乾隆四年终于达成协议:确定仍以阿尔泰山为准噶尔部和喀尔喀部的分界线;准许准噶尔部定期派人至京城、肃州等地贸易,派使臣赴藏熬茶。至此,准噶尔同清政府的关系,走向了缓和。

第二,十六年间准许准噶尔部派使者觐见皇帝。乾隆四年,议和事定,乾隆帝同意"噶尔丹策零若有具奏圣主之事,常遣使来京,不得携带货物,人数毋多,可通过驿站伴送"。在之后一直到乾隆十九年准噶尔都有使者派来。

噶尔丹策零先后派出过哈柳、吹纳木喀、图尔都为首的使团七次赴京觐见,策妄多尔济纳木扎勒先后派出过哈柳、玛木特、安几、尼玛为首的使团五次赴京觐见,喇嘛达尔扎先后派出过额尔钦、图卜济尔哈朗为首的使团两次赴京觐见,达瓦奇派出敦多克为首的使团赴热河避暑山庄觐见。

清廷对准噶尔派来的使者非常重视,给予隆重的接待、丰厚的赏赐。准噶尔每次遣使来朝,清廷都作周密的安排,以乾隆十五年为例:准噶尔使臣于乾隆十四年十一月十一日抵达哈密至次年四月初一日离开哈密回其游牧地,四个多月的时间里,使者途经的哈密、肃州、宁夏、大同、清河,各地安排下榻、食用等,哈密的章京和总兵一个负责护送,另一个照看出售的牲畜;到京后的军机处、理藩院、蒙古衙门、兵部、工部、统领衙门、上驷院、内务府、茶膳房、光禄寺、景运门护军统领、武备院、銮仪卫、侍卫处、值月旗、善扑营、圆明园总管、造办处、银缎库、皮库等二十多个部门为此忙碌;军机处从到来前对沿途各地情形密切注意,在京的吃住行、会见赏赉、返程派员护送,安排照顾周详,军机处为使使臣能够在元宵节前抵京,于乾隆十四年十一月二十六日就札行驻哈密章京诺木浑尽早安排护送使臣的行程,诺木浑也在准噶尔使臣抵达东岭卡伦时,查清"正使斋桑尼玛,副使达希藏布、奔塔尔等四十七人,携进贡青马两匹、玉碗一个、貂皮四十一张、奏书一封及彼等骑驮骆驼一百八十一峰、马六百七十八匹、羊两千五百八十五只、牛一百二十九头等前来。派专人照看其出售牲畜,"主事诺木浑、笔帖式喜柱、领催济尔哈朗护送准噶尔使臣"，让其沿途肃州、宁夏、大同启程时报告行程；乾隆帝事无巨细过问，如对抵京的日期，入京后的住处，参与议事陪同的官员，接取奏书并翻译，赏食的羊、奶、酥油、面、茶等连炭火炊具，筵宴观看跳布扎焰火等的仪注，指派进酒的大臣，引领使臣瞻觐的大臣，所有与使臣接触的情形，赏赐等满文档案记载详备，乾隆帝一一过目，亲自批览。

唯有乾隆十九年例外。这年使者到哈密，上谕催促使者"星驰前往"，对他们的拖延责备，"盘踞哈密十余日，频请照尼玛例，久延时日，是何道理。况尼玛乃噶尔丹策零之子所遣之使，尔乃篡夺喇嘛达尔扎汗位之达瓦齐所遣之使，何可与尼玛等相提并论"，"此次达瓦齐所遣使臣敦多克等，不可与前使相提并论，无需仍照前例赏赐"。这一年的接待在热河避暑山庄，筵宴使臣所降谕旨："今日筵宴，乃特为特古斯库鲁克亲王车凌等诚心归诚于朕，庆贺大宴，尔等来至，恰逢赶上，顺便施恩入宴"而且，"所遣贸易之人，禁其进入。"

第三，准噶尔可以在指定地点、指定时间与清朝贸易。乾隆朝初期与准噶尔的贸易规定："尔等贸易之事，如俄罗斯制，隔三年至第四年，不得超过二百人，自备资斧，行经内地前来京城，贸易一次；其至肃州者，亦隔三年至第四年，遣百人自备资斧，前来贸易一次。均皆限期贸易八十日。"准噶尔使臣哈柳提议："俄罗斯国并不尊奉黄教，我等焉可与俄罗斯相比。"请求贸易人数五百，沿边随时到肃州贸易，又请到西宁贸易，清廷未准。只是与俄罗斯贸易之年份错开，准于寅午戌年前来贸易。其至肃州贸易者，准于申子辰年前来。

虽说更大规模的贸易被清政府拒绝，但清朝对来贸易的商人多关照。以乾隆九年为例：乾隆九年准噶尔宰桑图卜济尔哈朗，前来肃州贸易，就驼、马贸易价与七品商人孙楷武反复议价，马以六两五钱交易，驼没谈成，带回。贸易将完成，带来的商人济尔玛特呼礼出痘，宰桑极恐惧，留下出过痘的十九人，自己先行返回。清政府派官医诊治，病愈再与先前十九人一起走。对货物丢失被盗，清政府负责寻回或赔偿。自噶尔丹策零同清朝议和后，贸易额还是处于逐年上升的趋势（见表1），更重要的是，两者相安无事达十年之久，相对安定的局势，为准噶尔部发展生产提供了有利条件。

第四，等待时机，武力统一准噶尔。"开疆扩土非吾志，机臻人归借帝临"，登基以来的和平只是暂时的，寻找时机完成统一才是根本。这从乾隆朝出兵准噶尔的檄文中窥见端倪，二十年来，因为噶尔丹策零这个人恭顺，乾隆帝才"叠沛施恩"，保得准噶尔安宁，一旦有变，则未可知，即策旺多尔济那木札勒、喇嘛达尔扎时期,曾经"欲代天申讨,歼此逆乱",只是时机不到,待到乾隆十九年,"是年,为经理西陲之始,准噶尔内乱相寻,诸部离贰,稔恶已满。"尤其是"杜尔伯特、辉特、和硕特诸台吉率众来归,先后接踵。既当为降人筹久长计,且实有可乘之机,皆借上苍默眷云"。乾隆二十一年,兵分两路出兵准噶尔,迅速打败达瓦齐。

表 1　乾隆三年至乾隆六年的贸易

年份	地点	贸易额(两)	备注
乾隆三年	肃州	17100	9209(给予现银)
乾隆四年	肃州	15000	
乾隆五年	东科尔	28100	
乾隆六年	东科尔	106670	
总计		166870	
乾隆九年	肃州,40000 两,现物交易 2667 两,所带葡萄、羚羊角、璚砂不做正项交易,由大黄以物易物		

第五,血腥屠杀准噶尔部。平叛中阿睦尔撒纳的再度叛降,使得乾隆二十四年,对准噶尔部血腥屠杀,"至于厄鲁特诸部,自策凌等降附后,闻风纳款,率属偕来。厥后,若绰罗斯、和硕特、辉特等部,咸以叛乱翦灭。惟都尔伯特部,忠谨独存,列爵编旗,永为臣仆。斯又圣朝柔远之仁所由。威服与德怀,各得其道矣"。根本没能做到各得其道。

二、乾隆帝热河接见准噶尔来降首领

以上的梳理可见,促使乾隆帝下决心武力完成统一的事件是准噶尔蒙古杜尔伯特部"三策凌"的归附。史料记载,"三策凌"归附在乾隆十八年冬,乾隆十九年为经理西陲之始,乾隆二十一年春出兵,乾隆十九年、二十年是出兵决策作出的关键年份。

乾隆十九年、二十年,准噶尔杜尔伯特部首领策凌的到来、辉特部台吉阿睦尔撒纳的到来、绰罗斯部台吉噶尔臧多尔济的到来,使乾隆帝欣喜,利用在山庄接见他们的机会,向前来投诚的准噶尔各部首领了解情况。

乾隆十九年五月,避暑山庄接见"三策凌"。在热河避暑山庄,乾隆帝优礼"三策凌",颁赏不绝,宴请无虚日。先是,乾隆十八年,"三策凌"到达边关,考虑京城溽热,痘症传染,谕令安排"三策凌"来避暑山庄觐见,当乾隆帝到避暑山庄前,策凌等在路旁跪迎圣驾,乾隆帝诗《至避暑山庄日,都尔布特台吉策凌等接见》:"路左倾诚候属车,来归怜远自员渠……一家中外欢言畅,底事周官藉象胥",第二天又在澹泊敬诚殿正式接见、赐爵、赐冠服、赏赉。封策凌、策凌乌巴什、策凌孟克为亲王、郡王和贝勒爵,同来的孟克特穆尔等为头等台吉,均授为扎萨克,对"三策凌"要求"约束教养所属,安分谋生,以副上恩"。在流杯亭门、烟薰山馆小宴"三策凌",乾隆帝写有《流杯亭小宴都尔伯特亲王策凌等》,"呼前手赐笑言接,喜可身循礼法初",大宴"三策凌"于万树园。郎世宁《万树园夜宴"三策凌"》是写实的画作,留到今天,当时盛况可见一斑。《宴都尔伯特亲王策凌、郡王策凌乌巴什等于万树园,诗以纪事》中,"万树参天换曙霞,穹庐酒醴乐柔遐","新宾人并旧宾邀","时四十九旗扎萨克,并青海诸部台吉毕集行在,皆令入宴"。赐观火戏、马技。连续五天"赐观火戏",《山庄灯词》中,"镴鍜君长新来享,应许观灯示大同","重裀列坐欢情洽,底用通言借舌人"。为交流方便,特设翻译,君臣欢言在一起。

乾隆十九年隆冬时节,在热河避暑山庄接见阿睦尔撒纳。乾隆十九年七月,准噶尔辉特部台吉阿睦尔撒纳、杜尔伯特台吉纳默库、和硕特台吉班珠尔遭达瓦齐攻击,残败后的三部率所部二万人,"款关内附",鉴于此,为了进一步了解准噶尔部情形,更为了表彰内附准噶尔蒙古诸部,乾隆帝冒严寒,"十一月乙酉,上启跸,再幸热河,丙戌出古北口,戊子至热河行宫",接见准噶尔辉特部台吉阿睦尔撒纳、和硕特台吉班珠尔、都尔伯特台吉纳默库等,"阿睦尔撒纳同来渠长二十余人,各赐郡王、贝勒、公封爵,均命为扎萨克,与内诸扎萨克诸藩等",赐宴赏赉有加,往返逗留十四天,"戊戌,上回圆明园"。为此赋诗:"重赏崇封吾岂靳,推心置腹彼何猜。山庄计日应重到,深意当年万载培。"

乾隆二十年十月中旬,临近冬季,宴赏准噶尔绰罗斯台吉噶尔臧多尔济等。当年三月,准噶尔绰罗斯台吉噶尔臧多尔济、辉特台吉巴雅尔、和硕特台吉沙克都尔曼济来降,乾隆帝对归附的厄鲁特蒙古绰罗斯台吉噶尔藏多尔济、和硕特台吉塞布腾等格外施恩,命他们随围木兰围场,回到热河避暑山庄又封爵、赏赐、赐宴、赐观火戏,乾隆帝高兴赋诗:"绰罗斯氏彼中贵,共拜新恩奉大清",并嘱咐"以董率所属,各勤教养,永受上恩"。

三、影响乾隆帝统一准噶尔决策因素分析

"大一统"是中国帝王的情怀和追求,这决定了"完成统一"为乾隆帝决策的最终目标。

"怀柔要岂耽游豫,戎索方畴永奠疆。"建立一个巩固统一的清王朝是清初几

代皇帝的一贯策略,乾隆帝亦然。皇太极立清,三代帝王努力下,康熙时清帝国日渐巩固兴盛。先于清帝国建立并发展的准噶尔汗国,前几代首领先后统一了天山南北并进一步扩大到了青海,染指西藏,并力图将势力扩展到喀尔喀部,准噶尔的这些行动,对清朝的巩固统一无疑构成了极大的威胁,两个王朝的政治对决在所难免。从康熙朝开始,两者之间时战时和,面对"先朝数十年未竟之绪"的局面,乾隆帝非常清醒:"我国家抚有众蒙古,讵准噶尔一部,终外王化?虽庸众有'威之知畏、惠之不知怀,地不可耕,民不可臣'之言,其然,岂其然哉?"平定西北在乾隆帝看来势在必行,"予小子敬承乾佑,以为不可失者时,迟徊观望,宁二圣付托貌躬之意"(普宁寺碑文,现存于河北省承德市普宁寺),只是初即位时他没有贸然武力行事而已。

乾隆帝最初议和、贸易、接受使者朝觐等决策,是统一链条上的环节,它们的存在,是为最终统一打基础。

早在议和过程中,乾隆帝处处留心准噶尔的情形。他"观之噶尔丹策零并非真心和好,以全然不可实现之处,率加奏请,唯此为借口,一味遣使进行贸易,图谋小利"。议和及边将,"将准噶尔人众之生计如何,其边界处如何屯兵防守,别处有无用兵之消息,噶尔丹策零依靠办事者何人,先前随往厄鲁特毛海车凌、辉特之巴吉等人身在何处,在彼处何以为生等情形,逐一询问津巴(喀尔喀公敏珠尔旗之披甲被掠往噶尔丹策零处)","其部众贫困者众,野外牲畜稀少,多种地为生"。让带国书前往准噶尔的额驸策凌,"沿途须留心观察其生计"。

乾隆帝隆重接待、恩赏准噶尔使者,但对于使者所提要求,乾隆帝有自己的底线。例如谕旨说:"朕为万国共主,振兴黄教、安抚众生,乃朕本意。即便尔等准噶尔人众,亦视同子民,既永享太平而已,无分内外",但对连续六年策妄多尔济纳木扎勒、喇嘛达尔扎所遣使者,再三再四申述,赴藏、多遣使者等要求坚决不许,"不可由藏延请喇嘛","每岁差二三十人赴藏,断不可行";即使恩准入藏熬茶之时,一方面恩准资助,准在东科尔贸易,贸易毕,由彼处赴藏,"总督巡抚酌情赏赐作为口粮之牛羊米面","采买骆驼二百峰、牛四百头、马八百匹,于东科尔牧放,备入藏使臣调换","伴送准噶尔赴藏熬茶之人,拟拨凉州、庄浪满洲兵五百名。此项官兵,皆照出师例赏赐治装。……其官员各赏一年俸禄,兵丁各赏银三十两,其盐菜、廪饩等项,以出征例拨给外……拨给官兵马匹时,务选其膘壮马匹拨发。至驮载行包,或以骆驼,或用牦牛,皆因地制宜,酌情办理。……拟令伴送大臣,备带银两万两"。在入藏前、熬茶毕返回时,于青海两次赏赐。另一方面也并没有完全信任,一要展拓卡伦,因准噶尔,行经噶斯路,"理应将卡伦酌往远处拓展至哈齐尔。皂哈、巴哈柴达木等卡伦,仅驻蒙古兵,并无绿营兵,相应于使臣往返之前,由西宁总兵所属绿营兵中,再增派一百名……青海蒙古之游牧,依照原议,预先妥加迁移……"沿途派兵护送。"晓谕伴送大臣等,沿示以和睦之道,毋令妄自见人,其防范之处,暗加防范,断不可令其知觉。"二要注意途中诸事,例如,"准噶尔人等极为狡诈,彼等抵藏后,言谈话语内,除闲话外,但凡稍涉关碍,皆好生牢记,告知与我"。所派乌赫图之将军之职,不可令准噶尔人知晓,训诚官兵皆呼大臣。三要,噶尔丹策零与喇嘛的来往文书要呈览,"熬茶之礼,必为请喇嘛等念经修善事而呈文,喇嘛等亦给回文。若当彼等面取其文,不给回文,未便妥当。相应交付伴送大臣等晓谕颇罗鼐,将接取其呈文、给予回文之处,皆照例办理,取其呈文、回文之底稿呈览。取其文之情形,毋令使臣等知晓。俟有旨下,除密付将军乌赫图、侍郎玉保外,亦密寄副都统索拜知晓"。

乾隆十九年二十年热河活动直接影响武力平准决策。在热河乾隆帝与归附各部首领相见,在那交通、信息不发达的年代,面对面的交流,才能获得准确的一手信息,它是作出决策最直接的影响因素。

准噶尔杜尔伯特部整部的归附鼓舞了乾隆皇帝。乾隆十九年前,虽然有准噶尔各部零星来降清朝者,但规模小,乾隆十八年,由于"达瓦齐自立后,与小策零敦多不之孙纳默库济尔哈尔连岁构兵,策凌等惶惑莫知所从,因相与计议投诚天朝,以求永远生聚"。整部落来降,接到奏报的乾隆皇帝亲自过问诸项事宜。为了迎接他们的到来,从乌里雅苏台到热河安置驿站二十四个,每站备马一百六十七(换乘),驼二十四(驮载),羊二十(食用)。"三策凌"之所以内附,一则,厄鲁特蒙古在噶尔丹之后,长期战乱,造成"生产荒废,除老幼妇女外,各兀鲁思荒无人烟";二则,"三策凌"屡次受到准噶尔达瓦齐的抢掠,生计维艰;三则,乾隆十八年晚秋从额尔齐斯河出发历时近两个月长途跋涉到达乌里雅苏台将军驻地时,"生计尽绝"。于是接济牛、羊牲畜,粮食等。传命边关,定边左副将军成衮扎布"俟策凌、策凌乌巴什到军营时,即行传谕:伊等远来归诚,必急于瞻仰朕躬,但蒙古部落中,未经出痘者甚多,京城气候与边塞不同,伊等到此,即伤一仆从,朕心亦为不忍……明年夏令,朕巡幸热河……将来自可于彼处瞻仰"。

与"三策凌"直接的交流使君王决意使用武力出兵准噶尔。"今策凌、策凌乌巴什等来到,问其情形及准噶尔来使敦多布等光景,彼处人心不一,甚属乖离。"为了确认该情属实,当即特派出侍卫和硕齐、阿珠齐、满楚三人回京,刺探准噶尔情形,此三人原本皆系准噶尔人,"若以伊等分别询问,或可探得彼处真实情形",三人回京后巧言来看望使者,实则"趁闲谈之便,巧妙盘问准噶尔情势","事务特派,切勿泄露,事毕仍旧遣回"。对达瓦齐的使者敦多克直言不讳:谴责达瓦齐杀害噶尔丹策零之子喇嘛达尔扎,夺取台吉之位,又与拿墨库济尔噶尔反目,互相攻伐,荼毒准噶尔部众生,又将喇嘛还俗,破坏黄教等,揭露达瓦齐"借遣使向大皇帝请安,以安众意,窥探情形"。"尔等台吉达瓦齐之事,朕已尽知。""我皇上于前后事机,洞若观火。"于是,晓谕敦多克,有鉴于尔等"现为达瓦齐逼迫,亦属无奈跟随行事",念尔等为噶尔丹策零之旧仆令随入宴,观赏各项杂戏,所带货物如与达瓦齐无干系,亦准贸易。达瓦齐之货物,断不可贸易。敦多克以其亲眼所见,感叹:"今如此施恩车凌等,直至跟随前来之人,我等窃思,大皇帝确如佛祖一般,不分远近,轸念众生。"

阿睦尔撒纳的到来使乾隆皇帝作出了谁带兵、怎么打、何时出兵的决策。阿睦尔撒纳表示"疆场都欣效奔走",乾隆皇帝"命阿睦尔撒纳赴北路军营,以来年出师"。"然非诸降人络绎款塞,亦无由尽得要领",连续两年,准噶尔诸部台吉,率属款关,乾隆帝接纳降者,热河避暑山庄频频接见、赏赐、封爵,"遂由西北两路进师,长驱直入,迅奏功"。

清朝初期,自康熙亲征噶尔丹,到雍正用兵两败俱伤,再到乾隆"和""战"过程,准噶尔蒙古问题始终是中央政权颇为头疼的边疆问题,乾隆二十四年最终实现统一准噶尔蒙古,"至是而内外一家,遐迩同风之言允符",从历史发展的长河看,这种用兵,对巩固西北边陲、统一多民族国家的形成起到了重要作用。

从乾隆帝在热河避暑山庄的活动看,乾隆十九年夏、冬两赴热河,礼遇杜尔伯特部"三策凌",厚待阿睦尔撒纳,对了解准噶尔内部斗争形势、用兵部署、出兵时机作出了精准判断,平定准噶尔叛乱,康雍两代帝王未竟的事业,在乾隆帝身上实现,为了纪念平定达瓦奇、阿睦尔撒纳叛乱,乾隆帝在热河修建普宁寺,希望"盖自是而雪山葱岭,以逮西海,恒河沙数,臣庶咸愿安其居,乐其业,永永普宁云尔。"(普宁寺碑文,现存于河北省承德市普宁寺)至于阿睦尔撒纳降后复叛,客死他乡,像乾隆帝所言"天之所培者,人虽倾之,不可殒也;天之所覆者,人虽栽之,不可殖也"(平定准噶尔后勒铭伊犁之碑碑文,现存于河北省承德市普宁寺),亦是余辜。只是血腥屠杀准噶尔余众,背离了其原设目标,安得实现普宁?

原载于《河北民族师范学院学报》2015年第4期。

清帝北巡和喀喇河屯行宫的建立与覆灭

王明娟

(河北民族师范学院 学报编辑部,河北 承德 067000)

[摘　要]　行宫是指专供皇帝外出巡幸时起居用的宫苑,又称离宫。长城以外很早就是蒙古族游牧的地方。蒙古族是女真族统一中国、建立清王朝的一支重要力量。清代,特别是从康熙皇帝时期开始,到乾隆皇帝、嘉庆皇帝执政时期,三代帝王一共进行木兰秋狝 105 次,每次避暑、打猎都要往返于从古北口到承德的 200 里"御路"上,为此便在燕山腹地建立了包括巴克什营、两间房、长山峪、王家营、桦榆沟等 20 处供皇帝及随行人员驻跸的富丽堂皇的行宫。喀喇河屯行宫是清帝在塞外建造最早的皇家宫苑,是除了热河行宫之外,面积最大,殿宇最多,也是历代皇帝居住时间最长的一处行宫。现就清帝北巡情况和建立这处行宫的缘由、作用及覆灭原因进行探讨,以期有助于清代政治及热河历史的研究。

[关键词]　清帝北巡;喀喇河屯行宫;建立;衰落覆灭

　　清代初期,社会动荡、动乱频繁,政治局面异常复杂。南有以吴三桂、耿精忠、尚之信为首的"三藩"集团,他们拥兵自重,并于康熙十二年(1673 年)发动了"三藩之乱";西北有蒙古族反动首领噶尔丹图谋叛乱;台湾、西藏分裂势力时刻威胁着祖国统一大业;沙俄侵略者虎视眈眈,企图对我国北方领土实行扩张。1676 年,沙皇派大臣尼古拉带领使团前往北京,其目的并非为了和平,而是借机窃取中国情报。尼古拉回国后向沙皇建议:"如果现在有两千陛下的正规军,那么不仅达斡利亚地区,而且中国长城以外的土地都可能臣服于陛下的统治。"沙俄还以提供武器、重金贿买等卑劣手段,收买我国西北厄鲁特蒙古准噶尔部的首领噶尔丹发动叛乱,阴谋肢解我国北方大片领土。康熙十三年游牧于辽宁义州地区的蒙古察哈尔部的布尔尼亲王发动了叛乱。所以,处理好蒙古问题,使蒙古各部成为"塞外雄藩"十分重要。从康熙二十年建立木兰围场开始,康熙皇帝每年都要率领王公大臣、皇子皇孙和满蒙八旗子弟进行木兰秋狝,与此同时,生活在这里的喀喇沁部扎萨克扎什、葛勒藏等蒙古首领都要觐见皇帝。这些都使圈建木兰围场,建造热河、喀喇河屯等行宫成为历史和政治的必然。

一、清代皇帝出巡口外与驻跸喀喇河屯行宫情况

喀喇是蒙古语,汉语意思是旧,河屯指城,喀喇河屯(今承德市滦河镇)就是旧城的意思,也称避暑城。在清代前期一度是清朝第二个政治中心。最初草建于顺治七年(1650年),当时由摄政王多尔衮督建,同年十二月十九日薨于此。顺治八年正月十二日顺治亲政,立即下谕停建。同年四月,顺治皇帝巡幸塞外,五月就曾到喀喇河屯住过三天两夜。据陪同巡幸诗人查慎行的《陪猎笔记》记载,康熙帝最早到喀喇河屯的时间是康熙十一年,当时来去总共26天。康熙十六年九月,康熙帝到遵化马兰峪拜谒孝陵(顺治陵寝)后,在喀喇河屯行宫驻跸4天。随后《清圣祖实录》详细记载了康熙帝在喀喇河屯行宫驻跸的时日:康熙四十一年玄烨在喀喇河屯住9天,康熙四十二年年住11天,康熙四十三年住26天,康熙四十四年住4天,康熙四十五年住32天。甚至1703年康熙帝的50岁寿辰也是在喀喇河屯行宫举行,并特修建穿览寺。从康熙四十年到康熙六十一年,康熙皇帝共来喀喇河屯行宫驻跸50次,累计居住天数多达180余天之多。之后,随着避暑山庄的落成,皇帝到喀喇河屯的次数有所减少,但是"热河以南,此为胜境"的喀喇河屯,仍然在皇帝北巡驻跸场所中占据着不可替代的位置。

乾隆皇帝也很喜欢喀喇河屯行宫,乾隆六年,他第一次驻跸于此。在位期间共到喀喇河屯行宫94次,居住天数共计99天。康熙乾隆两位皇帝在喀喇河屯行宫里,休闲避暑,行围打猎,处理政务,接见少数民族王公贵族,读书作诗,考察民生,体恤民情。嘉庆皇帝8岁时,就随乾隆皇帝到过喀喇河屯,以后几乎年年都来行宫一次。其在位25年,共到喀喇河屯行宫35次,一共居住了35天。咸丰十年(1860年)八月,英法联军逼近北京,咸丰皇帝仓皇北逃,在喀喇河屯行宫住了两天,后启程到了热河,一年后,于1861年7月17日病死在避暑山庄。1861年9月23日,咸丰皇帝的灵柩从承德起运回京行至喀喇河屯并有所停留,同治皇帝在随行队伍之

中,算是到喀喇河屯行宫的最后一位清朝皇帝。

二、喀喇河屯行宫建立的原因

康熙皇帝为何首先选择在喀喇河屯建立行宫,主要原因有以下几个方面:

一是喀喇河屯地理位置重要。这里"地当蒙古诸部道里之中","其地左通辽沈,右引回回,北压蒙古,南制天下"。这里距京城较近虽地处塞外,却"道近神京"。"章奏朝发夕至,往返无过两日。"皇帝对奏章的批答和发布上谕指挥全国机构的行动,清廷规定各部及各省的奏折每三天一次由驿站递送到热河或者喀喇河屯,至于紧急报告,则按其程限(日行五百里或者六百里)随时递送,特急军报则超过六百里,特别是游牧在这里的蒙古喀喇沁部,原为朵颜卫的兀良哈蒙古自明代景泰八年(1457年)迁徙这里携毡帐、逐水草游牧,"其地自大宁(今内蒙古宁城县)前抵喜峰口,近室府皆为朵颜卫地"。天聪二年(1628年)"乞内附","表奏林丹汗不道",并协助后金军队大败林丹汗。后来,后金军队几次掠夺明朝,喀喇沁部以其部落临近长城,熟悉长城沿线明军守备情况,或为向导,或者从政,为后金立下不少战功。天聪九年,后金将在外作战的喀喇沁部近万人壮丁编入蒙古八旗,使其成为蒙古八旗的主力之一。顺治年间,喀喇沁部又随清军一起入关与李自成军队作战,攻陷了北京。康熙年间,清朝与喀喇沁的关系又有了进一步的发展。其首领苏不地在"太宗文皇帝时,归顺效力,著有劳绩"。玄烨于康熙七年将苏不地的孙子多罗杜楞贝勒班达尔沙封多罗杜楞郡王。札什郡王于康熙十四年平定察哈尔蒙古布尔民的叛乱中立了大功。康熙赐其御用甲胄旌之。康熙北巡,由桦榆沟顺滦河乘筏游至雹神庙一带地方,见此处宽阔易建行宫,喀喇沁右旗将乌拉岱游牧居住的这块地方献出,作为"临幸驻跸之所",又将该部西北部的牧地献出建立皇家木兰围场。

二是政治、军事形势的需要。当时漠西和部分漠南蒙古不时出现动荡和战乱。一是康熙十四年,漠南蒙古的察哈尔部布尔尼乘"三藩"叛乱勾结奈曼部王扎木山举兵反叛。二是康熙十四年,漠西厄鲁特部蒙古中的青海和硕特部位"王辅臣所煽,复犯河西",康熙十六年,吴三桂为清军所迫势单力孤,"谋结青海为援,遣贼党馈多尔济金币"。三是漠西厄鲁特部蒙古准格尔部日益强大,在康熙十六年噶尔丹袭杀了西套和硕特部的鄂齐尔图车臣汗,逞强于漠西,对漠北、漠南蒙古诸部有着极大的野心,引起了清政府的极大警惕。

三是喀喇河屯山清水秀,气候宜人。玄烨和历朝皇帝一样,也要在"六月浮埃净,高居暑期消"的地方修建离宫别苑作为盛夏避暑之地。康熙曾在《穹览寺文碑》中讲述喀喇河屯行宫建造的缘由和过程:"朕避暑出塞,因土肥水甘,泉清峰秀,故驻跸于此,未尝不饮食倍增加,精神爽健。所以鸠工此地,建离宫数十间。茅茨土阶,不彩不画,但取其容坐避暑之计也。日理万机,未尝少辍,与宫中无异。……膳后即较射观猎,以安不忘危之念……"。意思是我到塞北去避暑,因为这里土地肥沃,井水甘甜,山泉清冽,峰岭秀美,故在此地停留暂住,每次都饮食倍加,神清气爽。所以在此地动工,兴建了几十间离宫。建筑非常简朴,不施用彩画,不过是用它来满足避暑的打算。在离宫里日理万机,未曾稍有停止,与在京城皇宫里没什么两样。饭后骑射打猎,时时提醒我居安思危。可见,喀喇河屯行宫不仅仅是皇帝避暑之所,更是他在塞外处理国家军政事务的场所。

同时这里气候凉爽,景色宜人,是避痘养病的最佳场所。痘症即"天花",它曾是可怕的不治之症,染病者十之八九都会死亡。它源自古埃及,大约公元前250年左右传入中国。满族属于渔猎农耕民族,特殊的居住环境导致其难以抵抗天花病毒。所以在清代,尤其是清代前期,天花这个可怕的幽灵一直盘桓于清王朝上空,见证并影响了清王朝的繁盛和衰落。自皇太极时就设有"避痘所",出兵打仗采用满族出痘之人,并避开四月至八月期间这个天花疫情容易出现的时间。"生活在北京的未曾出痘者,采取隔离措施。皆遣往百里之外一处,后改为六十里。"清入关后,顺治仍承袭祖制,屡颁避痘规定,但天花却总不放过他。1649年农历三月十八日,顺治帝的亲叔叔豫亲王多铎被天花无情夺走生命,当时年仅36岁。顺治八年以后,痘疹病人逐渐增多。顺治不得不另避净地居住。1660年,顺治最宠爱的董鄂妃感染天花死亡。1661年正月初七半夜子时,终生避痘的顺治终因痘疹而亡。"顺治帝染痘而亡的事实,使清朝皇族内对其更加惊恐,乃至波及继位人选。后因玄烨已出痘疹,而继大统。康熙帝亲政后,十分重视痘症的危害,决定凡未出过痘的蒙古人,一律不准入京觐见。"他在太医院下专门设痘疹科,广征名医,负责八旗防痘事宜。

另外,喀喇河屯在明代末期的万历年间处于滦河流域的燕山地区蒙古族游牧尚广泛分布。"马兰峪六十帐,兴州八十五帐,都指挥故夷伯彦帖忽思、伯思哈儿、伯彦孛罗三人之子并见在弟把秃孛罗等叔侄四枝部落约有一千余骑,在古北口东卜地名以逊(今隆化县伊逊河)、以马兔(滦平,隆化的伊玛图河)一代住牧。"所以喀喇河屯一带属于游牧地区,空旷地僻,非常适合作避痘所,是皇族幼童专门的庇护地。可见,大清以来,每位清帝始终把防痘事宜记挂在心。

三、喀喇河屯行宫的建立

据《钦定热河志》记载："喀喇河屯行宫,地本古兴州治,在避暑山庄西南三十五公里,在山庄未建,康熙十六年,圣祖肇举巡典,驻跸于此。嗣是岁以为常……"其实康熙十六年至此地时只有数十间房屋。据《热河园庭现行则例》记载:喀喇河屯行宫,康熙四十三年建。而根据使馆藏内务府奏销档记载:康熙四十年十二月十八日,康熙帝降旨:"照此在喀喇河屯建房一处,内房均加游廊,墙外建堆房一处,其河边修花囿一处,著复绘图呈览。建此房时,派原侍郎托岱、原巡抚喀拜、曾赴两淮盐差之监察御史赫硕色,自力修建。著将彼等召至,会同内务府大臣宣旨。俟上元过后,即去勘察地方,备办所用木石、砖瓦、石灰等物,过年从速修建。"这段旨意说明喀喇河屯行宫是从康熙四十年十二月十八日开始筹建,但是并没有开工。在另一则史馆藏内务府奏销档中记载:康熙四十一年正月初五,内务府奏称"喀喇河屯地方拟建房一处,共大小三百九十七间……共大小松木四千一百五十七根,丈之滚木二千一百二十九根,七尺之滚木四千四百一十八根半"。拟与喀喇河屯行宫同时修建的另两处40间的行宫共需角柱石260块,新样城砖720块,方砖11231块,旧样城砖134725快,小方砖34855块,其他砖1350573块。筒瓦217413块,平瓦578625块。勾头8832块,滴水8832块,黑白石灰3214716斤。由此可见,喀喇河屯行宫的始建时间是康熙四十一年正月初五之后。

喀喇河屯行宫东界蓝旗营,西临西山根,北到下湾村头,南靠101国道,中界滦河。共有房屋414间,花费白银六万一千多两。由滦阳别墅(位于滦河北岸)、宫殿区(位于滦河南岸)、小金山(位于滦河中间小岛)三部分组成。总面积近40万平方米,自东而西又分为东所、中所、西所、新宫。东所:东宫门1间,宫门3间,垂花门1座,大殿5间,东西配房,配殿各3间。后照房5间。中所:东宫门3间,二宫门3间,垂花门1座,大殿5间,东西殿各5间。西所:宫门3座,垂花门1间,大殿5间,东西露顶2间,二殿5间,西书房3间,后照房19间,后垂花门1间。新宫:东门3间,溪月松风殿5间,正门3间,东西值房各3间,云冷碧山有殿7间,澄溶堂殿7间,岩中趣殿7间,西门3间,前殿5间,后殿5间。环碧轩殿5间,逍遥楼5间。另建新宫西北角观音阁3间,河北金山小岛小房3间。滦阳别墅(在西山上)另有翠云堂5间,亭子1座。"从行宫的西北乘舟过滦河可达别墅。因其位于滦河之阳,所以名为'滦阳别墅'。此处北倚山南临水,山清水秀,清凉宜人。那里槐柳交枝,松柏成荫,花香鸟语,景色绝胜,或临流建阁,或倚松建堂。引水在庭,水中置岛。步移景至,韵味无穷。"整个别墅是一派自然、古朴、幽雅、别致的园林风光。

康熙四十二年六月二十五日,汪灏等人随康熙北巡到喀喇河屯,当时行宫已初具规模。他在《随銮纪恩》中写道:"行宫宏敞,宫西层楼,面对巨壑。滦河自西北而南,伊逊河自东北而来,合流直过楼下。"六月二十八日,康熙帝收到其兄裕亲王福全病危的奏报,立即动身返京。汪灏等翰林官们留在喀喇河屯行宫校书,并于"巳刻(上午9—11时)移书籍至东宫行殿。"他们在行宫东宫行殿校书十来天。七月初九日,康熙帝处理福全的丧事回到喀喇河屯行宫,汪灏等"仍移植庐于东殿之旁,又过了七、八天,七月十六日,康熙帝才率众离此奔向热河。这一年,行宫竣工,托岱带原职在旗供职,相应准加三级"。

康熙四十三年初夏,康熙帝等人至喀喇河屯住了16天,并于第6天在行宫门殿"亲洒宸翰",而且是"书大小字顷刻数十纸。诸臣聚观,无不惊喜"。此时,行宫已基本竣工,只殿内外装修尚未最后完成,就只在门殿内题书联了。据有关资料记载,行宫(包括新宫)内殿堂还有"名云岭碧岫"(7楹)者,有名"澄浚堂"(7楹)者,有名"溪曰松风"(5楹)者,有名"岩中趣"(7楹)者,有名"环碧轩"(5楹)者……

在喀喇河屯行宫附近,还有蓝旗营、红旗营、下营房和西营、冰窖、御马圈,以及穹览寺、琳宵观等大型寺庙和道观。

四、喀喇河屯行宫的衰落

喀喇河屯行宫,从1650年摄政王多尔衮修建避暑城开始,到清末期的残垣断壁,再到民国时期的一片废墟,历时近280年。当年如此规模宏大、金碧辉煌的皇家宫苑古建筑群,何以落得"白茫茫一片大地真干净"了呢?归其原因,无外乎天灾人祸使然。

据史料记载,喀喇河屯行宫北部的宫殿区,主要毁于洪水灾患。1819年夏天,接连暴雨河水暴涨,座座宫殿亭阁被洪水冲倒,甚至皇帝的御船也被大水冲毁卷走。又因为国库空虚,被冲垮的建筑得不到及时修复。嘉庆皇帝死后,面对天灾水患、内乱频生、民生凋敝的内忧和鸦片泛滥、白银外流的外患,道光皇帝整天忧心忡忡,哪有什么心情到200多公里外的行宫避暑打猎?而且道光皇帝生性勤俭节约,一日三餐都舍不得吃肉,怎么可能在修复行宫上大笔用钱?所以,喀喇河屯行宫损毁的建筑没能复建。到了光绪年间,滦河伊逊河又发了几场大水,致使喀喇河屯行宫低处的建筑物大多被冲毁,夷为一片平地,只剩下地势高处的破旧建筑。咸丰十一年,清政府下令停止一切行宫修缮费用,喀喇河屯更是任凭风雨侵蚀,墙倒房塌。

此后,清朝皇帝没有再顾及喀喇河屯行宫,只有兵丁和服务人员看守。

随后的日子,喀喇河屯行宫遭受了诸多人为的蹂躏并最终走向覆灭。1916 年民国官员接收喀喇河屯行宫,此时的行宫已经变成了一个烂摊子。在接收的 189 间殿房中,只有 4 间完好无损,房顶坍塌的就有 139 间。民国不仅没有使喀喇河屯行宫得到保护,还对行宫进行了更大的破坏。从 1922 年到 1925 年,以修建滦平县公署和警察所的名义,共拆毁宫殿 55 间,砍伐古松 330 棵。军阀混战的年月,行宫又遭到军阀随意破坏。1925 年奉军第九军拆毁幸存建筑并把剩余 631 棵树木全部砍光,或修建营房,或当柴烧。就这样,行宫彻底变成了一片废墟,昔日的辉煌殿宇片瓦无存。

综上所述,喀喇河屯行宫在清代历史上意义重大,最初摄政王多尔衮在喀喇河屯建造并薨于避暑城。顺治皇帝于顺治八年四月巡幸塞外,五月在喀喇河屯驻跸 20 余天。随后康熙、乾隆、嘉庆、咸丰、同治等几位皇帝先后驻跸于此,尤其是康熙、乾隆、嘉庆三位皇帝在此休闲避暑,行围打猎,处理政务,考察民生,山庄扮演着重要的政治角色。然而,时光荏苒,喀喇河屯行宫也随之灰飞烟灭了,留下的只有一些文献记载和人们对它的怀恋之情。但是它在承德历史发展中写下了浓墨重彩的一笔,对于我们研究清代承德的历史发展,研究避暑山庄文化起着重要的导向作用。康熙年间口外行宫、驿站的建造和驿路的通畅,促进了塞北地区生产的发展和商业的流通。在这期间,大批工匠涌向塞北,这些能工巧匠,不仅将自己高超的技艺传授给当地,还促进了他们同满蒙回等民族的文化交流。

原载于《河北民族师范学院学报》2019 年第 4 期。

从避暑山庄及周围寺庙看清代少数民族政策

孙福何

(承德市文物局 博物馆管理科,河北 承德 067000)

[摘 要] 避暑山庄及周围寺庙是清代帝王加强民族团结、巩固北部边防、实现中华统一宏伟思想的重要政治活动场所,也是中华民族团结的象征。它在造园和建筑上,荟萃了全国各地名园胜景,博采汉、藏等多民族建筑艺术的精华,成为中国古代园林与寺庙建筑艺术之典范。它的建成原因及作用充分体现了清朝政府对少数民族"恩威并施"的民族政策。

[关键词] 避暑山庄;周围寺庙;政治功用;民族政策

避暑山庄及周围寺庙是中国古代帝王宫苑与皇家寺庙完美融合的典型范例,标志着中国古代造园与建筑艺术的巨大成就。避暑山庄位于河北省承德市中心北部,是清代皇帝夏天避暑和处理政务的场所,修建于公元 1703 年到 1792 年,历经康、雍、乾三代帝王,历时 89 年,占地面积 564 万平方米;周围环绕着金碧辉煌的座座庙宇。它是帝王苑囿与皇家寺庙建筑经验的结晶。避暑山庄及外八庙的修建及使用,之所以在清代的国家统一和稳定方面起到重要作用,不能不提到入关前清帝的民族政策,以及康熙、乾隆皇帝对少数民族政策的继承。

一、清入关前,在处理民族关系问题上,成功采用联姻政策,是清代民族政策不可缺少的部分,而承德避暑山庄及周围寺庙处在要冲位置,使其成为联姻省亲和瞻佛礼尊的重要场所

我国历史上和亲范围最大,并且具有双向性的莫过于清朝。清朝的联姻主要

在满族贵族和蒙古王公之间进行。其中包括两方面内容：一方面是清朝统治者从蒙古王公家族中选择后妃，一方面是清朝统治者把公主下嫁给蒙古王公。清代的满蒙联姻长达 300 年（1612—1912 年），据皇家的族谱《玉蝶》记载，在这 300 年中，满蒙联姻共 595 次，其中出嫁给蒙古的公主、格格达 432 人次，娶蒙古王公之女 163 人。满蒙联姻的根本目的是巩固满蒙的政治联盟，使蒙古族更好地成为清朝的北部屏属，从而确保清朝的长治久安。清代皇室与蒙古王公实行的世代"满蒙联姻"，是清代的一项重要国策，成为清王朝柔服蒙古部落、巩固统治的羁縻措施之一。这种联姻政策所形成的姻亲关系，对满蒙两族的长期和好，对清代统辖与治理边疆蒙古地区乃至利用蒙古的军事力量，起到了重要作用。

清太祖努尔哈赤完成统一女真的大业后，面临强大的对手明朝，为了扩大自己的势力，团结和拉拢蒙古，对蒙古采取结亲、赏赐、分化利用的政策。1612 年主动向科尔沁部明安贝勒求婚，明安亲送其女嫁努尔哈赤，这是努尔哈赤家族与蒙古的首次通婚，从此揭开了满蒙联姻的序幕。1615 年，努尔哈赤又娶了明安弟红果尔贝勒之女为侧福晋。1617 年，努尔哈赤将其弟舒尔哈齐之女与内喀尔喀巴约特部恩格德尔为福晋，开创了满洲贵族女下嫁蒙古各部的先河。皇太极的一后四妃中有三位是科尔沁贵族姑娘。1625 年，科尔沁莽古斯之子赛桑贝勒又令子吴克善将妹布木布泰送皇太极为妃。她是一位对清初历史有重要影响的女性，即后来的孝庄文皇后，顺治帝之母。这桩婚姻又进一步加强了与蒙古科尔沁的联盟，甚至对顺治的即位及清初政治都有影响。这一阶段与蒙古的联姻主要限于漠南蒙古的科尔沁部和内喀尔喀五部。

1626 年，皇太极成为后金的最高统治者，继承了其父对蒙古结亲、赏赐、分化利用的政策，结成了以科尔沁为首的蒙古各部的政治军事同盟。清军入关后，顺治帝继续忠实地执行联姻漠南蒙古的政策。

随着喀尔喀蒙古和漠西蒙古的归附，康熙帝不失时机地与漠北势力最大的土谢图汗部缔了姻亲，将札萨克图汗部亲王策旺扎布纳为额驸。这样，联姻的地域从漠南蒙古推广到漠北和漠西蒙古，范围大大地扩展了。康熙皇帝的 40 位后妃中，有两位来自蒙古族，乾隆皇帝的后妃中也有蒙古族。乾隆朝满蒙联姻达到了高峰，乾隆朝 60 年间，嫁与蒙古的皇家女儿多达 179 人，最多的年份是乾隆四十四年（1779 年），出嫁 8 人。

清入关前就与蒙古等民族保持着联盟和通婚的国策。清太宗文皇帝皇太极曾说过，自古满洲与蒙古是一家。蒙古是满洲龙兴所不可缺少的政治盟友，皇太极还编扩了蒙古八旗。蒙古地处北边要塞,是清王朝在政治、军事和地理意义上的屏障。承德避暑山庄及周围寺庙的要冲位置和民风、民俗当然就成为联姻和亲和瞻佛礼尊的重要场所。清政府统一蒙古各部割据政权,安抚蒙古贵族,巩固边疆稳定,成为头等大事,对此,康熙有着清醒的认识,一方面,他在木兰围场借围猎而演练骑射;另一方面,又于康熙四十二年(1703 年),在围场和北京之间的武烈河畔修建避暑山庄,历时近 90 年才完工,借此在地理和感情上缩短与草原各部的距离。

二、避暑山庄及周围寺庙是一个紧密关联的有机整体,它们的建造也是清帝实行民族政策的重要举措之一

避暑山庄及周围寺庙位于河北省东北部的承德市,建于 18 世纪我国封建社会最鼎盛时期。避暑山庄及周围寺庙由皇帝宫室、皇家园林和宏伟壮观的寺庙群所组成。清朝的康熙、乾隆皇帝,每年大约有半年时间要在承德度过,清代重要的政治、军事、民族和外交等国家大事,都在这里处理。从清朝入关后的顺治帝算起,康熙、乾隆、嘉庆、咸丰四位帝王曾巡幸于此。显然避暑山庄成为清王朝统治的第二个政治中心,也是处理民族事务、边疆事务和整肃军队的夏宫、基地和大本营。避暑山庄正门题为"丽正门"。而"丽正门",曾是元朝大都城正门所镌题的名称。梁思成在《中国建筑史》称:"大都正南门口丽正,其内有千步廊,可七百步建棂星门。"可见应用于此有陪都之意。乾隆三十六景之首的"丽正门"背面镌刻有一御题诗:"岩城埤堄固金汤,诔荡门开向午阳。两字新题标丽正,车书恒此会遐方。"所谓丽正,《易经·离卦》中有"丽者离也。日月丽乎天,百谷草木丽乎地,重明以丽乎正,乃化成天下"。车书是指,秦始皇时期的"车同轨,书同文"的大一统思想。从这首诗的意境里可以看出,这是标志承德避暑山庄作为陪都的一种文化表象。山庄宫殿区九进院落,是紫禁之制,依"十九间照房"分外朝和内寝两个部分,在建筑形制上更进一步肯定了这里陪都的地位。避暑山庄荟萃全国各地的名胜,成为纵横千万里、上下五千年的微缩景观,收到了"移天缩地于君怀"和"山庄咫尺间,直作万里观"的效果。在避暑山庄与周围寺庙的布局上,充分显示了"仁怀天下,宇内一统"的治世思想。耸立在避暑山庄西北的峰峦,与外庙仅一宫墙之隔,形成高低互借之势。外庙以山庄为中心形成众星捧月之势,体现了"五服"俱向,天下一统。

清康熙四十二年,避暑山庄开始修建。在整体布局上,模拟了中国的地形图,形貌如中华一统,避暑山庄按照中国地貌进行选址的 5.64 平方公里,形成了西北

山区、北部草原、东南湖泊的布局,而围绕山庄蜿蜒长达万米的城墙仿佛中国雄伟的万里长城。避暑山庄内有康熙、乾隆钦定的七十二景。拥有殿、堂、楼、馆、亭、榭、阁、轩、斋、寺等建筑120余处。避暑山庄是由众多的宫殿以及处理政务、举行仪式的建筑构成的一个庞大的建筑群。避暑山庄分宫殿区、湖泊区、平原区、山峦区四大部分。宫殿区位于湖泊南岸,地形平坦,是皇帝处理朝政、举行庆典和生活起居的地方,占地10万平方米,由正宫、松鹤斋、万壑松风和东宫四组建筑组成。湖泊区在宫殿区的北面,湖泊面积包括洲岛约占43公顷,有8个小岛屿,将湖面分割成大小不同的区域,层次分明,洲岛错落,碧波荡漾,富有江南鱼米之乡的特色。平原区在湖区北面的山脚下,地势开阔,有万树园和试马埭,是一片碧草茵茵,林木茂盛,茫茫草原风光。山峦区在山庄的西北部,面积约占全园的五分之四,这里山峦起伏,沟壑纵横,众多楼堂殿阁、寺庙点缀其间。避暑山庄这座清帝的夏宫,以多种传统手法,营造了120多组建筑、29座桥梁、60余组假山,分别点缀在山间、水际、林地、草原,融汇了江南水乡和北方草原的特色。从表面上看,这座陆续修建了近90年才完工的皇家园林,是为了满足清朝皇帝前往木兰围场进行狩猎、演兵需要而修建的中途行宫,但实际上,它还是清政府平定天山南北、稳定西藏、控制漠南漠北广大地区的政治产物,是清代疆域扩张达到极致的见证。

从1713年起至1780年,在避暑山庄的东北部、西北部山间陆续修建了12座喇嘛庙,是当时清政府为了团结蒙古、新疆、西藏等地区的少数民族,利用宗教作为笼络手段而修建的。周围寺庙群由溥仁寺、溥善寺、普乐寺、安远庙、普宁寺、普佑寺、广缘寺、须弥福寿之庙、普陀宗乘之庙、广安寺、罗汉堂、殊像寺等12座金碧辉煌、雄伟壮观的寺庙组成,环列在山庄外的东部和北部的山麓,共占地40多万平方米,从选址到布局都是清朝皇帝亲自裁定,是集汉、满、蒙、藏等各民族建筑艺术、宗教艺术之大成的北方规模最大的皇家寺庙群。其中溥仁寺、溥善寺、普宁寺、普乐寺、安远庙、普陀宗乘之庙、殊像寺、须弥福寿之庙归清政府理藩院管理,即所谓的"外八庙"。庙宇按照建筑风格分为藏式寺庙、汉式寺庙和汉藏结合式寺庙三种。这些寺庙融和了汉、藏等民族建筑艺术的精华,气势宏伟,极具皇家风范。每处寺庙都像一座座丰碑,记载着清朝统一和团结的历史。这些寺庙的建筑风格使汉、藏文化艺术融于一体。其中就有为安置西藏班禅喇嘛而专门修建的藏传佛教格鲁派寺院,修建这些寺院的目的,乾隆皇帝一语道破:"兴黄教即所以安蒙古也。"蒙古自元代起就信奉藏传佛教,而到了清初,西藏、青海、新疆广大地区,均为蒙古势力所控制。在这种情形下,尊崇黄教(藏传佛教格鲁派)就成为政治上的必须和首选。

从建筑本身而言,避暑山庄及周围寺庙的营建,显示了清王朝经济的繁荣与强盛;从政治角度来说,避暑山庄及周围寺庙显示了清王朝政治稳定和文化昌盛。避暑山庄及周围寺庙从建筑手法上分为两类,即移景式和借景式。将土木建筑与山水园林融合在一起,又把宗教内容与造园艺术巧妙结合兴建的避暑山庄及周围寺庙,正是康乾时期民族融合、文化结合的实物见证,而所建寺庙都向避暑山庄的态势又体现了康乾时期宗教、民族政策的巨大力量,同时,也表现了清朝不同于前代的文化特征——融满、蒙、藏、汉、维等多民族为一体,将满、蒙、藏、汉、维等各种文化相结合,并展现出当时民族团结、国势强盛的社会风貌。避暑山庄及周围寺庙的肇建不仅仅是对皇帝在塞外一系列行宫进行增建或扩建,或者是兴建新的宗教活动场所,而是清朝皇帝在解决国家所面临的重大政治问题方面的突破创新。其意义、功能、影响远远超过了皇家园林和皇家寺庙本身,它是清朝皇家园林和皇家寺庙中的意义重大、功能独特、影响深远的皇家园林和皇家寺庙。避暑山庄及周围寺庙是一个紧密关联的有机整体,其建筑布局和建筑风格具有强烈的对比,避暑山庄朴素淡雅,周围寺庙金碧辉煌。这是清帝实行民族政策的重要举措之一。

三、避暑山庄及周围寺庙是怀柔内外、成就统一的基地

避暑山庄是"合内外之心,成巩固之业"所凝结的建筑精华,从而形成了清代修庙不修城的国家策略。天人合一的园林与庙宇释放了前所未有的团结力量,形成了统一的、多民族的封建王朝以及国家经济和社会高度发展的康乾盛世。如果说在避暑山庄北面200多公里处举行的木兰秋狝是宣扬武力以示威吓的举动,那么,避暑山庄及周围寺庙所承担的笼络精神领袖、联络世俗感情的作用就更加明显——这就是怀柔之术。清王朝对少数民族的怀柔政策也起到了稳定边疆的重要作用。因此,清王朝的统治者做到了一件中国其他封建朝代帝王从未做到的事情:以一个人口占绝对少数的民族统治一个由多民族组成的庞大帝国,并且奠定了辽阔的疆域,繁衍了众多的人口,发展了繁荣的经济,形成了中国封建社会最后的辉煌时代。清史学者戴逸认为:"康雍乾盛世之所以能够达到统一,是因为清朝的民族政策起到了非常重要的作用。因为清朝本身是个少数民族执政的王朝,它懂得和理解少数民族的要求和心态,所以在考虑少数民族利益的时候能够特别周到地照顾少数民族。"民族融合不仅体现在满、汉之间的文化融合,同时,也体现在满、蒙之间血缘与精神方面的融合。清政府对蒙古的绥抚怀柔政策开始于皇太极,形成于康熙,发展于乾隆,继承于嘉庆。皇太极时期对蒙古的怀柔政策主要是通婚,因

此清朝入关以后的历代帝王都有蒙古血统,这是最具代表性的血缘融合。从康熙朝以后,则同时体现在精神方面的融合。其一方面体现在对超脱人生苦难与参悟生死轮回的藏传佛教理念的共同信仰,它是避暑山庄及周围寺庙兴建的原因;另一方面则是两个民族对血脉相连的游牧民族祖先的认同与崇敬。我们从避暑山庄及周围寺庙可以清晰地看到清代帝王的民族大一统思想。

由于清朝对蒙古、新疆、西藏等地少数民族实行怀柔政策的需要,避暑山庄进行了大规模的扩建,其中,外八庙中的普宁寺、安远庙、普乐寺、普陀宗乘之庙、须弥福寿之庙的修建,在清代的民族团结和政治稳定方面起到了重要作用。

(一) 普宁寺

普宁寺建成于乾隆二十四年,当时清政府平定了厄鲁特蒙古准噶尔部达瓦齐的叛乱,在避暑山庄为厄鲁特四部上层贵族封爵,效仿西藏三摩耶(又称桑鸢寺)建制修建此寺,清政府希望边疆人民"安其居,乐其业,永永普宁",故称之为"普宁寺"。

普宁寺建筑风格独特,它吸收并融合了汉地佛教寺院和藏传佛教寺院的建筑格局,南半部为汉地寺庙的"伽蓝七堂"式布局,北半部为藏式寺庙建筑。而寺内大乘之阁中矗立着世界上最大的木雕千手千眼观世音菩萨,体现了中华民族的勤劳和智慧。那么寺内碑亭内的三通石碑所载的文字则寄托着清帝维护国家统一和民族团结,因居安思危而自强不息的良苦用心。三通石碑用满、汉、蒙、藏四种文字镌刻而成。正中为《普宁寺碑记》,通高 6.5 米,说明了建立普宁寺的政治和宗教两方面的原因。东侧为《平定准噶尔勒铭伊犁之碑》,记述了清政府平定达瓦齐叛乱的经过和重大意义。西侧为《平定准噶尔后勒铭伊犁之碑》,记述了清政府平定阿睦尔撒纳叛乱的情况。碑身上所用的文字及排列方式,充分反映了乾隆帝希望民族团结、天下一统的良苦用心;碑身上的内容,可以反映出乾隆皇帝刚柔并济、恩威并施的治国思想。"安其居,乐其业,永永普宁"正是中华各族人民维护国家统一,反对分裂的共同心声。

(二) 安远庙

安远庙建于乾隆二十九年,形制上模仿新疆伊犁河畔的固尔扎庙(又称伊犁庙)。固尔扎庙是漠北规模最大的一座寺庙,每年夏季远近牧民都到这里集会,顶礼膜拜。固尔扎庙于乾隆二十一年被民族分裂分子阿睦尔撒纳溃军烧毁。清军平叛后,有功的达什达瓦族全部迁住热河。乾隆考虑到给达什达瓦族提供佛事场所,遂命在武烈河东岸建造此庙。安远庙落成后厄鲁特蒙古各部首领每年夏季都到热河聚会。

安远庙具有明显的蒙古建筑风格。其布局平坦、宽敞、开阔,中轴线分明,规整对称,主体建筑是藏族寺庙的"都纲"(都纲是可以容纳几千僧人念经的殿堂)法式,又揉合了汉族寺庙的艺术手法,在外八庙中独具一格。从表面看,修建安远庙是为了满足达什达瓦部众的宗教需要,其实在乾隆帝所撰《安远庙瞻礼书事(有序)碑文》坦言:"予之所以为此者,非惟阐扬黄教之谓,盖以绥靖荒服,怀柔远人,俾之长享乐利,永永无极云。"也就是说,他的真正意图,还是以此为手段,达到引导和教育达什达瓦部众以及其他民族利益群体增强热爱祖国的观念、维护国家统一和民族团结、保持和平安定局面的目的。

(三)普乐寺

普乐寺始建于乾隆三十一年,全寺建筑布局分为前后两部分,前半部分采用汉族寺庙传统布局"伽蓝七堂"式,后半部分为阇城。为了表示对西北各民族宗教信印的尊重,进一步加强中央政权的统治,乾隆遂决定修建这座庙宇,敕赐"普乐寺",即天下统一,普天同乐的意思。因此可以说,普乐寺的修建,是各民族团结的象征。

乾隆御题《普乐寺碑记》说:"惟大蒙之俗,素崇黄教,将欲因其教,不易其俗,缘初构而踵成之。且每岁山庄秋巡,内外札萨克觐光以来者,肩摩踵接。而新附之都尔伯特及左右哈萨克、东西布鲁特(柯尔克孜族)亦宜有。以遂其仰瞻,兴其肃恭,俾满所欲。无二心焉。"由此可知,普乐寺的建设背景是:平定准噶尔叛乱之后,皇朝为厄鲁特蒙古建造了普宁寺。达什达瓦族迁移热河后,给他们建了安远庙。同理,也应当为新归附的哈萨克、布鲁特建造寺庙,为他们的首领来热河聚会举办习俗、宗教活动提供场所。故于乾隆三十一年弘历按照内蒙古章嘉活佛提供的宗教意图建造了普乐寺,俗称圆亭子。

普乐寺是坐东朝西的,而中国传统寺庙布局是坐北朝南,这在碑文中有解释,建寺时乾隆皇帝请教章嘉活佛,章嘉活佛说:据《大藏经》记载,上乐王佛居常向东,济度众生,建造供上乐王佛的庙宇,必须依《大藏经》,在寺前开三条大道,两重门,大殿后建一阇城,城上供上乐王佛面东,与磬锤峰相对,使人天都皈依佛法,喻意天下都服从皇帝的统治。另外,如坐东朝西建造,与其他寺庙成为一体,均面向避暑山庄,成众星捧月之势。

(四) 普陀宗乘之庙

普陀宗乘之庙是乾隆三十二年下令仿西藏拉萨布达拉宫的样式兴建的,乾隆三十六年竣工。占地 22 万平方米,是外八庙中规模最大的一座。该庙完工时,正值乾隆帝 60 岁生日和皇太后 80 岁生日,各少数民族上层人士都要到承德参加庆祝活动,由于他们大都信奉藏传佛教,乾隆帝便建造了此庙。

该庙碑亭内立石碑三座,碑文用满、汉、蒙、藏四种文字镌刻,汉文为乾隆亲笔。中为《普陀宗乘之庙碑记》,记述建庙背景及经过。避暑山庄的修建是为了绥抚蒙、藏等西北边疆各少数民族,实现国家统一,而蒙、藏等少数民族是藏传佛教的忠实信徒,所以清帝采取了"因其教,不易其俗,以习俗为治"的政治策略,在承德为他们广修寺庙,使他们"兴其肃恭,俾满所欲,无二心焉"。左右两块碑分别为《土尔扈特全部归顺记》和《优恤土尔扈特部众记》,记述厄鲁特蒙古土尔扈特部回归祖国过程及清政府抚恤该部的情况。普陀宗乘之庙的修建是清帝绥抚少数民族,实现统治目的的又一体现。可见土尔扈特部回归,为巩固中华统一的多民族国家,写下了可歌可泣的光辉篇章。此举在中华民族大家庭的形成史上具有重要意义。土尔扈特部回归的英雄壮举,创造了举世闻名的民族大迁徙的奇迹,震动了当时的中国与西方世界。正如爱尔兰作家德尼赛在《鞑靼人的反叛》一书中所说的:"从有最早的历史记录以来,没有一桩伟大的事业能像上个世纪后半期一个主要鞑靼民族跨越亚洲草原向东迁逃那样轰动于世,那样令人激动的了。"土尔扈特人所创造的感天地、泣鬼神的英雄壮举,充分表现了中华民族不畏强暴、反抗压迫剥削与热爱和平自由的光荣传统。

(五) 须弥福寿之庙

须弥福寿之庙建成于乾隆四十五年。此前,六世班禅在严词拒绝了英帝国主义分子的拉拢后,通过章嘉国师,主动要求入觐朝贺,参加正在筹备中的乾隆七旬庆典。乾隆帝闻此消息,欣然允请。为迎接六世班禅,特参照其祖父在北京德胜门外修建西黄寺专供达赖居住的先例,在狮子沟山坡上仿扎什伦布寺形制,兴建须弥福寿之庙,只用一年的时间即告竣工。与施工同步,这一年里,六世班禅率领甘丹寺、哲蚌寺、色拉寺堪布以及高僧百余人、随从僧俗官代表约 2000 多人,从后藏扎什伦布寺出发,途经青海、宁夏、归化(呼和浩特)、多伦诺尔,最后终于到达承德。乾隆帝在避暑山庄举行了盛大的欢迎仪式。

从总体上看,须弥福寿之庙是典型的藏族寺庙,但某些建筑个体和细部装饰,又是汉族风格,形式独特。在须弥福寿之庙的碑亭内有乾隆四十五年立的《须弥福寿之庙碑》。碑文用满、汉、蒙、藏四种文字镌刻,全高八米余。碑头、碑身为一块整石所造,周围和两侧都刻有云龙纹样;碑座为一巨石雕成龟趺,下部基石刻有波涛纹样,四角还有鱼、虾、蟹、龟等动物装饰。碑文记述了从顺治到乾隆的文治武功传统,宣扬了边疆少数民族拥护清政府的思想决心,特别是六世班禅前来入觐,表明了清政府与西藏的密切关系。在避暑山庄和外八庙的装饰中,此碑的形制和规格是最高的。

此庙不仅富有高度的建筑艺术和特色,而且对于加强清王朝各民族之间的团结,共同抵御殖民主义者的侵略,都具有极为重要的政治意义和历史作用。清礼亲王昭在解释清政府对藏传佛教的政策时写道:"国家宠幸黄教,并非崇奉其教以祈福祥也。只以蒙古诸部敬信黄教已久,故以神道设教,使其诚心归附,以障藩篱。"这也是修建避暑山庄及周围寺庙政策中的宗教政策的最好说明。

四、结语

避暑山庄及周围寺庙体现了清代帝王加强民族团结、巩固北部边防、实现中华统一的宏伟思想与辉煌业绩。避暑山庄是一处借山水园林表达与寄托帝王政治思想与治国抱负的地方,它是一处靠园林的建筑与功用实践着帝王治国方略,特别是实现民族融合、巩固边疆的地方。而周围寺庙直接或从不同侧面记载了清代不断发展的历史进程和特定历史条件下,战胜国内分裂势力,加强民族团结,共同抗击外来侵略的历史。其影响与功能远远超越了普通宗教活动场所的本身,并蕴含了重要的政治意义。因此,两者互为依存,互为补充,充分发挥了政治上,特别是民族政策方面的整体效应。这种深层的政治意味就是清帝利用民族与宗教政策,加强民族融合与统一。

原载于《河北民族师范学院学报》2012年第3期。

从建筑规制与陈设看热河文庙的皇家色彩

马林莹

（北京师范大学 历史学院,北京 100875）

[摘　要]　热河文庙虽是清朝承德府属的文庙,但因位于夏都而倍显地位尊崇,其建筑规制与内部陈设具有浓厚的皇家色彩。建筑规制的皇家色彩,表现在热河文庙大成门、大成殿及崇圣祠的琉璃瓦铺设为太学等级,以及庙内无忠孝节孝、乡贤名宦等地方性附属祠庙两方面。内部陈设的皇家色彩,主要从庙内藏有诸多御赐诗文、书画、祭器、碑石中彰显出来。热河文庙是清朝夏都体系里一个重要的儒家文化传播中心,与避暑山庄、外八庙一样,是中国统一多民族巩固和发展的历史见证和实物记录。

[关键词]　热河文庙;建筑陈设;皇家色彩

清代热河地区"当古北口、潘家口、喜峰口外",处于蒙古高原与华北平原的结合地带。此处自古以来就是游牧经济与农耕经济交错之地,自周秦至元明,或为北方游牧政权所据,或受中原王朝管辖。入清后,热河地区逐渐呈现满蒙汉杂处的局面,成为北方少数民族与中原汉族民族融合与文化交流的重要舞台。乾隆四十一年(1776 年)夏礼部尚书曹秀先首倡兴建热河文庙,此议得到乾隆皇帝的高度重视,随后多番敕命满蒙汉官员协力建造,于乾隆四十四年夏正式落成。作为清代热河地区唯一的一座文庙,热河文庙的建立大大推动了该地区儒家文化教育的发展。

在现有的热河文庙研究中,有学者从占地规模角度,将热河文庙与北京文庙、曲阜孔庙并称为清代三大孔庙。一般而言,这三大孔庙中的北京文庙为学庙、国庙,曲阜孔庙为家庙、国庙,而热河文庙为学庙、地方文庙。但笔者认为,热河文庙不同于清代一般地方性文庙,它既是承德府属的文庙,又是位于清朝夏都的文庙,因此兼具中央和地方的双重色彩,既有皇家孔庙性质,又带有地方文庙特色。但相较北京文庙和曲阜孔庙而言,学者对清代热河文庙的关注不多。

此外,目前对热河文庙的研究,学界征引史料大多是地方志材料,对清代档案和域外史料利用较少,且未廓清多种史料记载的龃龉之处。在研究角度方面,或笼统介绍其发展演变,或对石鼓等陈设展开个别研究,并未对热河文庙兴建、陈设、修缮、祭祀、教育等方面展现的皇家特色进行集中梳理和探讨。本文以陈设为研究角度,在勾勒热河文庙的建筑布局后,通过分析其特殊的建筑规制和内部陈设,揭示清代热河文庙蕴含的皇家色彩。

一、热河文庙的建筑布局

众所周知,中国古代地方庙学是以府、州、县等地方官办学校和地方文庙相结合,共同组成的特殊建筑群。庙学建筑或庙学一体,或庙学分离。依据文庙和府、州、县学明伦堂的相对位置,又可将庙学一体式建筑群大体分为前庙后学式、左庙右学式、右庙左学式三种庙学布局。清代热河文庙属于左庙右学式,与北京文庙相同。

具体来看,热河文庙坐北向南,位于热河府治之东、庄亲王永瑺住所之西,背靠避暑山庄,占地面积广阔。关于热河文庙具体的占地面积大小,清朝官方志书语焉不详,仅在兴建文庙的档案材料中有"文庙应用地基,进深须四十四丈,宽二十九丈"的记载,学界关于热河文庙占地大小说法不一,大多数主张一万六千七百平方米,另有两万八千九百平方米的说法,但均未明确说明数据来源。

热河文庙外围有红照壁、东西牌坊,门前无下马碑。清代文庙门前大多配有下马碑,以表示对孔子的尊崇。热河文庙位于清朝的夏都,却无下马碑,笔者推测或可能是因为热河文庙所在的大街,是清帝从北京至避暑山庄的"御道",而且自热河文庙落成后,清帝大多先至热河文庙拈香行礼后,再驻跸避暑山庄。因此即使无下马碑,也可彰显朝廷对热河文庙的尊崇。

中院是热河文庙的主体部分,清代的文献中未明确记载热河文庙中院实际的占地面积,但民国时期日本学者对热河文庙的实地勘探称"庙域四周是围墙,从两侧算,宽约四十七米,长约一百五十米",此处约七千五十平方米的院落,是热河文庙兼具皇家和地方特色的集中区域,从南至北分别是棂星门、泮池泮桥、大成门、御碑亭、东西两庑、月台、大成殿、崇圣祠。据乾隆四十五年朝鲜使臣入谒热河文庙的描述"大成殿后及左右,别堂、别斋不可殚记,皆穷极奢丽"。其中,热河文庙祭祀历代先贤先儒的东西两庑各十一间,此规格极高,因为甚至到光绪三十二年(1906年)抬孔庙祭祀为大祀后,有的地方文庙才勉强把东西两庑扩大为七间(如南陵县学文庙)、九间(云南武定府学)、十一间(宁国府学文庙)。

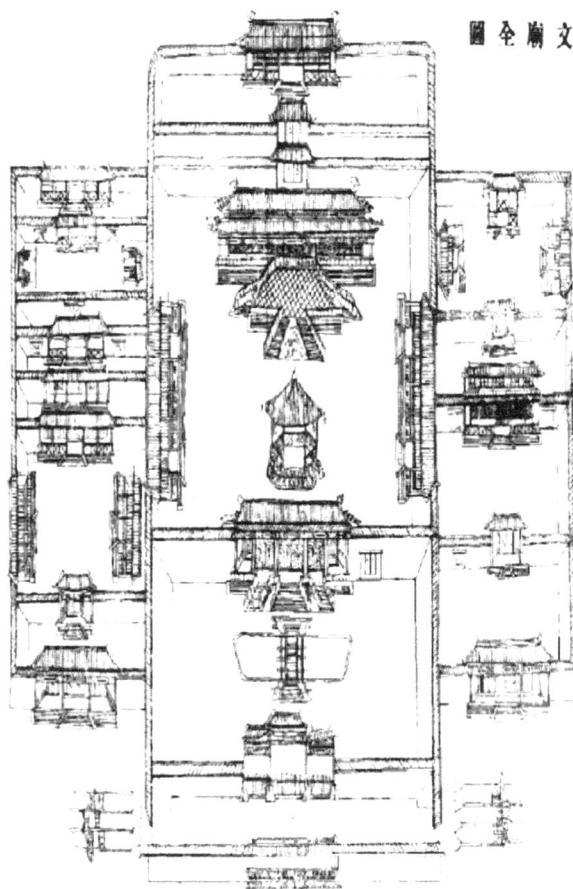

图1 热河文庙

注:热河文庙图片来源于《钦定热河志》卷七十三《学校一》。

东院有"御座一所,宫门一座,垂花门一座,尊经阁五楹,神厨一座,神库一座,牺牲亭一间"。西院为热河的最高教育机构承德府学所在,有"前大门一座,屏门一座;东、西斋房各七楹,东曰'进德',曰'日新',西曰'修业',曰'时习',中为明伦堂五楹;后为照厅五楹,正厅三楹,东、西厢房各二楹;正室三楹,照房七楹"。

整体来看,中部院落为热河文庙的核心部分,西侧为承德府学院落,东侧为以尊经阁为中心的院落,三部分相邻而建,以墙相隔,成为各自独立的空间,分别辟门出入。

清代官方文献记载称热河庙学"若庙制,若学制,与夫释奠之典、勒功之碑并颁奠器、书籍,其规制悉仿太学",肯定了热河文庙具有太学一样的地位。此外,朝鲜使团的《燕行录》等域外史料,曾对其建筑规格和布置之高,大加赞叹:

> 余曩谒热河太学,制视京学。今周瞻庙貌,想因明旧,而较之太和殿则虽似少异,然制度之整齐则大同焉。庭除之辽阔,厢庑之周匝,亦非东岳之比矣。位板皆覆椟龛,垂黄帐。

以下笔者从热河文庙特殊的建筑规制和内部陈设两大方面探究其皇家色彩。

二、热河文庙建筑规制体现的皇家色彩

热河文庙建筑规制的皇家色彩,首先表现在大成门、大成殿及崇圣祠的琉璃瓦铺设为太学等级。

与热河相关的清代地方志中对热河文庙大成门描述甚少,仅有"大成门一座""大成门五间"的寥寥几笔。大成殿是热河文庙内建筑规模最大、雕饰亦最为华美的建筑,是热河文庙的核心建筑。但其具体的建筑规格,清代的档案和地方志史料中仅有"大成殿五间"的寥寥一句。且关于大成殿的房间数,史料记载有出入:据乾隆四十一年十一月内务府管工程大臣英廉汇报的热河文庙工程预算,热河文庙大成殿预计盖五间,另据嘉庆二十一年(1816年)四月十五日禧恩为查勘热河文庙工程暂缓修理情形的奏折中,也提及踏勘到大成殿五间的言语。但民国时期日本学者的记载,有面阔七间和面阔五间互相矛盾的前后两处记录,笔者认为日本学者笔误的可能性较大,不知何故译者也未对此处作任何解释说明。

而笔者提及的关于大成门、大成殿及崇圣祠等建筑的太学规格记载,主要来源于域外史料。朴趾源《热河日记》称热河"去岁新创太学,制如皇京""大成殿及大成门皆重檐,黄琉璃瓦"。据《清高宗实录》记载,清代文庙建筑覆黄琉璃瓦,是曲阜孔庙和北京文庙才有的规制:

> 阙里文庙,(世宗宪皇帝)特命易盖黄瓦,鸿仪炳焕,超越前模。朕祇绍先猷,羹墙念切,思国子监为首善观瞻之地,辟雍规制,宜加崇饰,大成门、大成殿、著用黄瓦,崇圣祠著用绿瓦。

文庙用琉璃瓦铺顶始于明弘治十三年(1500年),明政府规定"各文庙改用绿

色琉璃瓦",直至清朝雍乾时期,相继把阙里孔庙、北京文庙的大成殿改易黄琉璃瓦,以示隆崇,其他各地文庙仍沿旧制。据学界研究,河南省境在清代的十余处文庙大成殿大部分或为绿色琉璃瓦铺就,或为灰筒板瓦覆顶;云南省境的清代文庙大成殿以青、灰瓦屋顶居多。因此,大成殿琉璃瓦色的不同与其等级地位不同有密切关系。

朴趾源于乾隆四十五年随朝鲜使团进京庆祝乾隆皇帝七十大寿,其寄居热河太学多日,亲眼目睹热河文庙大成门、大成殿为重檐、黄琉璃瓦,此言当不虚。但民国时期日本学者对热河文庙的实地考察却有所不同,称大成殿"屋顶皆为黄琉璃瓦铺就,瓦当和滴水的上面皆施以龙形纹饰",但大成门"单檐双椽,用灰瓦按常规铺顶,屋脊和檐头是绿瓦",崇圣祠"单檐双椽,以普通瓦铺顶,屋脊和屋檐边则用了绿色琉璃瓦"。笔者认为出现这种描述差异的原因,与热河在清代的政治地位是夏都,而到民国降为省一级行政地方,热河文庙则由太庙级别降为地方文庙相关联。

此外,热河文庙建筑规制的皇家色彩还表现在热河文庙内无忠孝节孝、乡贤名宦等地方性附属祠庙。

据《清会典》载清代"直省府州县附庙左右,各建忠孝、节孝、名宦、乡贤四祠,岁春秋释奠"。雍正七年(1729年)命增加忠义孝悌祠和节孝祠,分别奉祀历代忠义孝悌之人和节孝之妇女,且为在祭祀孔子、四配、十二哲及先贤先儒的同时,也祭祀任职于当地、有功于民的官宦或者是文章品行俱佳的贤才,清代地方文庙大成门前大多左配为名宦祠,右配为乡贤祠,入祀之人须经督抚造册报部并确核事迹后方可入祀。但各祠在学宫中的位置并不固定,《畿辅通志》也有"学宫规制各府州县相同,其附庙各祠前后左右不同者,乃度地制宜耳"的说法。

忠孝节孝、乡贤名宦祠是清代地方府州县学的附属祠庙,诸如北京文庙、曲阜孔庙等国庙,均不设忠孝节孝、乡贤名宦等地方性祠堂[1]。而热河文庙作为承德府级的文庙,也没有忠孝祠、节孝祠、乡贤祠、名宦祠,直到道光八年(1828年)承德知府海忠捐款,才在府属的振秀书院内西首建立名宦祠,在名宦祠右建立乡贤祠,在府义学东建立节孝祠。笔者认为出现这种现象,是因为乾隆皇帝处处比照京师太学隆重兴建热河文庙,热河文庙作为清朝夏都唯一的文庙,其建筑规格要处处彰显出浓厚的皇家色彩,故而将这种烙有地方色彩的忠孝、节孝、乡贤、名宦等祠排除

---

① 参见《太学全图》,上海书店出版社编:《中国地方志集成·北京府县志辑·光绪顺天府志》,上海:上海书店出版社,2002年,第14页;《孔庙平面示意图》,山东省曲阜县文物管理委员会编:《孔庙 孔府 孔林》,北京:文物出版社,1982年,第1页。

在外。

总而言之,热河文庙内未建乡贤名宦祠、忠义孝悌和节孝祠的客观事实,与此后乾嘉二位皇帝多次亲自拈香祭拜热河文庙的身份十分符合,或是乾隆皇帝最初的制度规模设计之初,就已经把这层等级关系考虑入内了。

三、热河文庙内部陈设体现的皇家色彩

清廷将热河文庙的建筑规制比肩太学等级的同时,又将诸多御赐诗文、书画、祭器、碑石等布局其中,使其地位高于清代一般地方文庙,成为名副其实的夏都文庙。

首先,热河文庙内悬挂诸多御笔题词。

热河文庙棂星门前的东西两座牌坊,向东额曰"教垂万世",曰"道洽八埏";向西额曰"执中含和",曰"参天两地",均为乾隆御笔。棂星门有牌楼一座,额曰"化成久道",为乾隆御笔。乾隆皇帝御制诗《文庙释奠礼成有述》刻屏悬挂于中院的第二进院落,但具体悬挂位置,相关地方志无详细记载。大成殿正位奉至圣先师孔子神位,乾隆皇帝御书额曰"广大中和",联曰"有开必先冠古今而垂教化,无思不服合内外以振文章",后来嘉庆皇帝又御书额曰"圣集大成"放于乾隆匾额之东,道光皇帝御书额曰"圣协时中"置于西。至民国时期,其西又增加宣统执笔的"中和位育"匾额。

其次,热河文庙内储藏诸多钦赐书画。

热河文庙东院的主体建筑尊经阁是储藏书籍之所。乾隆四十四年"于武英殿库贮各书内,择其尤切于诸生讲求者,计九十二部"装订御赐于热河文庙。九十二部书籍清单详见于《钦定热河志》,笔者此处不再赘述。尊经阁在乾隆四十四年之后是否又藏有新的钦颁之物,笔者在清代地方志和档案材料中暂未找到依据。但据杉村勇造先生的调查,"热河文庙尊经阁藏书远远超出乾隆四十四年六月乾隆皇帝基于修建文庙的奏请者礼部尚书曹秀先之请所赏赐的图书数量,计有图书一百八十种,一万三千零四十六册,画图一百二十一幅,而且其中含有乾隆皇帝特为尊经阁用宋藏经纸写下的《热河文庙碑记》《平定台湾告成热河文庙碑记》以及记述乾隆皇帝一代武功的九十六幅铜版画和把中国最早的西方建筑绘成画的《圆明园水法图》等大量的贵重图书"。笔者从杉村勇造先生开列的图书、画册名单推测,嘉庆年间或之后清廷似又御赐书画于热河文庙尊经阁,但具体时间及数量内容无法推知。

再次,热河文庙内恭藏十件御赐周朝祭器。

热河文庙的祭祀活动主要集中于大成殿、东西两庑和崇圣祠内进行,具体的祭祀器物陈设规格,可参照乾隆四十一年上谕:

> 热河地方每年夏秋为圣驾巡幸之所,今兴设庠序,文物声明,宜从美备。所有大成殿龛案陈设,俱照京师太学款式成做。两庑及崇圣祠内龛案,并各神牌位次,亦照京师太学成式制造安设。至祭器乐器及一切供器等项,除所供特颁周时法物外,俱照京师太学所用各器,如式制造,以备供献。

热河文庙大成殿、东西两庑和崇圣祠的所有龛案陈设、神牌位次、祭器、乐器、供器等均照京师太学成式制造安设,可见其祭祀规格相比其他地方文庙尤显隆重。除此之外,乾隆皇帝还特颁周时法物共十件,分别是文王鼎、宝尊、夔凤卣、素洗、雷纹爵、叔朕簠、蟠夔壶、蟠夔罍、雷纹觚、蝉纹簠各一,据内务府造办处活计档广木作记载,乾隆四十四年四月初五至初十日之间,该处曾多次奉旨更换铜器呈览,直至初十日将文王鼎为首的十件铜器清单呈览,才获准钦颁。这是比照乾隆三十三年将十件周时法物颁给京师太学的做法,于乾隆四十四年五月特颁,并明确提出热河文庙"用光俎豆,依大学例",且"平时这十件周时法物均秘藏于文庙西院明伦堂内后面倒札库里保存,恭遇皇上驻跸热河亲诣行礼,方才由藏库取出供于楠木大案之上"。由此可见,乾隆皇帝将热河文庙的祭祀规格遵循北京文庙的标准,处处彰显其夏都文庙的超高地位。

最后,热河文庙内林立众多御赐碑石。

热河文庙中院的第二进院落是祭祀的主体区域,更是乾隆皇帝在热河文庙树碑立石用以宣传文治武功的最佳位置,除大成门外左南向壁刊刻乾隆四十三年建的《晓示生员卧碑》和刻录于左的《训饬士子谕旨》与一般文庙规制并无二致以外,大成门内外和御碑亭之中林立众多乾隆皇帝御赐碑石,这是许多地方府学文庙所不具备的。

其中,乾隆皇帝为热河文庙的隆重落成专门创作的《高宗御制热河文庙碑记》和《高宗御制热河承德府纪事八韵诗》,俱刻立于南向御碑亭中。另外值得注意的是,大成门内摆放①一套终清一朝仅北京文庙与热河文庙才有的乾隆石鼓,系乾隆五十五年乾隆皇帝"以周宣之文存不及半,重用其文以成十章,亲定首章及末章,自第二至第九,命彭元瑞按文中余字,截长补短为之,是为新刻石鼓,与旧鼓并列国

---

① 关于其具体的摆放情况,清代地方文献中语焉不详。笔者仅在关野贞、竹岛卓一《热河——影集与解说》第226页见到如下记载:"(大成门)后面两端二间设有金刚栅,沿侧壁建有石台,台上各置五个石鼓。"

学,其热河文庙亦置一分焉",并奉敕摹石,现存字凡三百有十,重文二十有一,在戟门内左右各五鼓。并在大成门内左竖碑南向刻刊《御制集石鼓文十章制鼓重刻序》,碑阴上列《石鼓释文音训》,下列东阁大学士王杰等《释文音训序》"。

后来,其他地方官员奏请仿刻石鼓文列于当地文庙,乾隆皇帝否决了这一提议:

> 朕以太学为京师首善之区,热河为每年驻跸之地,因特令将重刻石鼓文,于两处建立,若如该学政所奏,则各省学宫,均须纷纷请建,殊为多事,着传旨申饬。

乾隆五十六年正月乙酉条

从批示中可看出,热河文庙在乾隆皇帝心目中的地位是与北京文庙并肩的。

此外,热河文庙还有众多御制碑刻,譬如大成门外右壁东向坎置乾隆四十三年将热河七厅改设府州县的上谕全文①,左壁西向勒有乾隆五十三年《御制平定台湾告成热河文庙碑记》。大成门内右壁东向勒有乾隆五十七年《御制补咏战胜廓尔喀图序》,左壁西向勒有同年撰写的《御制十全记》,日本学者的考察记录与《承德府志》记载相同,可见乾隆皇帝把热河文庙作为彰显其十全武功的重要场所,其超高规格不言而喻。

综上可见,黄琉璃瓦铺设、无附属地方性祠庙等建设规制的太学等级以及诸多钦赐诗文、书画、碑石装饰其内,使得热河文庙充满着浓厚的皇家色彩。不仅如此,朝鲜燕行使臣多番将其与北京文庙并肩比较,更显热河文庙的皇家特色。例如乾隆五十五年朝鲜使团为乾隆皇帝八十大寿留宿热河期间,曾于七月二十日戊戌与安南王及从臣、南掌、缅甸使臣等一同拜谒热河文庙,并记录其时热河文庙情形如下:

> 四圣十二哲侑飨正殿,先贤先儒从祀两庑,一如燕都文庙。而先圣位前桌上排列雷文爵、文王鼎、笾豆敦彝,闻是御府古器而移来云。大成殿覆黄琉璃瓦,前为大成门,后为崇圣祠,而尊经阁在殿东,彝伦堂在殿西,两庑在殿廷左右。大成门北阶有左右棂星,内安石鼓,各五座,鼓上面摸刻燕都石鼓文。大

---

① 关于此上谕的刊刻位置,材料来源于朴趾源《热河日记》第291页。关于此上谕的全文信息,详见于《清高宗实录》卷一千零五十,乾隆四十三年二月丙午。笔者据北京图书馆藏《中国历代石刻拓本汇编》(北京图书馆金石组编,郑州:中州古籍出版社,1989年,第76册,第188—189页)和中国金石总录数据库记载,查到今河北省承德市避暑山庄有碑名为"清乾隆承德府文庙碑"(又名"承德府文庙碑残拓"),其材质为石,文种为汉文,无额题,无首题,拓纸均高134厘米、宽66厘米,阳面和阴面均12行,每行25字,总字数493字,高宗弘历撰并正书。从阴阳残拓所存文字来看,该碑文即为乾隆四十三年二月所发布上谕的一部分。

成门南廷筑大湖石为池，跨虹桥绕玉栏，庙貌之宏丽洁净，反胜于燕都文庙。

待朝鲜众使团从热河回至燕京后，于八月二十六日甲戌拜谒北京文庙，又有如下的记载：

> 东西两庑各十九间，东西向分祀先贤先儒，一如热河文庙位次。……旧石鼓十，元潘迪石音训碣一，皇帝以旧字渐损，招禁私塌别以玉箸书猎碣文，新造石鼓，列于大成门之南陛上东西，亦如热河石鼓之制。

朝鲜燕行使臣的记载，观察视角独特，易于发现清廷文人墨客忽略之处，由使臣对热河文庙的描述来看，热河文庙落成十多年后，仍旧是宏丽洁净，各种陈设规格一如北京文庙，可见乾隆时期对热河文庙始终如一的高度重视。

四、结语

总而言之，从建筑规制与内部陈设来看，热河文庙具有浓厚的皇家色彩。笔者认为，在以避暑山庄为中心的夏都体系中，热河文庙占有重要地位，这里是以外八庙为载体的藏传佛教文化之外，一个重要的儒家文化传播中心。热河文庙与避暑山庄、外八庙一样，都是为清帝进行政治活动服务的御用场所，"具有重大的历史价值，是我国统一多民族巩固和发展的历史见证和实物记录"。同时，作为清代三大皇家孔庙之一，热河文庙是清王朝在多民族地区设立文庙以推行文教政策的典范，与其他长城边外的少数民族聚居区文庙一样，其落成大大促进了当地儒家文化教育的发展，同时也因其夏都文庙塞外特殊地位为加强清朝统一多民族国家的文化建设作出了重要贡献。

原载于《河北民族师范学院学报》2020 年第 3 期。

风雨非常三百年
——关于大避暑山庄文化的对话

郭秋良¹，王玉祥²

（1. 承德市文学艺术联合会，河北 承德 067000；2. 承德日报副刊部，河北 承德 067000）

[摘　要]　大避暑山庄文化的核心是避暑山庄文化，以避暑山庄文化为主，包括木兰围场、雾灵山、金山岭长城、白云古洞、辽河源头等外围文化在内。这个大避暑山庄文化的主导精神不是燕赵平民文化的慷慨悲歌，而是明显带有清代前期康乾盛世时期影响的顺应历史潮流的推动历史前进的开拓进取和吸纳开放精神。

[关键词]　避暑山庄文化；文化合流；环境保护；文化旅游

王玉祥：我们记得，您的"大避暑山庄文化"之说于 7 年前提出之后，曾在省内外引起过较强的反响和认同，具体表现在《人民日报·海外版》《河北日报》《文论报》《河北学刊》《社会科学论坛》等多家报刊纷纷登载了您的《大避暑山庄文化刍说》一文。然而，正如您在此文中所说的，"我们对大避暑山庄文化的研究还很不够"。我想，之所以如此，大概是官方与民间许多人士对此尚未重视，粗疏地认为"文化"之类只是少数"文化人"、少数学者的事情，与国计民生并无多大关系。其实完全不是这样。一个地方的文化永远关乎这个地方的兴衰，古今中外的无数实例早已并将继续证明这个铁律。如果您不反对上述看法，那么，就请您更深入地谈谈大避暑山庄文化与承德历史文化名城的相关话题。比如，人们常说："承德有着丰厚的历史文化底蕴"，那么，依您之见，具体地说，这种文化底蕴究竟是什么？

郭秋良：我们通常所说的"承德是历史文化名城，文化底蕴丰厚"，实际上说的是作为世界历史文化遗产的避暑山庄和外八庙有着丰厚的历史文化底蕴。这种

"底蕴",就是从300年前康熙决定并实施在这里修建热河行宫(后易名避暑山庄)以来,充盈在这块热土上的融汉民族文化、满民族文化及其他少数民族文化为一体的清朝时代中的中华民族文化,即现在人们通常说起的"避暑山庄文化"。

避暑山庄文化经过300年风雨的洗礼,我们现在来审视它,可以看出其主要构成呈现一种以儒家文化为主,儒、佛、道三家文化合流的特色。

避暑山庄肇建之时(1703年)距清朝定鼎北京已经60年,其时清朝统治者基本上完成了接受汉文化的过程。康熙发现儒、佛、道三家文化是他"合内外之心,成巩固之业"的利器,所以在不忘"祖宗骑射开基"的草原文化基础上,大力提倡中原地带早已行之有效的儒、佛、道文化,这在避暑山庄表现得十分突出而鲜明。譬如康熙在澹泊敬诚殿宣言"为政以德","勤政爱民",不仅响亮地喊出了儒家文化的口号,而且使他的声音化作执政思想在避暑山庄的宫殿区和苑景区经常回响。再如康熙组织编纂的《古今图书集成》和后来乾隆组织编纂的《四库全书》——中华民族传统文化中的两大经典,先后长期在文津阁珍藏及使用,简直可以说把这"日月同辉"的雅园乃至整个避暑山庄注满了儒家文化的气息,来此游赏的人们至今仍可感受到这种文化气息的浸润。至于康乾在避暑山庄所作御制诗文碑刻及七十二景题名、题额、题联、吟咏中所体现的儒家文化气韵更是无处不在。

佛教文化(主要是藏传佛教文化)在外八庙的普陀宗乘之庙、须弥福寿之庙等著名的寺庙中得到最充分最丰富的体现,早已名播海内外了,但避暑山庄的佛教文化底蕴也是不可忽视的。热河行宫时期的佛教文化气息,我们是从康熙初建"涌翠岩"(主要供奉关帝)感受到的。嗣后,乾隆开始在避暑山庄内大事建筑藏传佛教特色的永佑寺、珠源寺、碧峰寺、鹫云寺等,使得喇嘛教文化的气息弥漫在山庄之平原区和山区的榛烟峰岚之间,并且与宫墙外的外八庙藏传佛教文化融为一个广阔的空间。

倡导"道法自然""清静无为"思想的道教文化,体现在斗姥阁、金山上帝阁和广元宫。尤其是供奉道教女神碧霞元君神像的广元宫,规制仿泰山碧霞元君祠,是以青砖灰瓦不事彩绘为特色的避暑山庄内唯一采用黄琉璃瓦覆顶、画栋雕梁、金碧辉煌的寺庙,显示了清帝对道教文化的重视。

避暑山庄是集中展示儒佛道文化的圣地,是"集东方哲学思想之大成"(联合国教科文组织官员评语)的世界历史文化遗产。因为承德是清代第二个政治文化中心,所以儒佛道三种文化在避暑山庄的合流,加速了民族融合的过程,增强了民族团结,巩固了多民族国家的统一。

王玉祥:我同意您对名城文化底蕴的阐发和概括。还想再问一句,面对即将到来的避暑山庄肇建 300 周年,对于这种文化底蕴我们该持何种态度?

郭秋良:我们对传统文化的态度,历来是弘扬其精华,摒弃其糟粕,对于避暑山庄文化当然也是如此。但现在的问题是对其精华部分的认识、挖掘、继承、弘扬还很不够。举一个手边的例子:旅游点上可以买到的几种宣传避暑山庄的书籍中辑录了康熙的《避暑山庄记》,其结尾部分可以视为儒家文化的道德观——"玩芝兰则爱德行,睹松竹则思贞操,临清流则贵廉洁,览蔓草则贱贪秽"。这是古人的爱憎原则,而作为今人的我辈情操比起古人来究竟如何?山庄文化不仅是学术话题,它还可以作为一种指导思想,规范人们的言行,提升人们的品格。

避暑山庄文化博大精深,以上举例不过是沧海一粟。避暑山庄文化之海有待更深地开发与弘扬。

王玉祥:许多年来,尽管对山庄文化的研究还很不够,但毕竟也已经作了诸多方面的反复探讨,这当然是有益的。转眼之间,又是几个春秋过去了。现在,您以为在避暑山庄文化中,还有什么多年来常被人们忽视而实际却很重要的文化构成需要特别强调吗?

郭秋良:避暑山庄文化的构成中有一种可珍视并且在当今和可以预见的未来愈显宝贵的文化,就是在"天人合一"的哲学思想指导下生发出来的环境保护思想。

当今世界,全人类共同关注的三大主题是和平、发展和环境保护。联合国鉴于世界范围内的环境污染和生态破坏日益危及经济发展甚至人类的生存,早于 1972年就在瑞典首都召开了人类环境会议,通过了保护全球环境的行动计划和《斯德哥尔摩宣言》,呼吁世界各国政府和人民为维护和改善人类环境,造福地球上的全体人民及后代而共同努力。多年来,地球人为保护生态环境虽然付出巨大努力,可仍然发现在今天,环境问题越来越成为影响可持续发展的突出问题,环境问题在全世界已引起普遍注意,爱护自然、保护生态环境已成为全人类的共识。

康熙却是早在二百多年前就注意了这个问题,他提出的建避暑山庄的原则是"自然天成地就势,不待人力假虚设",具体到修建要求,则是"庄田勿动树勿发"。据此而建的避暑山庄,是与自然相和谐的"环保工程",不仅在中国,就是在世界上也堪称优秀的园林。以前我们对康熙的"环保"思想及其历史价值没提到应有的位置来认识,现在到了应当认真研究并且弘扬这种可持续发展的文化思想的时候了。

王玉祥:中国终于加入了 WTO,这必然会加强中国文化(包括我们的大避暑山庄文化)与世界各国文化之间的沟通和融合,也似乎为承德旅游业展示出一派令人欣慰的前景。但无可讳言,到目前为止,承德的旅游还缺乏别出心裁的大手笔和色彩斑斓的锦绣文章,以致未能产生更加显著的效益。那么,从文化的角度着眼,请您谈一谈对承德旅游业发展的看法。

郭秋良:承德市拥有与旅游业相关的多项桂冠:中国十大风景名胜之一、中国旅游胜地四十佳之一、首批中国优秀旅游城市之一、全国十个文明旅游景区示范点之一、中国四十四处重点风景名胜区之一。但承德的旅游与文化基本没挂钩,现在开展的只是观光旅游。观光旅游已经落伍,目前世界范围内先进的旅游思想是文化旅游,这是因为游客已不满足于初级层次的观光旅游,而是对更深层次的旅游——文化旅游发生了兴趣。他们已经从旅游带来的感官满足提升到通过旅游认识不同国家的历史文化,亦即通过旅游寻求理性的启发和认同,这是世界旅游业的大潮流。承德本来是历史文化名城,文化积淀极为丰厚而独特,具备适应先进旅游思想、适应要求深层次旅游所需的得天独厚的条件,可是多年来开展的旅游文化性一直很差。别的旅游城市几年前就搞的文化旅游——比如曲阜的"祭孔"再现,西安的"朝会"大典,湖北的编钟表演等,承德有什么?类似的文化旅游项目似乎尚未进入谋划阶段。这太落伍了,与头上戴的多项桂冠极不相称。其实,承德可搞的文化旅游项目早就存在着,只要搞起来就不会比别的旅游城市少,不,或许更多。如专项旅游,可以在避暑山庄搞建筑考古游、清史探秘游,以丰富旅游文化内涵,使承德的旅游提升到更高的层次。

中国已加入 WTO,经济要与世界接轨,旅游当然也要与世界接轨。承德把旅游作为自身发展的龙头,可是旅游业面对世界新的旅游大势,却尚无作为,这怎么与国际接轨?旅游要与国际接轨,必须打文化牌。承德经济要上去,也要打文化牌。

王玉祥:是的。站在 21 世纪的风景线上,我们不能不对许多问题作一番崭新的思索和诠释。因为,一切事物都处在永无止息的发展变化中。一个地域的文化现象自然也不例外。如此说来,您以为应当如何认识这个大避暑山庄文化的过去、现在和未来?

郭秋良:同所有地域文化一样,大避暑山庄文化也是一种动态的文化。随着时间的推移,它也处在不断地创新和发展中。当然,它固有的优秀部分应予弘扬。可是时代毕竟是大踏步前进的,新的文化构成毕竟是不可抗拒地参与进来了。新中国成立以后社会主义文化给避暑山庄文化注入了新鲜血液,使它的内蕴更加丰厚而多彩。在当今市场经济时代,避暑山庄文化更显出它与时俱进的品格。

原载于《承德民族师专学报》2003 年第 3 期。

读戴逸先生的《应该建立"避暑山庄学"》

——编写《避暑山庄学概论》的总体思考

舒 苑

(河北民族师范学院 老干部处,河北 承德 067000)

[摘 要] 中国人民大学教授戴逸先生,以《应该建立"避暑山庄学"》为题撰文,提出建立"避暑山庄学"的构想。为了建立与完善"避暑山庄学",应编写《避暑山庄学概论》。编写《避暑山庄学概论》,要认真思考,明确研究对象和主要内容,确立编写原则。

[关键词] 避暑山庄学;研究对象;编写原则

1983 年,中国人民大学教授、清史研究所所长戴逸先生,以《应该建立"避暑山庄学"》为题撰文,提出了建立"避暑山庄学"的构想,并且信心十足地说:"我们一定能够建立起这门新的学科。"

戴逸先生把"避暑山庄学",视为一门"新的学科"。所谓"学科",是指"按照学问的性质而划分的门类"。因此,对"避暑山庄学"的"学",可理解为学问。《现代汉语词典》对"学问"一语有二解:一解是"正确反映客观事物的系统知识",二解为"知识""学识"。按第二种解法,可以把"避暑山庄学"理解为研究山庄的知识。从这个角度来分析,"避暑山庄学"早已出现了,因为在避暑山庄建造过程中,就有人开始研究与评价避暑山庄了。新中国成立以后,研究避暑山庄的人越来越多。许多学者或发表论文,或出版专著评介避暑山庄。这些论文或专著,知识含量很高。从整个避暑山庄研究领域来看,有关避暑山庄的知识,是极为丰富的。诸如避暑山庄的创建、发展过程、景区与景观、历史地位与作用等。避暑山庄丰富的知识,不仅有利于中外游人了解山庄,而且为深入研究与探讨避暑山庄奠定了基础。

《现代汉语词典》不仅把"学问"解为"知识",而且认为"学问"是"正确反映客观事物的系统知识"。从这个角度来分析,可以说"避暑山庄学"尚未建成。胡适先生在《清代学者的治学方法》中说:"凡一种科学的学问,必须有一个系统,绝不是零碎堆砌的知识。"胡适先生所言"科学的学问",就是"正确反映客观事物的系统知识"。避暑山庄研究领域,已经发表或出版的论文与著作,大多数都能正确地反映避暑山庄,但没有一篇论文或一部著作,能从横向和纵向把避暑山庄方方面面的知识系统化。为了在避暑山庄研究领域,构建出能涵盖"系统知识"的"学问",应该把"零碎堆砌"的知识,以鲜明的观点和理论原则组织起来,有条有理地进行阐述。文学研究领域,以文学为研究对象编写的《文学概论》,就是"一种科学的学问"。避暑山庄研究领域,也应该建立"一种科学的学问",编写出类似《文学概论》的著作。我们可以为这种著作,定名为《避暑山庄学概论》。

编写《避暑山庄学概论》,必须在思想上明确几个问题,其中包括《避暑山庄学概论》的研究对象、主要内容,编写的基本原则等。

一、《避暑山庄学概论》的研究对象

《避暑山庄学概论》的研究对象,既包括皇家园林避暑山庄,也涵盖与避暑山庄相关联的皇家猎苑木兰围场和皇家寺庙外八庙。

康熙二十年(1681年)设置的木兰围场,早于避暑山庄出现在清史上。康熙为什么要在塞外设置木兰围场? 为什么要选择蒙古喀喇沁、翁牛特部落的游牧地区作为猎场? 康熙为什么要在赴木兰围场的御路上建立行宫? 这些都是"避暑山庄学"研究的对象,也是《避暑山庄学概论》应该包括的内容。

晚于木兰围场的避暑山庄,创建于康熙四十二年。康熙为什么要创建避暑山庄,其具体缘由是什么? 避暑山庄的创建过程,大致经历几个阶段? 避暑山庄的景区分布,大致包括多少景观? 这些也是《避暑山庄学概论》要叙写的内容。

在避暑山庄建造过程中,构筑的一处处庙宇,共有十二处,因其中八处有定额喇嘛,并享受国家饷奉,所以被理藩院称之为"外八庙"。外八庙,即避暑山庄周围寺庙,不是一次建成的,而是随着历史的发展和政治需要,在不同时间建成的。每一座庙宇的建造,都有其具体缘由。对于外八庙中一座座庙宇建造的缘由与清帝的政治用意,是"避暑山庄学"应该着重研究的,也是《避暑山庄学概论》需要着重叙写的。

避暑山庄、外八庙、木兰围场,虽然是各自独立的,但又是互相结合的。避暑山庄与木兰围场相结合,是清帝肄武绥藩、行政运作的舞台。避暑山庄与外八庙相结合,便于清帝利用佛教笼络蒙古上层人物,团结众蒙藏牧民。以避暑山庄为轴,分别与木兰围场、外八庙相结合,使三者形成不可分割的整体,共同在实现国家统一、民族团结过程中发挥作用。因此,"避暑山庄学"必须把这三者都作为研究对象,《避暑山庄学概论》也应该把这三者的关系,作为重要内容来叙写。

二、《避暑山庄学概论》的主要内容

《避暑山庄学概论》拟题八章,其主要内容可以概括为三个部分。

第一部分,是对避暑山庄本体的研究,包括第一章避暑山庄的性质;第二章避暑山庄文化的组成部分;第三章避暑山庄的历史地位和作用。

第二部分,是研究避暑山庄与不同种类文化的关系,包括四章。第四章避暑山庄传承与弘扬中国传统文化,这一章的内容实质是研究避暑山庄与中国传统文化的关系。第五章避暑山庄继承与发展中国园林艺术,其实质是研究避暑山庄与中国园林的关系。第六章避暑山庄包容并展示自然美和艺术美,其实质是研究避暑山庄与美的关系。美是客观存在的现象,美的形态有多种,避暑山庄的美,主要是自然美与艺术美。叙写自然美与艺术美在山庄里的表现,是不可忽视的内容。第七章避暑山庄的兴衰与变化,其中需要深入探讨的内容,是山庄的兴衰变化与不同历史时期的政治与经济的关系,特别是与政治的关系更为重要。

第三部分,即第八章避暑山庄研究,主要是概述以往的避暑山庄研究成果。这一部分的内容量很大,既涵盖清代与民国时期的避暑山庄研究,也包括中华人民共和国成立后的避暑山庄研究。中华人民共和国成立后的研究成果,是极其丰富的,需要分门别类进行概述。

三、《避暑山庄学概论》的编写原则

(一) 可吸取已有成果但要自成体系

《避暑山庄学概论》,就其立意与策划而言,纯属首创;但具体的编写工作,离不开已有的成果。避暑山庄研究领域,以往的研究成果是很丰富的,并为《避暑山庄学概论》的编写工作奠定了基础。编写《避暑山庄学概论》,可以吸取已有的成果,但不能随意撷取。既要考虑全书的整体结构的需要,也要围绕每一章节的主导思想来选择和组织材料。特别值得提出的问题是:无论是全书,还是具体章节,都要有自身完整的体系。为了形成自身的完整体系,必须注意逻辑关系,力求各部分之间有内在联系。比如第五章,研究避暑山庄与中国园林的关系,标题为《避暑山庄继承与发展中国园林》。为了阐述得有系统,第一节以"中国园林源远流长"为题,概述中国园林的发展历程,并充分地展示其辉煌成就。然后,在第二、三、四节中叙写避暑山庄对中国园林的继承与借鉴以及在继承与借鉴基础上的创造与发展。显然,后三节的内容与第一节是存在着因果关系的,其内在联系极其紧密。因为有了这种内在联系,就使这一章的知识形成了系统。

(二)应以明确的观点与科学论述组织材料

《避暑山庄学概论》在研究避暑山庄一个个问题时,既要占有丰富材料,又应亮明观点和进行科学的论述。如果没有明确的观点与科学的论述,材料无论怎样丰富,也难以构成"科学的学问"。因此在研究问题时,首先要明确论题以及对此问题所持的观点,然后围绕这一思想观点组织材料,并以此为基础进行论述。比如第六章,研究避暑山庄与美的关系,应以"避暑山庄展示自然美与艺术美"为命题。"自然美"与"艺术美"都是美学中的术语,这就需要用美学中的观点和理论来阐释这两个概念。弄清了两个概念内涵以后,就要围绕"避暑山庄展示自然美与艺术美"这一基本观点选择和组织材料。然后具体地叙写避暑山庄的山水与林木花草的自然美以及建筑、雕塑、绘画、诗文碑联的艺术美,并以这些为依据,阐述避暑山庄展示自然美与艺术美的姿态,表明它具有很高的审美价值。

(三)应涵盖丰富而又准确的知识

著书立说重在知识,编写《避暑山庄学概论》也是如此。戴逸先生在《应该建立"避暑山庄学"》一文中说:避暑山庄"具有建筑、艺术、宗教、文物等多方面的价值,值得我们大力地从各方面加深对她的研究"。研究避暑山庄各种现象,可以获得丰富知识。如果能把这些知识纳入《避暑山庄学概论》,可以使读者从多方面了解和认识避暑山庄,这也是我们编写此书中的主要目的。涵盖丰富而又准确的知识,既是实现编书目的需要,也是编写过程中论述问题的需要。在编写《避暑山庄学概论》过程中,常常要针对一个个具体问题来立论,这种立论必须以丰富的知识为基础。如果没有知识的基础,空洞的论述是缺乏说服力的。比如第三章,研究避暑山庄的历史地位和作用,其中有一个立论:"清帝利用佛教成功地团结了众蒙古民族",为了论述这一问题,这一章介绍了佛教的起源,佛教传入中国后的发展历史,藏传佛教的形成以及蒙古民族笃信藏传佛教等方面的知识。以这些知识为基础,分析与论述清帝利用佛教推行"怀柔远人"政策的必要性,就可以得出富有说服力的结论。总之,编写《避暑山庄学概论》,不仅需要有丰富的知识,而且应该力求知识的准确性。因为,不准确的知识,会产生误导作用的。

原载于《河北民族师范学院学报》2013 年第 3 期。

关于大避暑山庄文化的思考

何 申

（承德日报,河北 承德 067000）

[摘 要] 避暑山庄是承德的灵魂,是中国团结统一的历史证明,是太平盛世的赞歌。由此形成丰厚的文化底蕴,承德人称其为大避暑山庄文化。承德虽然行政区域属河北省,但避暑山庄历史上直属朝廷,具体由内务府管理。它的文化内涵不属于燕赵文化范畴。

[关键词] 大避暑山庄文化;承德的灵魂;理念;燕赵之风

当避暑山庄肇建三百周年的日子越来越近的时候,我忽然感到有些不安。我知道这种不安是缘于一篇文章,那就是郭秋良先生数年前发表的《大避暑山庄文化刍说》。郭先生很客气,称自己的观点为"当说"。我想这里肯定还有另一层意思,即还有话有待细说、详说、完整地说,或者要等待一下各方面的反应后再说。略为遗憾的是,我们对此可能有些"迟钝"了,对这篇文章的研究和诠释没有及时跟上,故郭先生也就没往下说,这使人产生一些不安。

一

将承德的文化形态单独列出来说,我以为起码需要具备两个条件:一是要对承德的历史文化有深入的研究,有独到的见解,有理论升华的功力。二是要有些勇气,要敢于讲真话讲实话,敢于突破一些"框框",展示出思想解放的旗帜。

这不是一件容易的事,但郭秋良先生却做了。他的《大避暑山庄文化刍说》一文并不长,只有四千余字,比起他的《康熙皇帝》等文学作品,像是一篇短文。但如

77

果我们细细读来,就会觉出这篇文章分量很重,对承德及承德人十分重要。郭先生在研究了承德的历史之后,大胆地提问:承德地域的民族文化究竟是一种什么样的文化?

这又是一个很容易把人问住的问题。因为,在一个省份中,把某地(市)自己的文化单独列出来,还是不多见的。我们已习惯地将河南那里称为中原文化,将山东称为齐鲁文化。更何况,有关燕赵文化即为笼概整个现在河北省的文化的说法,在那时已经大力宣扬开来。在那种情况下,郭先生的这一提问,在旁人看来或许是犯忌讳自找麻烦,或许被认为是文人的性格癖好。恕我直言,这大概也是对此文章反应"迟钝"的原因之一。如此说来,倒是反应太"敏感"了,结果才变成"迟钝"。包括我自己,当初看到这篇文章,亦是眼前一亮,随即心头一紧,原因是不言而喻的。对此,我得实话实说,尤其是时间已经进入了新世纪,很多人都会非常肯定地说,承德的灵魂,就是避暑山庄和外八庙。而由此产生一些理论探讨,也就变得极为正常了。《河北日报》后来登了包括郭先生等人不同观点的文章,探讨"燕赵文化",就表明了这一点。

让我再把话题回到那篇文章中。郭先生说:"对这个问题,我们一直没有进行过认真的思考和研究。我们习惯于'燕赵多慷慨悲歌之士'的说法,一直认为承德属于'燕赵'的范畴,因而这里的文化也是'慷慨悲歌''燕赵风骨'。我想这与我们属于河北行政区有关。殊不知承德划归河北省也只是二十世纪五十年代末期的事。自古以来,它并不是以平原著称的河北的组成部分。清朝末期,热河都统直属'朝廷',避暑山庄则直属清廷的内务府……对承德的地域文化精神,我们应该有一个比较科学的说法——它的称谓可以叫做'大避暑山庄文化'……为了与北京的宫廷文化区别,我们可以称之为'亚宫廷文化'。"

翟向东先生生前是《人民日报》副总编,在承德工作多年,他是既有资历又有学问的人,他赞扬郭秋良先生是"第一个提出'大避暑山庄文化'说的人",给他不少启发,而对这一文化的研究,其"意义将更为深远"。翟先生写这些话时,是在1995年10月1日。那是国庆节,老先生伏案修书,字里行间浸透着对承德的一片深情,昔日于此地遭难的往事似俱不存矣,想起来令人敬佩。同时也愈发感到,是郭秋良先生的真知灼见打动了这位老领导、老前辈。

二

"大避暑山庄文化"的论说,对承德很重要。是不是可以这样说,这一独属承德特有的"文化",是承德强健的根脉所在。

道理说起来又很简单。遥想三百年前,在塞北这片水草丰美的山地里,如果不是康熙要建一座避暑山庄,那么也就不会有承德,也不会被列入《世界文化遗产名录》。

避暑山庄在清代最强盛的一个时代开始兴建,又在一个依然保持强盛的时代基本建成。于是,山庄内外就必然充溢着那个时代的自豪和骄傲。三座牌楼把御道通往离宫的最后一段道路打扮得庄严绚丽:"光天化日""九功惟叙""八表同风",这些牌楼横额,为国家久违的大一统局面和难得的太平年代作着文字表述。众多史料表明,承德(热河)在那样一种大文化的笼罩和熏陶中,数十年间由一个小小村庄,发展成商贾云集、道路通畅的塞北重镇。如此,才最终形成京城以北的一个省份,不仅在清朝,而且在中国近代史上产生过重要的影响。

避暑山庄是承德的灵魂。由此逐渐孕育升华出来的大避暑山庄文化,为承德在九州大地确定了重要的位置。直至今天,当中外游人来到承德,在未接触避暑山庄、外八庙,未感受其文化气息时,很难对承德有什么赞许的话要说。毕竟这座城市的容貌还不能与那些经济发达的城市相媲美。然而当他们只是匆匆地走上一遭,多看几眼,情形就立刻大变了,赞美之辞丰富了,喜爱的情感也出来了。他们说承德很美,说承德是中国北方的一颗明珠等等。其实我们都知道,那是透过景物在赞美一种文化,是在褒扬这种文化的内在之美。倘若只论山水庙宇,全国名山名寺何止万千,也未必能公推承德为首。然而这里一山一水一殿一寺,却有着其他地方没有的文化内涵:统一强盛的祖国,和睦亲密的民族,开放友善地对待邻邦、包容多元的理念等等。这些宝贵的大文化范畴里的丰富内容,在避暑山庄和它身旁这片布满绿色的山地里,表现得是如此和谐得体并淋漓尽致。

三

于是,我也就想到这大避暑山庄文化,对每一个生活在这里的承德人都很重要。承德在新中国成立初期曾是一个地域辽阔人口众多的省份。后来这个省撤销,承德变成了地区。又因为战备等原因,国家在此不便加大投入,终使这里基础弱、底子薄,即使今人加倍工作,目前经济仍处于欠发达水平,这是令大家都很着急的事。说起来,一个地方行政地位如何,对这个地方和百姓是十分重要的。数年前某县有一乡镇政府迁移,曾引起了所在村村民的反对,自言从此将失去"直辖村"的地位。一个乡镇尚且如此,何况一个省级建制。我们现在都承认,当年热河省的撤销，使承德元气大伤。而当时的政治和经济因素，无疑是产生这个决定的重要内因。我想，在那个特定的时代，政治是决定一切的，文化的作用是很微小的。设想一下，如果那时已经走到了今天这个样子，热河省有一种"大避暑山庄文化"为理论依托，并有看得见摸得着的这些山水，要一下撤了它，恐怕也不是件简单的事。而对于今日的承德人来说，有了这"大文化"的思想支撑，好多事情大概就好办多了。除了发展经济的大思路如何确定之外，还有些事，比如开辟承德这方天地的康熙皇帝的铜像，也许就不会搬来搬去，早安安稳稳地立在该立的地方了。当然，现实生活是复杂多变的，历史不可以重写。但从历史中总结些经验教训，还是能办得到的。《大避暑山庄文化刍说》在这方面作了可贵的探索，值得很好地研究与讨论。

　　原载于《承德民族师专学报》2003 年第 3 期。

避暑山庄文化点滴
——避暑山庄三百年文化沉思

李月明

（中共承德市委,河北 承德 067000）

[摘　要]　避暑山庄文化是一种特殊的文化现象,是康乾盛世的一种体现,是多民族国家团结统一的体现。它可以分为三个层次:避暑山庄文化的实物形态,避暑山庄的实物与意义的结合形态,避暑山庄文化的思想形态。

[关键词]　避暑山庄;文化;实物形态;实物与意义形态;思想形态

从 1703 年到 2003 年,避暑山庄灿烂的文化在世界的东方闪烁了三百年。

避暑山庄文化是避暑山庄能够屹立于世界遗产之林,辉煌古今的内在脊柱与灵魂。

避暑山庄文化是一种特殊的文化。它既是对中国传统文化的全面继承,又是对多民族文化的广泛吸纳,同时也是在继承与吸纳基础上的发展。从文化形成的角度看,不论表现形式和基本特征多么不同,但就其根本上来说还是一元的。各种不同的文化在最高境界上都是相通的,都是作为人类自身精神与物质力量的表现和人的本质的反映。文化是人类的灵光,同时也是灵光照耀下的人的本质。不同民族、不同地域的文化具有自己鲜明的特征及表现方式。失去了个性特征,也就失去了人类文化的共性。这也就是鲁迅所说的"越是民族的越是世界的"。一个国家或一个民族的文化现象也是如此,它是由本民族五彩缤纷的多种民族文化与地域文化所构成的。避暑山庄文化是在中华民族传统文化的大背景下,在承德这一特殊地域内,在多民族长期交往交融的过程中,在康乾盛世的历史时期里,形成的具有自己鲜明特性的一种文化类型。正如中国社会科学院研究员、联合国教科文组织《人类科学文化发展史》国际编委会中国代表庞朴先生说的那样："文化既是一元的,向前发展的;同时,在不同条件下,不同民族的人们所形成的文化又是各自具有自己特点的一些不同类型。"避暑山庄文化正是如此。

治政特性是避暑山庄文化的本质属性。这种文化的治政特性又是通过造园艺术、建筑艺术、宗教艺术等多种不同的艺术形式表现出来的。在这里,艺术,是治政属性的表现形式。当我们游览避暑山庄时,首先看到的是风景幽美的园林和气势雄伟的寺庙,但却蕴含着明确的政治目的和政治思想。政治的本质被艺术的外衣给包裹起来了。这正是避暑山庄及周围寺庙等区别于其他园苑与寺庙的特点所在,也正是避暑山庄独具吸引力与震撼力的内蕴所在。

避暑山庄的景物不仅会使你赏心悦目,它的内涵更令你心灵震撼。这一点,曾引起了古今中外许多人士的共鸣。在乾隆时期访问过避暑山庄的朝鲜著名学者朴趾源把对它的感受写进了《热河日记》中,他说："热河乃长城外荒僻之地,天子何苦而居此塞外荒僻之地乎？名为'避暑',而实为天子自备边也。"他的学生柳得恭在《滦阳录》中也对此表达了感叹："窃观热河形势,北压蒙古,右引回回,左通辽沈,南制天下,此康熙皇帝之苦心,而其曰'避暑山庄'者,特讳之也。"这两位朝鲜学者的感受,可谓摸到康熙的脉搏。学人余秋雨先生游览避暑山庄时也获得了相同的感受。他说："北京的故宫把几个不同的朝代混杂在一起,谁的形象也看不真切,而在这里,远远的、静静的、纯纯的、悄悄的,躲开了中原之气,藏下了一个不屡杂的清代。它实在对我产生了一种巨大的诱惑……"

"说是避暑,说是休息,意义却又远远不止于此,把复杂的政治目的和军事意义转化为一片幽静闲适的园林,一圈香火缭绕的寺庙,这不能不说是康熙的大本事。然而,眼前又是道道地地的园林和寺庙,道道地地的休息与祈祷,军事和政治消解得那样烟水葱茏、慈眉善目,如果不是那些石碑提醒我们甚至连可以疑惑的痕迹也找不到。"这位余先生可以称得上是山庄的知音了。

久居承德的作家郭秋良先生在《山庄湖色》中也表达了他独特的感受。他说："当你走进山庄的丽正门,从玲珑精致的宫殿区开始,而后是峰峦叠翠的山区,景色明丽的湖区,漫游山庄诸胜时,那么,你就会亲自领略到,那以山林野趣为特色的塞外风光,远比挂在墙上的名画更有生命力,更富牵襟扯裾的力量。可以毫不夸张地说,山庄里每一颗明珠,无不使人观之辄喜,每一处胜景,无不令人流连忘返。"

"以正宫的正殿'澹泊敬诚'领衔的宫殿群,清晰地在下湖水面上伫立。画面是宁静的,我似乎隐约听到了遥远的鼓乐声,眼前仿佛出现了康熙和乾隆在'澹泊敬诚'殿接见蒙、藏、回、维吾尔、苗等少数民族上层人物的盛大场面……这水中静静的宫殿啊,好像一部活的历史,记载了清王朝由盛到衰的过程。"赏心悦目的是山庄的景物,引起心灵震撼的是山庄景物内蕴含的政治思想。这是其他风景区很少含有的一种超越景物之外的灵魂。

十七世纪中叶,尽管民族歧视和民族矛盾仍然存在,但从总的趋势看,全国各民族从隔离、对抗开始走向和解与共处。南北民族之间以长城为界互相征战、防御的局面基本结束了。但是,各民族间的矛盾还没有最后的真正消除,局部的民族冲突有时还相当激烈。特别是康熙二十年(1681年)清廷平南方的"三藩之乱"以后,北方的形势又日益严峻起来,沙俄在黑龙江上大肆烧杀,准噶尔蒙古骚扰各地。这时,康熙不得不把战略重点由南方转向北方。康熙为了加强北部边防,一方面训练军队,强化武备,一方面加强与北部民族的联系,在原属蒙古喀喇沁部和翁牛特部的地域内设置木兰围场。康熙经常来到这里,一方面"肆武绥远",一方面在这里的行宫处理清军与俄军作战的军务。这里,成了处理军政要务的枢纽。避暑山庄就是在热河行宫的基础上发展起来的。因此,可以说避暑山庄是清朝帝王为加强北部边疆地区的管理,团结北方少数民族,建设"塞上雄藩",以实现其"合内外之心,成巩固之业"的政治目的而建立的。

从大的空间上看,避暑山庄处在南向浩瀚渤海,北依绵延坝上,七老图山和燕山山脉东西并峙,使这里成为北京的门户和连接华北平原、蒙古高原以至俄罗斯的天然走廊和重要通道。这种特殊的地理位置,决定了这里自古以来就是中原农耕民族与北方游牧民族进行经济贸易、文化交流、政治往来和发生军事冲突的重要地区。特别是出古北口经喀喇河屯(今承德市滦河镇)至木兰围场一段是北京通向内蒙古、喀尔喀蒙古、黑龙江直至俄国远东地区的交通要道,同时也是清朝最高统治者在北方的重要活动路线。例如康熙去主持历史上有名的"多伦会盟"就是经这条通道北上的。清廷使团与沙俄谈判划分中俄边界是经过这条通道抵达尼布楚城的,俄国使团也是经由这条通道抵达北京的;十万清军大败厄鲁特蒙古领主噶尔丹走的是这条通道;康熙亲自率军歼灭噶尔丹主力向漠北克鲁伦河推进也是走的这条通道。木兰围场建立以后,这条通道的作用就更重要了。而承德正处在这条通道的中间,是处理朝政的理想之所,加上这里自然环境优美、气候宜人,更为清帝所独钟。正如《避暑山庄记》和《御制避暑山庄诗跋》中说的那样,这里"去京都至近,章奏朝发夕至,综理万几,与宫中无异","自京师东北行,群峰回合,清流萦绕,至热河形势融结,蔚然深秀。古称西北山川多雄奇,东南多幽曲,兹地实兼美焉,盖造化灵淑特钟于此"。在这么重要的地理位置,有这么幽美的自然环境,实在是建立行宫不可多得的地方。

避暑山庄在置景上采取象征与集萃的手法,把治政思想融入造园之中,使治政思想与造园思想紧密结合,水乳交融。在避暑山庄的布局大势上,它以其东南湖区、西北山区、中部平原区及东低西高的走势,模拟了中国地形的大势,使整个山庄酷似中国东南西北中广袤河山的微缩模型。在避暑山庄景物的选取上,采用移、仿、创全国各园胜景的办法,荟萃全国名园胜景于一园,表达了"普天之下,莫非王土;率土之滨,莫非王臣"的思想。对避暑山庄景物数量的命名也是采取附会道教仙话的方法,来表达康熙"居心思道赅"的思想。在避暑山庄与周围寺庙的关系上,以避暑山庄为主体,周围寺庙以众星拱月之势环列其外。

避暑山庄是兼具理朝听政之所与休息豫乐之用的宫苑。周围寺庙是融注了清帝皇权思想与治政功用的皇家寺庙。从1703年避暑山庄始建到1861年这一百五十八年之中,清王朝的十位皇帝中就有七位皇帝在此驻跸。特别是康乾时期,几乎每年有半年的时间在这里处理朝政和接见外国使节。因为有了这种特殊的政治功用,许多在清代历史上产生重要影响的事件都发生在这里。1754年6月,乾隆皇帝在避暑山庄澹泊敬诚殿召见毅然率万余之众翻过阿尔泰山,从额尔齐斯河流域投奔清军驻地乌里雅苏台的厄鲁特蒙古杜尔伯特部首领策凌、策凌乌巴什和策凌孟克,在这里接受册封爵位。同年十二月,乾隆皇帝又以接见"三策凌"的规格,接见了来自厄鲁特蒙古辉特部台吉阿睦尔撒纳。1755年十一月,乾隆皇帝在万树园大宴厄鲁特蒙古四部上层贵族,庆祝平定准噶尔达瓦齐割据势力的胜利。从乾隆皇帝在避暑山庄内仅1754年六月到1755年十一月这段不足一年半内的政治活动安排,就足以看出避暑山庄的政治功用。可以说,中国十八世纪的政治和外交风云,有很多是在这里汇集的,中国十八世纪民族团结和祖国统一的诗篇有很多是在这里书写的。

避暑山庄的政治功用性是很强的,绝非为了消遣娱乐、游山玩水而已。正如乾隆说的:"我皇祖建此山庄,非为一己之豫游,盖贻万世之缔构也。"康乾的高明之处在于他们把这种刀光剑影化成了一片云容水态,一片青松绿屿。为此康乾两帝亲自对山庄及外庙的景物进行谋划,对他们的政治灵魂进行了艺术化的包装。清代张玉书在《扈从赐游记》中曾记载:山庄外庙景物"先后布置,皆由圣心指点而成。未成之时,人不知其绝胜;既成之后,则皆以为不可易也"。在景物设置上终于达到了"宇内山林,无此奇胜,宇内园亭,无此宏旷"的效果,在其内涵上达到了"避暑山庄者,玉塞之神皋、金庭之奥城"的含蓄、深邃的效果。有人形象地说,避暑山庄给中国古代文化艺术画了一个圆满的句号。

造园文化。避暑山庄是中国帝王宫殿与皇家苑囿相结合的典范。中国古代宫殿和园林建造几乎与中国古代文明史同步,二者经历了由分设到结合的漫长历史过程,到避暑山庄的建造二者才达到了完美的统一。避暑山庄的总体布局是前宫后苑,宫殿区位于山庄南部,为起居和理朝听政之所。宫的部分所占面积虽然比苑的部分小得多,但却起着控制全园的作用。作为"理朝听政"之所的宫殿区与自然环境融为一体,具有特殊的园林艺术价值。避暑山庄作为古代帝王苑囿,在古代建筑史上,第一次实现了皇家寺庙群的完美结合。位于寺庙群落中心的避暑山庄,园中有庙,是一座寺庙众多的园林;周围寺庙群落,庙中有园,使之成为具有园林特色的寺庙。避暑山庄及周围寺庙还把自然景观与人文景观结合在一起,使这里的人文景观巧借自然、融入自然,又升华自然,形成一种自然与人文天成合一的境界。康熙在《芝径云堤》诗中就表达了这种思想。他写道:"君不见,磬锤峰,独峙山麓立其东。又不见,万壑松,偃盖重林造化同。"在这些自然景色的前提下,按照"自然天成地就势,不待人工假虚设""宁拙舍巧治群黎"的造园思想,避暑山庄才建造得如此特色鲜明。

建筑文化。把政治思想用建筑的形式体现出来,这不能不说是康乾的又一大创造。在避暑山庄的周围寺庙中,建筑成了康乾两帝的凝固的思想。从外观上看,避暑山庄朴野淡雅,虽然是皇帝的夏宫,却一片青砖灰瓦,不饰彩绘,大有北方民居的风格。与此形成鲜明对照的是体量巨大、规模宏伟的周围寺庙,它们大多是使用鎏金铜瓦或琉璃瓦覆顶,一眼望去,一片金碧辉煌。在这鲜明的对比中,使你感到的不是皇园的简陋,而是其蕴含的深刻。在建筑形式上,避暑山庄内的建筑则采取以汉式为主体的建筑方式,以显示少数民族吸收汉文化的实力与气魄;山庄外的寺庙则采取汉式、藏式、汉藏结合三种不同的建筑方式,以显示其兼容并蓄、借鉴融通与遐迩一体的政治手段与愿望。

文学艺术与宗教文化。避暑山庄及周围寺庙将中国传统文化的各种思想与手段都尽可能地应用到了极致,使中国传统文化艺术多方面的成果都得到了充分的体现。在这里珍藏的《四库全书》和《古今图书集成》成为中国传统古籍的总汇,亭台楼榭及各种自然景点的匾额、楹联、碑刻,代表了清代宫廷书法、语言艺术的最高水平,为康乾的政治思想作了最直白的解说。宗教思想的运用不仅达到了儒、道、佛三大传统宗教的相互融通,而且在"谁言儒教异佛教,试看不同有大同"的思想指导下,使宗教与皇权政治达到了互通为一的最高境界。

一切艺术的审美活动都是虚与实的统一。避暑山庄文化之所以具有很强的魅力,其中最重要的原因也就是艺术手段与政治思想上达到了完美统一。《老子》在《道德经》开篇就说:"道可道,非常道;名可名,非常名。"又说:"天下万物生于有,有生于无。"道虽是"有"与"无"的统一,即"实"与"虚"的统一,但"无"即"虚"居于矛盾的主导方面,"有"即"实"是以"无"即"虚"为基础的。避暑山庄正体现了这种哲学思想,它本质上以康乾政治思想为"实",以造园、建筑等艺术手段为"虚",通过化实为虚、化虚为实、虚实相生等艺术化的处理,忽而"以实为虚,化景物为情思",忽而"虚而为实,是在笔墨有无间",把治政思想注入造园、建筑等艺术形象之中,"因心造境",虚实相生,使山庄景物与情思境界完美结合。康熙乾隆对这种虚实相生的杰作也颇为得意,曾经感叹道:"无用居然成有用","尚有未宣之深衷"。情景交融的园林与建筑,使避暑山庄及周围寺庙才具有了如此的生命力。

避暑山庄文化中的虚实问题分为三种形态,即实物形态、实物与意义的结合形态和纯粹的思想形态。这三种形态,实质上也就是避暑山庄文化在表现形态上呈现出的纵向文化结构的三个层次。这三个层次,就像一座三层宝塔,每层既相互独立,层与层之间又相互依存。三个层次的完整结合,共同构成了避暑山庄文化之塔。

第一个层次是避暑山庄文化的实物形态。在这个层次中,全面具体地展示着造园艺术、建筑艺术的视觉效果,是避暑山庄文化本质的表现形式,是创造避暑山庄文化的主导者康乾两帝主体意识的直接客体化。当你走进避暑山庄,你会看到在一片真山真水间巧妙布置着朴野淡雅的宫殿、风光如画的苑景和金碧辉煌的寺庙。此时,你也许并不能体悟这些实物所包含的内蕴,但你一定会感受到我国古代造园、建筑艺术的优秀与辉煌,感受到自然与人文相融合的艺术生命力。

第二个层次是避暑山庄的实物与意义的结合形态。在这个形态,实物变成了意识化的实物,意识变成了实物化的意识。这个形态在提供给人实物现象的同时还提供给人实物的意象。这里"景无虚设","皆由圣心指点而成",因此,这里的实物景色,都具有意识化的特点,是"以心造境"的产物。揭示景物的意识化特点,是研究避暑山庄文化的重要步骤。这种意识化特点从宏观上反映在避暑山庄的整体营造上,在微观上则反映在具体置景上。康熙在《避暑山庄记》中写道:"静观万物,俯察庶类。文禽戏绿水而不避,麋鹿映夕阳而成群。鸢飞鱼跃,从天性之高下;

远色紫氛,开韶景之低昂。一游一豫,罔非稼穑之休戚。或旰或宵,不忘经史之安危。劝耕南亩,望丰稔筐筥之盈。茂止西成,乐时若雨旸之庆。此居避暑山庄之概也。至于玩芝兰则爱德行,睹松竹则思贞操,临清流则贵廉洁,览蔓草则贱贪秽,此亦古人因物而比兴,不可不知。人君之奉,取之于民,不爱者,即惑也。故书之于记,朝夕不改,敬诚之在兹也。"乾隆在《避暑山庄后序》中写道:"若夫崇山峻岭,水态林姿,鹤鹿之游,鸢鱼之乐,加之岩斋溪阁,芳草古木。物有天然之趣,人忘尘世之怀,较之汉唐离宫别苑有过之无不及也。若耽此而忘一切,则予之所为膻芗山庄者,是设陷阱,而予为得罪祖宗之人矣。"康乾的这些主观意识,在具体实景中得到了充分体现,并通过题匾、撰联、题诗等方式进行了揭示与暗示。比如康乾对月色江声的题诗,使观赏者的思绪沿着超越景物之外的思想发展,领略清帝在月明星稀之夜,来此静坐,手执《周易》一卷,心通尧舜,悠然意远的心态。乾隆在月色江声门殿以北的静寄山房题诗道:"山庄无不静,是处静无过。远俗遥遮岭,澄怀近绕波。最宜读《周易》,况值幸时和。寄兴非关动,神尧诏我多。"这个形态,是由实物形态向思想形态发展的过渡形态,是在审美活动中完成的。这种景物的意识化,多数是为造园服务的,皇帝的题诗、题匾、题联也多数是为表达一时感慨陆续完成的,从中虽然可以窥见清帝的心迹,但还难以对其政治思想作出准确全面的把握。因此在这个层次基础上还必须循阶而上,进入到避暑山庄文化的第三个层次。

第三个层次是避暑山庄文化的思想形态。这个形态,包括作为清朝第二个政治文化中心的避暑山庄文化区域所形成与体现的康乾政治思想、社会制度等等在内的全部思想内容及思想成果。其中尤以清帝处理民族问题、巩固北部边防、实现祖国统一的重要思想为核心。这是避暑山庄文化的根基与精华,也是避暑山庄文化形成与发展的源泉。概括地说,其核心内容有三条:一是"经文纬武",二是"绥远怀柔",三是"为政以德,三教并用"。这些解决民族问题的主导思想,是山庄文化政治特性的本质与核心,是使山庄文化构成艺术化的政治文化的根本所在。

总之,避暑山庄文化博大精深,我们对它的认识还仅仅是初步的。

原载于《承德民族师专学报》2003年第3期。

避暑山庄文化反映"康乾盛世"政治与经济

樊淑媛

（河北民族师范学院 老干部处，河北 承德 067000）

[摘　要]　"康乾盛世"是清代特定历史时期，其政治与经济得到空前发展和繁荣，避暑山庄从不同侧面反映了"盛世"时期的政治经济。清政府的政治权威和经济实力，都能从这座地处塞外的皇家园林及其所开展的活动中，窥见其具体表现。

[关键词]　避暑山庄；康乾盛世；政治权威；少数民族；经济实力；国库储存

马克思说："不是人们的意识决定人们的社会存在，而是人们的社会存在决定人们的意识。"用这一观点来分析文化与政治经济的关系，可以得出这样的认识：一定历史时期的文化，是受一定历史时期的政治与经济制约和决定的，而又反映一定历史时期的政治与经济。毛泽东同志在《新民主主义论》里说："一定的文化（当作观念形态的文化）是一定社会政治和经济的反映，又给予伟大的影响和作用于一定社会的政治和经济；而经济是基础，政治则是经济的集中表现。"

创建于 1703 年的避暑山庄，是清代历史的产物，就其本质属性而言，它属于文化范畴。一方面，它受清代社会的政治经济制约和决定；另一方面，它又反映清代社会的政治与经济。"康乾盛世"是清代特定的历史时期，它的政治与经济得到空前发展与繁荣，避暑山庄从不同侧面反映了"盛世"时代的政治与经济。

一、山庄反映"盛世"时期清政府的政治作为与权威

"康乾盛世"也可理解为"康雍乾盛世"，在政治上康雍乾三代坚持国家"大一

统",制定并实行正确的民族政策,清除"边患",安定边疆,从而体现出长治久安的局面。入关前,清朝已建立了满蒙汉政治联盟;入关以后,康熙明确提出废长城、"中外一家"的战略思想,把国家"大一统"的政治理想与实践紧密结合起来,取得了卓越成效。

由于康雍乾三朝的治国方略及政策长期保持连续性和统治集团的稳定性,因而从康熙至乾隆三朝百余年,清王朝国力不断增强,军队一直保持较为旺盛的战斗力。康熙时,成功地平定"三藩之乱",并收复台湾,又两度北击沙俄、三次征讨噶尔丹以及西南入藏作战。雍正时,圆满地结束西北再战噶尔丹、西南平土司之乱。乾隆时,南北征战,甚至出入异国,艰辛备尝,付出重大牺牲。一次次战斗,充分显示出包括满洲、蒙古、汉军八旗军以及绿营兵,都具有坚强的战斗意志和保卫国家安宁的力量。强大的国势、雄厚的军事力量,以及清政府的政治作为,提高了清王朝的政治权威。无论是国内的少数民族,还是国外的朝贡国,都因清王朝国力强大而产生不能不臣服的感受,就连跟清政府只保持贸易往来的西方国家,虽有野心但也不敢轻举妄动。对于康乾盛世时期清政府的政治权威,避暑山庄是有具体反映的。

(一) 山庄反映"盛世"时期清政府在少数民族中的政治权威

长期生活在东北地区的满族,同边疆许多少数民族都有来往,特别是跟蒙古少数民族的交往更多。明末清初,蒙古族分为三大部:漠南蒙古、漠北蒙古(喀尔喀蒙古)、漠西蒙古(厄鲁特蒙古)。明朝后期,漠南蒙古各部互不相属。大清王朝的先祖努尔哈赤,基于对明作战的需要,强调满族与蒙古"服制亦类",积极团结蒙古民族。皇太极同努尔哈赤一样,把蒙古民族视为对明作战可依靠的力量,他采取的方针是"慑之以兵威,怀之以德",二者相比更偏重于"怀之以德"。这一方针的主旨,就是在军事压力之下,用怀柔政策使蒙古来归于我。大约经过九年时间,皇太极终于统一了漠南蒙古。康熙继承并发展了皇太极的民族政策。康熙二十年(1681年)于塞外设置木兰围场,后来又创建避暑山庄。康熙以木兰围场和避暑山庄为政治舞台,进一步推行皇太极曾执行过的方针政策,他来往于木兰围场和避暑山庄,蒙古王公首领陪伴在身边,并推心置腹地交谈,这不仅密切了皇帝与蒙古民族的关系,也增强了蒙古上层人物对清政府的敬仰与诚赖,提高了清政府的政治权威。康熙五十二年,正逢康熙六十大寿,有蒙古各部王公贵族前来祝寿,并恳请建造寺庙,以示祝贺。康熙允其所请,在避暑山庄之东,建"溥仁寺""溥善寺"两座寺庙。康熙在《御制溥仁寺碑记》中说:"康熙五十二年,朕六旬诞辰,众蒙古部落,咸至阙廷,奉行祝贺,不谋同辞,具疏陈恳,愿建刹宇,为朕祝釐。","借诸藩祝朕之忠诚,为万方祈纯嘏之锡。爰纪斯文,勒诸贞石"。康熙的碑文反映众蒙古部落的首领,都诚心诚意为康熙祝寿,并"不谋同辞"恳请建庙宇以示祝贺,其陈述之态度极为诚恳。由此可见,康熙在众蒙古部落中具有很高的威望,蒙古民族对康熙及其所代表的清政府是极其敬重而又诚服的。这种敬重与诚服显示了康乾盛世时期,清政府在少数民族中具有很高的政治权威。

　　乾隆皇帝对待少数民族,继续执行先祖"慑之以兵威,怀之以德"的方针。由于蒙古族笃信喇嘛教,乾隆更注重利用宗教并通过上层喇嘛笼络蒙古王公贵族,控制蒙古牧民。乾隆的举措,不仅使蒙古牧民和王公贵族感到贴心,而且博得了宗教领袖的信赖。乾隆四十五年(1780年),班禅六世主动请示来热河为乾隆祝贺七十寿辰。为了迎接班禅六世来避暑山庄,仿班禅居所扎什伦布寺,修建了须弥福寿之庙。乾隆在《须弥福寿之庙碑记》中说,"上以扬历代致治保邦之谟烈,下以答列藩倾心向化之恉忱",坦露了其建庙的用意。由于清政府既利用又控制喇嘛教,相当成功地处理了蒙藏问题,增强了各民族对清王朝的向心力。这种向心力,深蕴各少数民族对清王朝的诚服与崇敬,反映了清王朝在少数民族中的威望。清王朝在少数民族中的威望,最突出的表现是达什达瓦迁居热河与厄鲁特蒙古土尔扈特部从伏尔加返回祖国这两大历史事件。

　　达什达瓦是准噶尔蒙古的一支。乾隆十年准噶尔部噶尔丹策凌死后,准噶尔贵族间长期混战。清政府为平息割据斗争而进军西北,达什达瓦之妻深明大义,率领该部六千余人,在阿睦尔撒纳发动叛乱时,毅然离开原来的牧地,向清军驻地靠拢,并参加了平定阿睦尔撒纳叛乱的战斗。乾隆二十一年,经长途行军,达什达瓦迁至喀尔喀蒙古鄂尔浑河畔。次年,达什达瓦弟妻(达什达瓦弟伯格里之妻)请示迁至内地,于乾隆二十四年五月,分两批到达热河。清政府将他们编九个佐领,归入热河驻防八旗,发给粮饷,并在普宁寺周围建房千余间,让他们安家落户。乾隆二十九年,乾隆在武烈河以东的山冈上,仿伊犁固尔扎庙的样式修建了安远庙,供他们瞻养朝拜。继达什达瓦部迁居热河之后,乾隆三十六年厄鲁特蒙古土尔扈特部历经千辛万苦,从俄罗斯的伏尔加河返回祖国。回到祖国后,以渥巴锡为代表的九名土尔扈特贵族首领,立即赶赴热河接受乾隆皇帝的召见。乾隆热情接见他们,并对渥巴锡等人给予封赏。事后乾隆撰写《土尔扈特全部归顺记》《优恤土尔扈特部众记》两篇碑文,以示纪念。以上两桩历史事件,既反映蒙古民族对清政府的拥戴、信赖与向心力,也表明清政府在蒙古民族中,具有很高的政治权威。

（二）山庄反映"盛世"时期清政府在朝贡国中的政治权威

清朝以武功定天下，"威震殊方"。当时，相邻的许多国家都向清朝称臣纳贡，成为藩属国，或称朝贡国，并形成了朝贡关系，或称朝贡体系。这种朝贡体系的核心是清政府，被视为宗主国。据日本学者滨下武志研究，在中国主导下的"朝贡体系"，有以下三个方面的特点：其一，由宗主国提供国际性安全保障，朝贡国因此而不必保持常设性军事力量，这意味着区域内部矛盾不必诉诸武力解决；其二，宗主国在朝贡体系中，对朝贡国实行保护性的无关税交易，为朝贡国提供极富吸引力的商业机会；其三，朝贡体系所蕴含的理念，有两个方面的含义，就宗主国而言，清朝皇帝的恩德教化四海，涵盖不同性质的文化，就朝贡国而言，只要履行一定的礼仪程序，就可以在朝贡体系中与其他进贡区域接触。

据《清帝列传·乾隆帝》介绍，康乾盛世时期，与清朝保持朝贡关系的主要有以下一些国家：朝鲜、安南、缅甸、暹罗、南掌、苏禄、廓尔喀。以上诸多朝贡国，对清政府向心力很强，他们络绎不绝奔赴避暑山庄朝见清朝皇帝。比如，乾隆五十五年，正逢乾隆八十大寿，来避暑山庄为皇帝祝寿的人很多，其中有安南使团一百八十四人，南掌使团十五人，朝鲜使团三十余人，缅甸使团三十二人。许多朝贡国来避暑山庄为乾隆祝寿，既表明乾隆皇帝受到朝贡国的尊敬与崇拜，也反映了康乾盛世时期清政府在朝贡国家具有很高的政治权威。为什么清政府在朝贡国家具有很高的政治权威呢？究其原因主要有二。其一，"慑之于兵威"。前文提到的朝贡国，多半是以武力征服的，诸如安南、朝鲜、廓尔喀，都曾兵败于清军而请求入贡。其二，服之于怀柔，乾隆对待朝贡国，也像对待国内少数民族一样，遵循"怀柔远人"的原则，待之以礼。清朝与这些国家的关系，名义为藩属，实际是平等关系。清朝对这些国家从来没提出过任何领土要求，绝对不干涉其内政。因而，各朝贡国对清王朝是心悦而诚服之。

在外交方面，康乾盛世时期，除了与朝贡国之间的关系以外，还与西方十几个国家贸易往来。诸如葡萄牙、荷兰、西班牙、英国、法国、意大利、比利时、丹麦、瑞典、奥地利等。乾隆在处理中外关系方面，其基本准则是："秉公持正，令其感而生畏"，"思患豫防，不可不早杜其渐"。在众多的西方国家中，英国同清王朝往来最多。英国是一个心怀侵略野心的国家，乾隆五十八年英国打着"因前年大皇帝八旬万寿，未及庆祝，今遣马戛尔尼进贡"的旗号来到中国，其名为"祝寿团""贡使团"，实际上是英国资产阶级为打开中国门户的"先遣团"。为了接待英国代表团时做到"经理得宜"，乾隆强调"至接待远人之道，贵于丰俭适中，不卑不亢"。这些原则和指导思想,在避暑山庄接待活动中有具体反映。乾隆在避暑山庄万树园热情接待英国使者马戛尔尼,但对英王国王和马戛尔尼提出的政治经济要求毫不让步。他用"断不可行""皆不可行""亦属无用""皆有定例""岂能拨给""尤属不可"等准确明白的语句,给予彻底拒绝。乾隆的态度使英国资本主义者感到不满,其侵略野心仍然不死,但因迫于清王朝强大的国势和政治权威,未敢轻举妄动。

二、山庄反映"盛世"时期清政府的经济实力

康乾盛世时期,清王朝之所以在国内少数民族和国外朝贡国中具有很高的政治权威,是因为有坚实的经济基础。雄厚的经济实力,博得了少数民族和周边国家的尊重与信赖。避暑山庄具体地反映了康乾盛世时期清王朝的经济实力。

(一)山庄造园的发展反映"盛世"经济实力雄厚

避暑山庄不是一次建成的,从康熙到乾隆,先后历经八十多年时间。不同历史时期,不同社会背景,不同经营思想,山庄前期与后期,呈现出不同风貌。

始创于康熙四十二年的避暑山庄,处于康乾盛世初期,社会经济尚不发达,清王朝国库储存并不丰厚。因此,康熙经营避暑山庄的主导思想是强调俭朴、崇尚自然、力戒奢华。他在《芝径云堤》诗中说:"命匠先开芝径堤,随山依水揉辐齐。司农莫动帑金费,宁拙捨巧冶群黎。"这四句诗,反映康熙以崇尚自然为指导思想。所谓"随山依水揉辐齐",意为山庄造园,不以豪华的壮貌与宏伟的建筑规模见胜,而是根据自然的地形地貌,把建筑置于山水之间。这样造园,不必大动土木工程,而是在自然山水基础上稍微加工即成。在康熙造园思想指导下,避暑山庄是以"化大为小"的方法,使园林建筑分散于自然山水之中。康熙为什么取"随山依水"、崇尚自然为造园的指导思想呢?原因之一,山庄自然条件好,有山地、有湖沼、有壑谷、有平原。复杂多样的地形地貌,可以做到景随形转、建造风格多样的园林景观。原因之二,是与经济条件有关。康熙时期虽然历经由乱入治,农业生产和社会经济都有所发展,但国库存银并不充足。所以康熙特别强调山庄造园"莫动帑金费",要本着节约的原则少花钱,不要动用国库银两。

乾隆经营避暑山庄,始于乾隆六年。从乾隆六年到乾隆十九年,这一时期正值清朝快速发展阶段,"康熙盛世"已步入发展高峰,社会经济呈现出全面发展繁荣的景象。避暑山庄不仅处于蓬勃发展阶段,而且充分发挥其政治中心作用。由于国内少数民族王公贵族、宗教领袖以及周边国家的朝贡国使者,纷纷来山庄拜见清帝,这使清帝经营山庄的思想也逐渐发生变化。在乾隆看来,由于木兰秋狝活动的

开展,随围的蒙古贵族的增加与朝觐制度的健全,经营山庄不能不注意观瞻效果,他说:"予承国家百年熙和之合,且当胜朝二百余年废弛之后,不可无黻饰壮万国之观瞻。"由于乾隆经营山庄思想,内含园林观瞻效果,他在维修、扩建山庄景观时,很注重外观的装饰之美。比如,乾隆十九年翻修澹泊敬诚殿时,就把原来一般木料换成名贵的楠木,并加以精工细作,充分显示出皇朝的庄严与富贵。再如,乾隆为了"壮万国之观瞻",他在山庄内增建殊原寺、广元宫、梅檀林等庙宇时,一改山庄朴实无华的风格,既采取彩绘装饰,又用琉璃瓦覆顶,彰显其辉煌灿烂的风貌。应该指出,最能"壮万园之观瞻"的建筑,是山庄周围的寺庙。舒乙先生,对避暑山庄周围寺庙中几座庙宇进行了具体描绘:"普陀宗乘之庙有大金顶,有宏伟高达18米的大红台,有高25米的大白台;须弥福寿之庙也有大金顶,而且有八条金龙,各一吨重;安远庙有琉璃黑瓦顶;普宁寺和普乐寺则各有黄琉璃瓦顶。这些组成了一种颜色的大汇展,而且气派高贵,远看有远看的意境,近看有近看的体验感受,特别是在阳光照耀下,光芒四射。显然是大手笔的制胜……"舒乙热情赞美山庄周围寺庙"气派高贵"。读舒乙先生的文字,不能不思考这样一个问题:避暑山庄周围寺庙,为什么能营造得如此辉煌呢?究其原因,自然会想到,这与乾隆"壮万国之观瞻"的经营思想是有关系的。如果进一步思考,就会想到另一个原因,那就是康乾盛世的经济实力,这是更为重要的原因。经济是基础,没有雄厚的经济实力作基础,是难以成就如此之大的壮举的。

乾隆为了"壮万国之观瞻",他经营避暑山庄与山庄周围寺庙,是不惜花费重金的。我们从一些文史资料中抄录几笔数字,足以作为佐证。

澹泊敬诚殿(翻修工程):七万一千五百二十五两一钱七分(北京故宫博物院明清档案部藏)

永佑寺舍利塔:二十万九千二百四十两三钱三分(内务府奏销绿头牌白本档案)

文园狮子林:七万六千三百七十九两(内务府奏销档)

文津阁:三万零九百零一两六钱(内务府奏销档)

戒得堂:三万七千九百二十七两三钱九分五厘(内务府奏销档)

烟雨楼:三万五千六百三十九两四钱一分(内务府奏销档)

采菱渡(翻修工程):三万九千一百零二两一钱七分五厘(内务府奏销档)

食蔗居:一万二千一百一十一两七分五厘(内务府奏销档)

山近轩:三万零七百二十五两五钱五分八厘(内务府奏销档)

珠源寺宗镜阁：五万五千六百六十三两七钱六分(内务府奏案)

碧峰寺：十一万五千六百五十二两二钱九分一厘(内务府奏案)

碧峰寺周围风景油饰裱糊费：一万五千八百八十八两九钱三分(内务府奏案)

广元宫：六万五千九百三十八两八钱五分九厘(内务府奏案)

须弥福寿和普陀宗乘之庙铜制镏金鱼鳞瓦用黄金：共达二万九千三百两，折合白银二百万两(内务府奏案)

以上列举的十几笔数字，只是避暑山庄及其周围寺庙建筑工程支出的小小的一部分银两。占地面积564万平方米的避暑山庄，包容一百多处景观；半环山庄的庞大寺庙群由十二处庙宇组成。其两项建筑工程之大，这是我们可以感受到的，然而这两项浩大工程，究竟耗费多少人力物力、支付出多少银两，这是我们难以估量的。避暑山庄及其周围寺庙，都是在康乾盛世时期完成的。能够承受如此之重的经济负荷，可以想象康乾盛世的社会经济，是多么繁荣！避暑山庄及其周围寺庙，以其实实在在的体态，充分反映了康乾盛世雄厚的经济实力。

（二）山庄的礼仪活动反映"盛世"国库储存丰盈

从古至今，我们的国家，一直保持礼仪之邦的美称。"有朋自远方来，不亦乐乎？"儒家认为，能有来自远方的朋友，是值得高兴的事；对待远方来客，应以礼相待。清朝统治者，虽然出身于少数民族，但因他们酷爱中国传统文化，对于儒家的"礼"，不仅接受而且极力推行。康熙和乾隆都很注重礼仪，无论是接见国内少数民族王公、宗教领袖，还是接见外国使团，都按礼仪制度赐宴颁赏。避暑山庄研究所研究员杨天在先生在《避暑山庄的万树园及其历史作用》一文中，对清帝的赐宴、颁赏叙写得十分详细，从而反映出"盛世"国库储存是很丰盈的，笔者择其主要内容，加以转述。

赐宴，清帝接见各少数民族王公贵族，常在万树园举行宴会。在万树园举行的宴会，通称"蒙古包宴"。这种蒙古包宴，分日宴、夜宴两种。乾隆曾写诗描绘蒙古包宴："碧霄晴旭晓光澄，穹幕高张翠罽毾"，"风清日朗好秋时，嘉会新藩式燕仪"，乾隆热情赞美金秋之季，天高气爽，万里无云，空气清新，坐落在草原之上的蒙古包，帐内皇帝与内臣和外藩依次入宴，喜笑颜开。蒙古包的日宴如此别具特色，晚宴更加迷人。乾隆笔下蒙古包晚宴的情景是：万树园燃起灯火，顿时，火树银花，五彩缤纷；蒙古包内，君臣共进晚宴，皇帝依次呼唤，亲赐美酒，其乐融融。皇帝设宴招待蒙古王公，意在"怀柔远人"。同是赐宴，乾隆设宴招待英国使团则是另有用意。

乾隆五十八年英国第一个正式访华使团马戛尔尼使团来避暑山庄拜见清朝皇帝。乾隆在避暑山庄万树园接见马戛尔尼使团，并设宴招待他们。对宴会战况，英使马戛尔尼在《乾隆英使觐见记》中，有具体描绘："觐见之礼既毕，吾等依引导者之指示，自宾座退下，至其左旁所辅锦垫之上坐之，中国各大官员则依官级大小，坐于右旁锦垫之上。垫前设有食桌，桌上有盖盖之……吾桌上所有酒馔，既备极丰盛，而皇帝复分外殷渥，命执事官取桌上之盛馔数色，及酒一壶，送至吾桌"。从马戛尔尼笔下的文字，可以看出乾隆招待英国使团的宴席是颇为丰盛的。乾隆设盛宴招待英国使者，一方面是基于礼节的需要，另一方面则是炫耀大清帝国之富有。颁赏，清帝在召见少数民族王公贵族、宗教领袖和外国使节时，往往要大肆颁赏。这样做的用意，一方面表示皇帝的优抚之情，另一方面也是显示大清朝富有。皇帝颁赏，物品钱财丰厚。对少数民族王公贵族一般赏给金币、银两、冠服、裘服、官服、鞍马、囊鞬、缎匹等。对蒙古、西藏的宗教领袖，一般赏给金银器皿，如金壶、银香炉等。乾隆在万树园宴赏六世班禅时，赏给他嵌正珠祖衣以及嵌珠帽、袈裟、朝珠、金佛等贵重物品。对外国使节，多赐玉如意、宝石、瓷器、缎匹、荷包等。乾隆五十八年在万树园赏赐英国副使斯当东的物品有：龙缎一匹、妆缎一匹、锦一匹、纺丝二匹、漳绒一匹、羽编一匹、素缎一匹、花缎一匹、绫一匹、小卷八丝缎一匹、瓷器八件、什锦扇十柄、六安茶四瓶、茶膏一匣、普洱茶四团、雕漆盘一件、大荷包一对、小荷包四个（《热河志》记载）。此外，使团的总兵官、副总兵官、听事官、管船官、通事、医生、代笔各个都有赏品，至于正使马戛尔尼的赏品，则更为丰厚。英使团拜见乾隆皇帝，本来是心怀叵测的，对此乾隆心知肚明，并且是有所警惕的，那他为什么馈赠如此厚礼呢？除了礼节之外，乾隆还是借助于夸富，彰显大清王朝的国威。不管乾隆出于什么目的，他在山庄以盛宴厚礼招待远方来客，也是实实在在地反映了康乾盛世经济实力雄厚、国库储存丰盈。综上所述，避暑山庄文化植根于清代历史的泥土，它是伴着清史脚步发展变化的。康乾盛世是清代特定历史时期，避暑山庄与康乾盛世举步相随、携手相伴，同步发展到高峰，并且充分反映了康乾盛世的政治与经济，既反映康乾盛世时期清王朝的政治权威，也彰显了大清帝国的经济实力。所有这一切，充分表明避暑山庄文化，具有极其鲜明的历史性。

原载于《河北民族师范学院学报》2014年第3期。

清初对中华文化的接续及其在山庄的呈现

毕国忠，赵翠华

（河北民族师范学院，河北 承德 067000）

[摘　要]　文化的继承与发展，最主要的就是文化传统的继承发展。清代是中国传统文化集大成时期，满族统治者不仅是中国传统文化的积极汲取者，同时也是中华文化传统的继承者与推进者。避暑山庄从不同的侧面反映了这一历史事实。

[关键词]　避暑山庄；中华文化；接续；呈现

文化传统具有稳固的民族性。中华传统文化是中国各民族人民几千年文明劳动的结晶，反映了中华民族的整体风貌，是中国各民族人民思想观念、精神气质、价值取向的形象再现，它通过具体的文化形态与样式诸如诗、词、曲、赋等表现出来。中华文化传统是蕴含在中国传统文化背后的精神内核，指导着整个民族文化发展的全部经历，发轫于过去，指导着当下，影响着未来。

清代是我国封建社会最后一个阶段，也是传统文化的集大成时期，"最后的辉煌"时期。在二百多年的历史中，清王朝既发展了本民族文化（满族文化），又积极地接受了中华传统文化，促进了文化的融合与发展。避暑山庄建于康乾盛世时期，是清王朝鼎盛时期的产物，集中体现了清朝前期思想文化，对于我们认识清代继承和发展传统文化、推进文化传统的发展很有价值。

一、清代诸帝对中华文化的接受、研判与继承

满族历史悠久，远在商周时代，其先民就和中原建立了联系。活跃在白山黑水

之间的满族,以渔猎为生,逐步形成了独具特色的民族文化,辽金时期的"春水秋山"、"四时捺钵"、萨满崇拜等哺育了满族文化。1644 年,达海创造了老满文,标志着满族文化达到了一个新的顶峰。满族文化具有鲜明的地方特色与民族特色,著名清史专家李治亭先生称之为"关东文化"。明代后期,随着满洲的不断壮大,其与中原接触越来越频繁。政治、经济、文化之间的碰撞,使得满洲统治者越发感到了解、掌握中国传统文化是满洲发展的迫切需要。在历史的大趋势下,满洲迅速地"汉文化"化,成为传统文化与文化传统的传承者与推进者。从清代诸帝王对中华传统文化的接受、研判与继承的视角考察,更为清晰地彰显了各民族文化积极融入文化传统的发展历史。

(一)清帝对中华文化的接受与继承

传统文化对满族及其统治者产生影响,可以追溯到满族民族共同体形成初期。早在关外时期,努尔哈赤就开始接触中原文化,他自幼喜欢阅读《三国演义》《水浒传》等。万历四十三年(1615 年)四月,努尔哈赤在赫图阿拉建立孔庙,开满洲祭孔先河。皇太极继位后,格外重视学习中华文化,天聪三年(1629 年)始设文馆,后改为"内三院"(内弘文院、内国史院、内秘书院),翻译了大量的中国传统文化典籍,诸如《通鉴》《孟子》《六韬》《四书》《素书》《国语》《三国志》《万宝全书》《三略》等,同时兴学校,办科举,禁萨满,崇佛教,迅速地和中华文化对接,自觉地担负起了继承与推进中华文化的使命。定鼎北京后,顺治元年(1644 年)六月,清军入关仅一个月,多尔衮即派员祭先师孔子,十月封孔子六十五代孙孔允植为衍圣公,依明朝例,官太子太傅,孔、颜、曾、孟后代均袭封五经博士,顺治二年,定孔子封号为"大成至圣先师"。从康熙亲政始,经雍正至乾隆后期一百多年的时间,清王朝把中国传统文化推向了最后的一个顶峰。

中国传统文化是中华民族共同创造的精神财富,是各族人民赖以生存的精神家园,历经五千年风雨,弦歌不辍,薪火相传,展示了顽强的生命力。异质多元、包容共生,成就了中华文化的博大精深,也是其生生不息的动力源泉。儒家思想文化是中华传统文化的核心部分。两千多年来,儒家思想深深地融入到了中华民族的血脉之中,其影响之深、力量之大、生命之顽强,不言而喻。李治亭先生在《满族与中华文化》一文中指出:"历史已经证明,任何民族取得对中国的统治,不能不对中华文化予以继承,都离不开对儒家学说的学习和利用。""满族统治者按儒家思想治国,无论在政治领域、经济领域,以及思想、文化领域,无所不及,包括康雍乾三帝的日常言语举止,对人民的道德教化、社会风气的整肃,都贯彻了儒家的政治思想、价值观念、人生理想,达到了历代统治者所不能企及的境地。"

皇太极重视读书,振兴文教,天聪五年下令,八到十五岁子弟必须读书,皇太极尤其喜欢读史书,特别是《辽史》《宋史》《金史》《元史》,从中汲取治国理政的经验教训。他曾晓谕臣下,说:"朕观汉文史书,殊多饰词,虽全览无益也。今益于辽、宋、金、元四史内,择其勤于治,而国祚昌隆,或所行悖道而统绪废坠,与夫用兵行师方略,以及佐理之忠良、乱国之奸佞,有关治要者,汇纂翻译成书,用备观览。"

顺治作为进关的第一代皇帝,醉心于中华文化的学习,他在《御制资政要览序》中说:"朕孜孜图治,学于古训,览四书五经、通鉴等编,得其梗概,推之十三经、二十一史,及诸子不悖于圣经者,莫不根极理道成一家之言。但卷帙浩繁,若以教人,恐未能一时尽解其义,亦未能一时尽得其书。乃采集诸书中之关于政事者,为三十篇……名曰《资政要览》。观是书者,熟思而体之,可以为笃行之善人;推类而广之,可以为博雅之君子。毋徒求之语言文字之间,则朕谆谆教谕之心庶乎其不虚矣。"

康熙对中国传统文化的学习达到了孜孜以求的地步。康熙十七年(1678年)初,下诏征博学鸿儒:"自古一代之兴,必有博学鸿儒,振起文运,阐发经史,润色词章,以备顾问著作之选。朕万几余暇,游心文翰,思得博学之士,用资典学。我朝定鼎以来,崇儒重道,培养人才,四海之广,岂无奇才硕彦,学问渊通,文藻瑰丽,可以追踪前哲者?"康熙二十四年春,"朕研究经史之余,批阅诸子百家,至《黄帝素问》内经诸篇,观其意蕴,实有恻隐之心,民生疾苦,无不洞瞩,其后历代医家,虽多著述,各执己见,若《难经》及痘疹诸书,未能精思,极论文义,亦未贯通,朕甚惜之。"康熙四十三年七月乙卯巡视塞外,康熙在行宫书写大字小字,对扈从满汉王公大臣说:"朕自幼好临池,每日写千余字,从无间断,凡古名人之墨迹石刻无不细心临摹,积今三十余年,实亦性之所好。""勤览书籍,凡四书、五经、《通鉴》《性理》等书,俱经研究。每儒臣逐日进讲,朕辄先为讲解一过,遇有一句可疑、一字未协之处,亦即与诸臣反复讨论,期于义理贯通而后已。"《圣祖仁皇帝庭训格言》:"朕八岁登极,即知黾勉学问。及至十七八更笃于学,逐日未理事前,五更即起诵读,日暮理事稍暇,复讲论琢磨。竟至过劳,痰中带血亦未稍辍。朕少年好学如此。""朕自幼好看书,今虽年高,万几之暇,犹手不释卷。诚天下事繁,日有万几,为君者一身处九重之内,所知岂能尽乎?时常看书知古人事,庶可以寡过,故朕理天下事五十余年,无甚差忒者,亦看书之益也。"雍正认为"定鼎华夏,首隆学校"。雍正朝新建书院一百五十九所,刊印《四书五经读本》,颁发国子监、八旗官学、各省书院,作为教材。

他提倡三教合一，认为儒释道"理同出一源，道并行而不悖"，"朕向来三教并重，视为一体"。

乾隆深受传统文化熏染，一生流连其中，留下了四万多首诗文。他在总结自己学习经典体会时说："予禀承庭训，懋学书斋，留连往复于六经四子之书，求其义蕴精微，旁搜诸史通鉴，考定得失，区明法戒，以至儒先绪论，词苑菁华，莫不遍览。虽究心探索，餍饫其中，然考之古圣贤躬行实践之学，盖恧焉而未逮。自十有四岁学属文，至于今又一纪矣。其间日课，诗、论、杂文未尝少辍，积成卷帙，瑕瑜各半。"乾隆朝新建书院一千一百三十九所，总数达到两千五百多所。

（二）清帝对中华文化的研判与继承

康熙以儒家思想治理天下，特别推崇程朱理学。康熙不事浮华，不尚空言，勤政节俭，尚宽爱人，体现了儒家仁者爱人的道德情怀。去世后，雍正以圣祖仁皇帝谥之。康熙是一位具有远见卓识的帝王，他善于思考、学习，明辨是非，对于中国传统文化，表现出极强的认同感、求知欲，数十载孜孜以求，老而不疲。尤为可贵的是，康熙始终保持着清醒的头脑，不盲从，不泥古，实事求是，对于所钟爱的中国传统文化加以批判地吸收。康熙晚年著有《七询》一文，清楚地表达了他对于传统文化的态度。《七询》作于康熙六十年，是年康熙六十八岁。《七询》可以看作是康熙对自己一生思想精神的总结。

《七询》以传统的"七体"构篇布局，以主客问答的形式展开议论。全文七段，分别以近侍之臣、文学之臣、介胄之臣、释氏之流、道家之流、医术之臣、岩阿一老与体元主人对话组成。体元主人是康熙晚年喜用的一枚印章。

开篇即体元主人自序，"体元主人膺期运，抚寰海，纪星次者，垂七十年。临云陛者，周六十载。常以薰风应律、梅雨戒涂，驻跸兴州之域，栖神无暑之区"。康熙八岁即位，十四岁亲政，实际执政五十四年，六十九岁去世，在位六十一年，时间之长，堪称冠冕。文中记述了自冲龄即位以来除鳌拜、平"三藩"、收台湾、治水患、亲征噶尔丹，夙兴夜寐，孜孜求治的多艰历程。回首往昔，感慨良多。现在"年芳冉冉，星发皤皤。劳稍涉而辄倦，步方跬而虑蹉。"然而很多理想还未实现，时不我待，"来日不可期，去日已苦多"，于是产生了这样的疑问："慕视履之元吉，知上佑之难谌。其何以宽无穷之烦念，发垂老之欢心。"

近侍之臣劝康熙应及时行乐，大兴土木，营造宫室，"游宴有所，班输是营。千门万户，阁通往来"。广招美色，声色犬马，"太真之鲜葩解语，窅娘之新月乍斜"。沉溺于旨酒歌舞，"贵人生之行乐，及良时而酣燕"。"众伎俱陈，八音齐举"，提出康熙"富有万国而寸阴是惜,泊然无以为欢"。康熙则从历代兴废的历史教训中总结出了"阶厉召祸,败德累名。宜鉴倾城之辙,毋招伐性之兵"。

文学之臣劝康熙寄情翰墨,"寄闲情于缃素,绚殊采于珠韬"。并举出"孝建之翰墨驰誉,永明之笔力象贤。梁帝观钟繇之意,陈主品嗣真之篇","睿宗则五云纷飘,明皇则八分英特。是皆鸿骞鹤舞,虎卧龙跳"。况且"圣又多能,道兼众艺。体工六文,词高五际"。康熙则认为文学创作贵在质朴,虚饰文辞,于人无益。他的创作,不是为了和文人一争高下,而是抒发自己的襟怀。

介胄之臣力劝康熙再展雄威,重披战袍,开疆拓土。"扛鼎夸雄,翘关示壮""罗地天之上下,包日月之西东。绝漠在藩篱之内,荒服尽庭庑之中"。康熙认为战争是不得已而最后采取的手段,不能为逞一己之雄心就轻易挑起事端,"八荒在闼,七德有征"。

释氏之流劝康熙皈依佛门,阐扬佛教,"愿阐真如之教,永绥极乐之身"。康熙被视为无量寿佛的化身,在佛教徒中享有很高的声誉,笃信藏传佛教的蒙古王公也把康熙看作是无量寿佛转世,但康熙自己却有清醒的认识,他以为佛教"虽了彻乎三生,亦奚裨于国政"。于治理国家无益,对之只能采取"敬而远之"的态度。

道家之流建议康熙采取服丹药、练气、调阴阳的方法,来达到长生不老的目的。康熙对此颇不以为然,事实上他也不相信道家的这一套理论,在南巡时,曾有民人向其献丹书,康熙将书掷还,并予以严责,"求方药而何愚",他认为"养身寿人,儒者有道。保合太和,何取黄老"。

医术之臣建议康熙及时进补,多服延年益寿的名贵药物,诸如"人参、彤丝、皓苓、伏苓、蟠根、龙眼、合欢"之类,以药物来求得畅怀体胖。康熙认为服用药物只能根据具体情况而定,不能依赖,否则"服药之过多,反五藏之为累",不能迷信药物,"勿惟药用是信"。

岩阿一老则以兢兢业业、自强不息劝导康熙,这是儒家的思想,所谓"天行健,君子以自强不息"。康熙对此极为赞赏,"隐者之言实获我心",进而表示了"殷忧劳勤,习与性成。学于古训,不敢荒宁。前途之计,后世之寄。畴勤畴恤,系余是视。兢兢业业,不知老之将至"的感想。

纵观《七询》全篇,康熙逐一对中国传统文化的主要构成进行了阐发和鉴别,"博采不遗,从容顾问",有分析,有比较,有鉴别,提出了自己对传统文化的看法,既不是一味否定,也不是全盘收录,体现出了一种实事求是的治学态度。当然,他最倾心的还是儒家学说。

二、避暑山庄:贮藏中华传统文化的宝库

避暑山庄作为清帝避喧听政的行宫,康乾二帝每年在此驻跸时间很长。康熙、乾隆在避暑山庄建书屋、藏古籍,认真阅读经典著作,积极学习中华传统文化,总结、借鉴历代兴衰治乱的经验教训,收到了学以致用的效果。故而,山庄主要殿宇中陈设了大量的典籍,门类众多,既是出于安邦治国,以备顾问的实际需要,也有装饰点缀意味。在某种意义上讲,避暑山庄就是一个大图书馆。根据嘉庆年间《陈设档》记载,正宫区的藏书种类和数量极多,澹泊敬诚藏有《古今图书集成》,万壑松风主要藏儒家典籍和历史著作,东宫勤政殿则主要收藏科学著述,佛经主要在各处佛堂收藏。山庄很多建筑群里都建有书屋、书斋,诸如抱秀书屋、味甘书屋、学古堂、含粹斋等。文津阁、澄观斋、宿云檐则是专门编辑书籍和藏书之地。

(一) 清代对中国传统文化进行了全面的清理与总结,是一个封建文化集大成时代

清王朝以"御纂""钦定"等方式编辑整理了大量的儒家经典、史学巨著、科学著述、诗词文集、佛教经典等。儒家经典主要有:《钦定周易注疏》《钦定尚书注疏》《钦定礼记注疏》《诗经》《春秋》《论语》《孟子》《左传注疏》《尔雅》等;史学著作主要有:《史记》《资治通鉴》《汉书》《后汉书》《三国志》《晋书》《钦定北史》《钦定隋史》《旧唐书》《五代史》《辽史》《金史》《元史》等;科学著述有:《水经注》《周髀算经》《九章算术》《农政全书》《广群芳谱》《律吕正义》等;诗词文集主要有:《全唐诗》《佩文韵府》《渊鉴类函》《古文渊鉴》《历代赋汇》《历代诗余》《词谱》《曲谱》《类苑俪语》等;经文主要有:《大藏经》《莲华经》《楞严经》《心经》《万寿经》《长生经》等。《康熙字典》《古今图书集成》《四库全书》是代表。

澹泊敬诚曾贮《古今图书集成》。澹泊敬诚是避暑山庄正宫主殿,其地位相当于紫禁城的太和殿。康熙五十年始建,不饰丹艧,茅茨土阶,一派天然,康熙名之曰澹泊敬诚,意为不尚奢华,清心寡欲;乾隆十九年(1754年)用楠木加以改建,仍然保持了不彩不画的质朴,俗称"楠木殿"。澹泊敬诚鲜明地表现了康乾以儒教治国的理念。澹泊敬诚北山墙建有巨型书柜,曾贮存《古今图书集成》。

《古今图书集成》是我国现存的古代最大的一部类书,康熙四十年开始编纂,四十五年告蒇,编纂者为陈梦雷。其书原名《文献汇编》或《古今图书汇编》,完成后未刊印。雍正元年(1723年),陈梦雷因事获罪,被流放宁古塔,雍正命蒋廷锡重新编校该书,并亲自为之撰写序。雍正四年《钦定古今图书集成》首次以铜活字排版印刷,每部一万卷,5020册,另有目录40卷,计1.7亿字。全书分为六编,即历

象、方舆、博物、经济、明伦、理学，每编之下设典，计32典，典下又分部，计6109部，部下分汇考、总论、列传、艺文、纪事、图、表、杂录、外编、造句，遗缺者不列。摘编的文献资料上起先秦下迄康熙朝，保存了浩瀚的文献资料，可以说是我国古代最大的一部百科全书。

乾隆四十年文津阁建成，乾隆命将《古今图书集成》按照《四库全书》的样式，加以装潢，在文津阁中列架庋藏，计12架，576函，10000卷。山庄藏《古今图书集成》系开化纸和太史连纸印刷，纸质洁白，质地细软，印刷精美，装函考究。几经辗转，现在这套书的残卷收藏在承德图书馆，存424函，3312册，6624卷。

（二）文津阁贮《四库全书》

乾隆朝是康乾盛世的顶点，国家政治、经济、文化、对外交流都处于兴盛阶段，乾隆皇帝本人又是一个追求文治武功、雄心勃勃的君主，他在文治上的一大举措就是开四库馆，编辑《四库全书》，这是自明朝编纂《永乐大典》之后我国封建王朝对中华文化进行全面整理的浩大的国家文化工程，是清王朝继编纂《古今图书集成》之后又一文治盛举。

四库之名，源于唐玄宗。据《隋书·经籍志》载："唐玄宗于两都各聚书四部，以甲乙丙丁为次，列经史子集四库。"乾隆三十八年开四库全书馆，皇六子永瑢领衔，以纪昀、陆锡熊为总纂官，陆费墀为总校官，集中大批人力物力，开始文献征集、整理、编订工作，历时十年完成。主要有《永乐大典》、内府藏书、民间献书三个辑书来源，按照经、史、子、集四部校辑成书。经部分10类，史部分15类，子部分14类，集部分5类，每类之前有小序，述说分类的缘由及著述源流，便于查找。《四库全书》收书3461种，79309卷，存目6793种，93551卷，订为36300册，装6144函。

乾隆三十九年为将来储存《四库全书》，开始兴建文津阁，系仿照宁波天一阁而建，越一年而成。文津阁设计将一层的六棱槅隔为六个单间，顶层六槅相通为一大间，取"天一生水，地六成之"之意。乾隆五十年第四部《四库全书》庋藏于文津阁。文津阁建筑为三层，第一层贮存《古今图书集成》和《四库全书总目》，第二层贮存经部、史部，第三层贮存子部、集部。全书以丝线装订，绢帛作书皮，经部以褐绢为皮，史部以红绢为皮，子部为黄色绢皮，集部灰色绢皮。列115架，6144函。文津阁《四库全书》卷首钤"文津阁宝"，卷尾钤"避暑山庄""太上皇帝之宝"，皆小篆朱文。文津阁本《四库全书》是保存最好、校订最详备的一部。

乾隆三十九年冬，乾隆皇帝写了《文津阁记》，镌刻在文津阁东碑亭石碑正面，在这篇碑记中，乾隆阐述了学习的重要意义及正确途径。现将碑文抄录如下：

辑四库全书,分为三类:一刊刻,一抄录,一只存书目。其刊刻者,以便于行世,用武英殿聚珍版刷印,但边幅颇小。爰依《永乐大典》之例,概行抄录正本,备天禄之储,都为四部。一以贮紫禁之文渊阁,一以贮盛京兴王之地,一以贮御园之文源阁,一以贮避暑山庄,则此文津阁之所以作也。盖渊即源也,有源必有流,支派于是乎分焉。欲从支派寻流以溯其源,必先在乎知其津;弗知津则摄迷途而失正路,断港之讥有弗免矣。故析木之次丽乎天,龙门之名标乎地,是知津为要也。而刘勰所云"道象之妙,非言不津;津言之妙,非学不传"者,实亦先得我心之所同。然夫山庄,居塞外伊古荒略之地,而今则间阎日富,礼乐日兴。益兹文津之阁,贮以四库之书,地灵境胜,较之司马迁所云名山之藏,岂啻霄壤之分也哉!

《辞海》中对"文化"的定义是,"从广义来说,指人类社会历史实践过程中所创造的物质财富和精神财富的总和。从狭义来说,指社会的意识形态以及与之相适应的制度和组织机构"。季羡林先生指出:狭义文化指的是哲学、宗教、文学、艺术、政治、经济、伦理、道德,广义文化则是包括精神文明和物质文明所创造的一切东西。文化的传承包括传播、承续、发展三个彼此关联的环节。继承是发展的必要前提,发展是继承的必然要求。在发展中继承,取其精华,去其糟粕,与时俱进,是文化进步的历史规律。

原载于《河北民族师范学院学报》2016 年第 3 期。

扈从文臣与山庄文化

蒋秀丹

(承德市文物局 避暑山庄博物馆,河北 承德 067000)

[摘 要] 扈从文臣感兴创作了诗、词、歌、赋、散文以及书画作品,写景状物,记事抒怀,因物比兴,托物言志,构成了避暑山庄文化的重要组成部分。

[关键词] 扈从文臣;作品;山庄文化

避暑山庄曾经留有康熙、雍正(当皇子时)、乾隆、嘉庆、咸丰五位帝王或洒脱或局促的身影。而盛世时期的两位帝王康熙、乾隆迈着从容稳健和志得意满的步伐,几乎每年,甚至一年两次大驾临幸避暑山庄,满朝王公大臣将扈从避暑山庄视为极大的政治殊荣,他们中的大批扈从文臣感兴创作了诗、词、歌、赋、散文以及书画作品,构成了避暑山庄文化的重要部分。

一、扈从文臣

清帝每次前往避暑山庄,所有扈从的王公大臣,文武百官,皆是皇帝钦点。由于扈从人员众多,本文只着眼于康乾两朝扈从文臣的研究。这些扈从文臣品秩不一,有庶吉士、翰林院修撰、侍读学士、内阁中书、日讲起居注官、侍郎、经筵讲官、内阁学士、各馆总裁、翰林院掌院学士、各部尚书、大学士等,几乎囊括了清廷所有的文职职位。据记载,康熙朝主要有高士奇、励杜讷、陈元龙、高其倬、张玉书、蒋廷锡、汪灏、查慎行、张廷玉、汤右曾、刘岩、王敬铭、王之枢、沈喻、冷枚、王原祁等;乾隆朝有傅恒、汪由敦、梁诗正、钱陈群、刘纶、于敏中、梁国治、蒋溥、尹继善、沈起元、史贻直、阿克敦、嵇璜、金德英、德保、介福、秦蕙田、王际华、钱维城、陈志华、国柱、赵翼、董邦达、裘曰修、纪昀、钱大昕、刘统勋、观保、张泰开、王鸣盛、窦光鼎、陈兆仑、彭启丰、刘星炜、申甫、汪廷、嵩贵、观庆、边继祖、庄存与、李中简、奉宽、金牲、程景伊、钱载、刘墉、百龄、和珅、董诰、杜玉林、阿肃、周煌、孔毓文、谢墉、冯应榴、图敏、戴衢亨、汪永锡、吴锡麒、李调元等。这些文臣多是清史留名的重要人物,他们有的是历经两三朝的老臣,如张廷玉,既扈从康熙多次来过避暑山庄,也伴驾乾隆前来。有的文臣年轻时以品秩低下的职位前来,后随着官位的升高,以不同的身份多次扈从避暑山庄,如纪晓岚,第一次扈从避暑山庄是乾隆二十一年(1756年),他当时只有32岁,职位是庶吉士,后来又6次扈从,最后前来时,已74岁,官位也达正一品的协办大学士;有的是父子同朝为官,共同伴驾,如刘统勋、刘墉,董邦达、董诰;还有扈驾病逝于避暑山庄的,如康熙朝大学士张玉书,康熙五十年(1711年)五月"从上幸热河,甫至,疾作,数遣御医调治,不能起,未及缮遗疏而薨……'康熙'赐金千两庀丧具,又命内务府监制帐幔,沿途护送至京"。

可以想见,这些文臣以不同身份,得以扈从避暑山庄,这在他们看来是皇恩浩荡,光耀门庭,事实也确实如此。乾隆十二年,浙江巡抚常安为汤右曾《怀清堂集》作序曰:"我圣祖仁皇帝宠遇特隆,所著文光果诗,尝得睿藻赐和,又命随诸王大臣游避暑山庄,一时异数朝右,莫不欣羡其荣。"可见扈从避暑山庄有多荣耀。而在扈从官员本身,他们的感受或许就更为强烈。大学士纪昀于嘉庆三年(1798年)所作《恭和圣制出古北口所作原韵》诗注中云:"乾隆丙子,臣官庶吉士时,以纂修志书随至热河,恩准一体赓和,曾恭和圣制(出古北口)诗,自是仰蒙知遇栽培矜宥,荐至正卿。今已四十二年,实儒生罕逢之渥宠,恰如张果记唐尧丙子曾官侍中。"从中我们了解到,纪晓岚从乾隆二十一年到嘉庆三年42年间,"仰蒙知遇栽培"之恩,先后7次扈从避暑山庄,官也从庶吉士做到了协办大学士,回想42年来沐浴隆恩,感激之情溢于言表。因此,扈从避暑山庄,不仅得到同僚的"欣羡其荣",自己本身亦感"罕逢之渥宠"。

二、扈从文臣的重要著述

扈从文臣在参政议政之余,将自己的所见所闻、所想所感或自行或奉诏受命创作了各种文体的作品,留下了大量的著述。以体例归纳主要有以下几种:

(一)赋

汪由敦:《秋塞大猎赋》《哨鹿赋》《后哨鹿赋》

梁诗正:《秋郊大猎赋》

钱陈群:《秋郊大猎赋》

刘纶:《秋郊大猎赋》《哨鹿赋》

于敏中:《哨鹿赋》

（二）跋

揆叙等:《避暑山庄御制诗恭跋》

张廷玉:《御制避暑山庄三十六景诗恭跋》

鄂尔泰:《御制恭和避暑山庄图咏恭跋》

汪由敦:《御制古长城说恭跋》

（三）碑记

梁国治《敕修承德府关帝庙碑记》

（四）诗

分自行创作和奉诏恭和两种形式。自行创作诗,共计239首。

高士奇:《辛酉扈从出喜峰口》等20首

励杜讷:《塞花》等4首

陈元龙:《热河纪事》等14首

高其倬:《热河山庄》等3首

蒋廷锡:《扈从出古北口二首》等9首

查慎行:《山庄杂咏》等86首

张廷玉:《扈从塞外蒙恩召人行宫泛舟观荷偏览赐宴于流杯亭恭纪二首》等18首

汤右曾:《康熙五十二年五月二十五日蒙恩宣赐宴得游避暑行宫怀恩纪事诗二十首》等24首

刘崖:《黄土梁》等2首

王敬铭:《热河山庄四季应制》

汪由敦:《扈从观猎恭纪》等2首

蒋溥:《塞外杂咏进呈》12首

钱陈群:《塞外杂咏进呈》12首

尹继善:《避暑山庄感恩纪事十六首》等32首

赵翼:《再出古北口》

在这些诗作者中,以翰林院编修查慎行创作最多,查慎行早年以诗人久负盛名,入朝为官后,"又常随驾木兰,褰衣襜服,行山谷间,上望而笑曰:'行者必慎行也',其风度如此"。

奉诏恭和诗,也称御览诗,即词臣奉诏以皇帝所作御制诗原韵恭和进呈。关于御览诗的写作过程,钱陈群在《塞外杂咏进呈和诗》中描述:"钧韶天上出新诗,传写词臣五夜披。复旦歌成情自惬,卷阿游罢景堪追。"他在诗注中写道:"上每作诗即写成章,捷如天授,从臣诏赓和,往往迟一二日恭缴。"言词虽有阿上颂扬的成分,但基本上是事实。仅《热河志》收录的御览诗就达 320 首,而且这些御览诗全部是乾隆时期的。乾隆十四年,弘历在《驻跸避暑山庄因成体六韵》中写:"延薰山馆召大学士傅恒、史贻直及内翰侍御诸臣赐膳赋诗辄成首倡。"可见,这些御览诗的创作时间,上限是在乾隆十四年。诗作者有梁诗正、蒋溥、史贻直、汪由敦、钱陈群、董邦达、裘曰修、纪晓岚、钱大昕、刘统勋、梁国治、刘墉、和珅、董诰等 57 位文臣,几乎囊括了乾隆朝扈从避暑山庄的所有文臣。当然,这不能涵盖扈从文臣的全部作品。如《热河志》中记载的纪晓岚所作的御览诗只有 3 首,而没有收入志书中,却保留在《纪文达公遗集》中的纪昀扈从途中或在避暑山庄进献的御览诗达 90 多首。推而论之,其他文臣定有相当数量的御览诗没有收入《热河志》中。尽管如此,我们仍能从保留在《热河志》的御览诗发现其共性:

1. 同一首御制诗,往往有多位文臣奉诏恭和。如《御制山庄灯词八首元韵》就有汪由敦、王际华、钱维城 3 位文臣受敕命而作。2. 依韵唱和,以歌功颂德为根本出发点。作为封建御用文人,出于自身和维护封建统治的需要,所有的文臣都以华丽的辞藻,歌颂帝王的勤政爱民,积极筹边;歌颂帝王的浩荡皇恩,祥光普照;歌颂避暑山庄"合内外之心,成巩固之业,习劳苦之役,惩宴安之怀"的大怀柔功用。3. 拓展原诗意境,叙事抒怀。以御制诗原有意境为依托,进行拓展、引申。表"帝意"、叙"己怀"。如大学士于敏中所作《恭和御制至避暑山庄作元韵》:

> 云山四面蔚林光,天辟神皋圣辟庄。
> 貉表行狩骧逸骡,^①雁臣入觐旅中黄。^②
> 驻将辉罕循东道,^③规得都纲控北荒。^④
> 井里殷阗丰已屡,即功犹为廑田康。

此诗注有 4 处:①"上每行围,启跸即御骑,日以为常,回銮间御舆辇。"可见,乾隆对木兰行围是何等重视,身体力行,与将士同甘共苦。②"都尔伯特郡王策凌乌巴什等于广仁岭前觐谒,即谕随侍卫扈行。"乾隆十九年,都尔伯特部策凌、策凌乌巴什和策凌孟克率众款关内附,历时月余来到避暑山庄,乾隆在澹泊敬诚殿举行了接见仪式,并册封策凌为亲王,策凌乌巴什为郡王,策凌孟克为贝勒。时隔 10 年后,乾隆至避暑山庄,郡王策凌乌巴什前往广仁岭觐谒接驾,弘历命扈行以示恩宠。

③"驻跸至中秋后,始幸木兰围场。"乾隆每次木兰秋狝,先到避暑山庄休整、过中秋后,再至木兰围场。成为定制。④"山庄东北仿固尔札都纲之制建庙今适落成,赐名安远柔遐之义。"

不言而喻,御览诗属于和诗的范畴,它的特点是文臣依御制诗韵奉诏恭和。还有一种和诗与之正好相反,就是文臣作诗进呈,皇帝依韵唱和。如乾隆作《蒋溥进所作塞外杂咏依韵和之》,就是在蒋溥的《塞外杂咏进呈》十二首基础上"依韵和之"而成。还有兴志所至,君臣同时唱和,像乾隆十九年所作《山庄灯夕赐宴联句》,形式是帝每作一首,一位词臣即时恭和。参与联句的词臣有傅恒、陈世倌、刘统勋、汪由敦、介福、钱维城、陈志华、王际华、张泰开。可以想象,君臣在"云屏风静,冰宇天宽,百道虹流,恍人恒春之界"的万树园里畅饮,"笑语三巡"的氛围下,遵循上元节作诗的惯例,"千枝锦灿,同来不夜之城,载集词臣,共扬盛事",来歌颂避暑山庄"大怀柔之义,聿隆燕恺之恩"的盛况。

(五)游记

汪灏:《随銮纪恩》

张玉书:《扈从赐游记》

赵冀:《檐曝杂记》

吴锡麟:《热河小记》

李调元:《出口程记》

汪灏以庶吉士身份所作的《随銮纪恩》记录了康熙四十二年夏五月二十五日至九月二十二日共116天康熙皇帝"避暑于塞外,兼行秋狝之典"的全过程。其中经历口内行宫三处,口外行宫八处。此游记值得注意处有五:①它是第一部由扈从文臣较全面记述清帝避暑塞外和木兰秋狝的游记作品。②康熙帝在桦榆沟行宫阐述的作诗、读书、为文之道很值得我们思考。他说:"作诗之道,炼字不如炼句,炼句不如炼格,炼格不如炼意,意之所出,诗自随之。"关于读书,他说:"读书而见诸实用,毋徒寻章摘句。"作文章须"必先人品,文公朱子地步,既高命意又远发为诗歌,自然超人头地,徒擅吟咏安能与之争衡。"③康熙在喀喇河屯行宫颁布《御制三角形推算法论》和《三角形》,并加以论述:"三角形之法,始自中国,流播西洋,今中国失传,而西洋仍留此学,朕年十四,因历法一案,多伤人命,遂于万几暇时,参详会悟得其秘妙。"④康熙到达的第五处行宫便是热河上营,汪灏对行宫周围的名山胜景进行了详细的描述,从汪文中我们可以看出,此行宫并非避暑山庄,但是它在避暑山庄的发展史上占有重要的地位。正是由于清帝往来于此行宫,并对其周围的环境进行过考察,才为后来大规模修建避暑山庄打下了坚实的基础。⑤此次扈从的翰林有汪灏等六名,其中查升"因坠马,手痛未愈,十指不能屈伸,比复发肿,上传谕令剖一羊,乘热以两手入羊胃,移时痛止,指掸如意,真神验也"。体现了康熙对扈从文臣的爱护怜恤。

大学士张玉书《扈从赐游记》,以游记的形式,记录了康熙四十七年六月扈驾塞北,蒙恩两游热河行宫的情况。在他的游记中,描述了澄波叠翠、芝径云堤、长虹饮练等康熙十六景。而且明确说明此时避暑山庄尚称"热河行宫"。张文的结语非常精彩,他说:"宇内山林无此奇胜,宇内园亭无此宏旷,先后布置,皆由圣心指点而成,未成之时,人不知其绝胜,既成之后,则皆以为不可易矣。大抵顺其自然,行所无事,因地之势,度土之宜而成,以人事区画其间,经理天下,无异道也。"短短数语交代了行宫的规划原则和宏旷奇胜的皇家气派,其着眼点落在康熙指点园林和经理天下的道理是一致的,身为弼辅大臣,能深深地体会到皇帝经营热河行宫的良苦用心,实在是意料中事。《随銮纪恩》和《扈从赐游记》这两部游记合在一起恰好为我们提供了避暑山庄产生和早期发展的脉络。

赵翼是清朝著名诗人,历史学家。乾隆二十一年被选入军机处行走,他先后四次扈从乾隆木兰秋狝,至避暑山庄"每扈从出塞,戎帐中无几案,辄伏地起草,顷刻千百言,不加点,大学士傅恒、汪由敦尤重之"。所作的《檐曝杂记》共六卷,他在第一卷《蒙古诈马戏》中描写道:"上每岁行狝,非特使旗兵肄武习劳,实以驾驭诸蒙古,使之畏威怀德,弭首帖伏而不敢生心也。上至热河,近边诸蒙古王公例来迎谒。秋八月万寿节,行宫演大戏十日,蒙古王公皆入宴,兼赐蟒缎诸物。行围兵一千三百名,皆蒙古也……"这段记述素为研究清史者所重,因为作者站在历史高度上对其亲身经历进行了俯瞰。

（六）纂修《热河志》

从乾隆二十一年高宗开始下旨编辑,至乾隆四十六年最后完成,先后经历了二十五年,这期间汪由敦、裘曰修、董邦达、纪晓岚、钱大昕、曹仁虎、于敏中、和珅与梁国治等当时一批重臣参与了编写。

（七）校理《四库全书》

《四库全书》是我国最大的一部图书总集,其中一部收贮在避暑山庄文津阁,总纂纪昀为校理、庋藏文津阁《四库全书》之故,先后四次扈从避暑山庄。他在《槐西杂记》中说:"余校勘秘籍,凡四至避暑山庄,丁未以冬,戊申以秋,己酉以夏,壬子以春,四时之胜肯览焉。"避暑山庄文津阁贮存《四库全书》,它的意义远不止于保存古代图书，而是与乾隆四十四年竣工的热河文庙一起，成为紫塞承德文化建设成就的象征。早在乾隆四十一年扈从文臣礼部尚书曹秀选认为热河已成京畿东北一大都会，宜兴学校，于是乾隆接受建议命建文庙，"以牖迪俗"，是"宣祖猷扬圣化之道"。这样，庄内庄外遥相辉映，孔圣人那曾经照耀过一代又一代文人学士的思想精髓及其言行也开始在塞北闪光生辉。

三、绘画作品

清帝为了"题句绘图垂示册府"，而把避暑山庄中的胜景吟诗入画，那些工于绘事的扈从文臣，以塞北秋狝哨鹿，筵宴少数民族首领以及山庄内的各处景点、山水林木、奇花异葩为代表，创作了极富地域性的塞北画。无论以写生纪实的技巧，还是以典型概括的方法，均忠实于客观事物，加以艺术再现，描绘精致细腻，敷彩浓艳清丽，构图严谨壮观，情节真实感人，有着鲜明的艺术特点，而有别于其他的院画和宫廷画，并显示了它的时代的、民族的独特风格。主要作品康熙朝有宫廷画家冷枚绘制的《热河行宫图》，户部侍郎王原祁《热河胜景图》，内阁侍讲学士沈喻《避暑山庄图咏》。乾隆朝内阁侍讲学士张若霭《避暑山庄》，户部主事张宗苍《避暑山庄三十六景图咏》，宫廷画家方琮《御制避暑山庄三十六景诗》，刑部侍郎励宗万《康熙御制避暑山庄诗图》《乾隆御制再题避暑山庄三十六景诗图》，刑部侍郎钱维城《热河千尺雪》《御制避暑山庄旧题三十六景诗》《御制避暑山庄再题三十六景诗》。此外还有在内廷行走的西洋画家郎世宁的《乾隆在万树园接见蒙古杜尔伯特部"三策凌"图》《乾隆在万树园观马术图》，王致诚的《乾隆射箭图》以及他们为归附的各部首领绘制的肖像等油画作品。

四、结语

康乾时期在我国最大的皇家御园避暑山庄里，曾经来过那么多叱诧风云的历史人物，有著名的政治家、诗人、文学家、史学家、画家，他们经意或不经意的笔墨酣畅之作，便使这样一座政治性的园林充满了人文色彩。今天，避暑山庄和周围寺庙列入世界文化遗产名录，在很大程度上就是依凭着它所拥有的巨大文化价值。我辈志在研究山庄文化的工作者应心存感激，正是由于这些扈从文臣的智慧、才情之作，才使得我们与久远的文明相沟通、相默契。

原载于《承德民族师专学报》2003 年第 3 期。

避暑山庄文化与辽金捺钵习俗

毕国忠，李文甫

(河北民族师范学院，河北 承德 067000)

[摘 要] 避暑山庄文化的源头是辽代捺钵文化与金元时期的"春水""秋山"习俗。满族统治者在继承前人的基础之上，又加以拓展，最终形成了融多民族文化于一体的、富有皇家特色的避暑山庄文化。避暑山庄文化是在维护多民族国家统一的过程中形成和发展起来的，它有着自己特定的内涵与外在表现形式。

[关键词] 避暑山庄；捺钵；文化

承德避暑山庄始建于康熙四十二年(1703年)，原名热河行宫，康熙五十年康熙帝题名为避暑山庄。乾隆六年(1741年)避暑山庄之名始见于史书。在维护多民族国家统一的历史进程中，避暑山庄成为康熙、乾隆活动的重要舞台，许多重大历史事件都是在避暑山庄发生的，由此形成了独具特色的避暑山庄文化。一些学者对避暑山庄文化源头进行了有益探讨，如白文萍《避暑山庄与木兰围场》、陈秉礼《木兰围场》、陈子彬《研读傅乐焕〈辽代四时捺钵考〉的思考》等，提出了避暑山庄文化来源于辽代捺钵文化的见解，极具启发意义。

古代承德————辽代捺钵的主要地

捺钵，又称纳拔、纳钵、刺钵、纳宝，皆为契丹语译音。《辽史·营卫志》载："长城以南，多雨多暑，其人耕稼以食，桑麻以衣，宫室以居，城郭以治。大漠之间，多寒多风，畜牧畋渔以食，皮毛以衣，转徙随时，车马为家。此天时地利所以限南北也。

辽国尽有大漠,浸包长城之境,因宜为治。秋冬违寒,春夏避暑,随水草就畋渔,岁以为常。四时各有行在之所,谓之'捺钵'。"可见捺钵是由契丹民族所处自然环境和民族习俗决定的。对于契丹语捺钵,《辽史》用汉语"行在之所"解释。"行在之所"语出《史记·卫将军列传》,《史记集解》引蔡邕话说:"天子自谓所居曰行在所,言今虽在京师,行所至耳。巡狩天下,所奏事处皆为宫。"《辽史·营卫志序》说:"有辽始大,设制尤密:居有宫卫,谓之翰鲁朵;出有行营,谓之捺钵。"《辞源》则解释为"辽代国君的行营。"辽史专家傅乐焕先生在《辽代四时捺钵考》中说:"故捺钵谓行营、行帐、营盘,即辽帝出行时居止之帐幕也。"这一说法比较接近于捺钵之原意。

关于辽代捺钵时间、地点、活动内容,《辽史·营卫志》、《大金国志》、《重编燕北录》(宋·王易)、《续资治通鉴长编》(宋·李焘)等书多有记载。傅乐焕先生根据实际考察提出:春捺钵主要地点为长春州之鱼儿泺,主要行动是捕鹅(二、三月,鱼儿泺)、钩鱼(正月,混同江),次要地点为鸳鸯泺;夏捺钵主要地点为永安山、炭山,主要行动是避暑、障鹰、议政;秋捺钵主要地点为庆州伏虎林,主要行动是射鹿;冬捺钵主要地点为永州广平淀,主要行动是避寒、议政、受外国聘使贺、射虎。仔细考察不难发现,除春捺钵外,夏、秋、冬三季捺钵,都与古代承德地域密切相关。

乾隆四十三年,清政府在承德地域建置承德府,下设滦平县、丰宁县、平泉州、赤峰县、建昌县、朝阳县共计一州五县,涉及辽代两京三府二十个州四十五个县。《钦定热河志》记载了辽代承德建置状况:承德府本境即辽中京道(治所在今内蒙古宁城县西南大名城)、泽州(治所在今平泉县南会州城)、滦河县(治所在今河北迁安县北滦阳城)及北安州(治所在今河北隆化县北土城子);滦平县境即辽中京道北安州地,西境奚王府地;丰宁县境即辽中京北安州利民县(治所在今河北隆化县北),西境奚王府地;平泉州境即辽中京大定府大定县(治所在今内蒙古宁城县西南大名城)、长兴县、劝农县(治所在今内蒙古宁城县西南二台子村)、富庶县(治所在今辽宁喀左县公营子镇土城子村东)、文定县(治所在今辽宁建平县东)、升平县(无考)、归化县(治所在今内蒙古宁城县西南老哈河上游黑城子西)、金源县(治所在今辽宁朝阳市西北喀喇沁)、恩州恩化县(今内蒙古赤峰市东南坤都河下游北岸)、泽州神山县(治所在今河北平泉县会州城);赤峰县境即辽中京道高州三韩县(治所在今内蒙古赤峰市元宝山区兴隆坡),上京道松山州松山县(治所在今内蒙古赤峰市西南)、饶州长乐县(治所在今内蒙古巴林右旗巴林桥)、临河县(治所在今内蒙古巴林右旗西南西拉木伦河北岸)、安民县(治所在今内蒙古林西县东南)、上京临潢府临潢县(治所在今内蒙古巴林右旗东南波罗城)、定霸县、保和县、潞县、宣化县;建昌县境即辽中京道利州阜俗县(治所在今辽宁喀喇沁左翼蒙古族自治县大城子镇东)、泽州龙山县(治所在今辽宁喀喇沁左翼蒙古族自治县白塔子村南)、榆州和众县(治所在今辽宁凌源市凌河乡十八里堡村)、永和县(治所在今辽宁锦西县西北)、东南境兼得隰州海滨县(治所在今辽宁兴城县西南)、北境惠州惠和县(治所在今辽宁建平县惠州北镇)、兼得高州三韩县地;朝阳县境即辽中京道兴中府兴中县(治所在今辽宁朝阳市)、营邱县(无考)、象雷县(无考)、闾山县(无考)、建州永霸县(治所在今辽宁朝阳县大平房镇黄花村南)、永康县(无考)、安德州安德县(治所在今辽宁朝阳县西营子乡五十家子村)、川州咸康县(治所在今辽宁北票市东北黑城子镇)、宏理县(治所在今辽宁北票市西北)、宜民县(治所在今辽宁北票市东北牛河西岸)、武安州武安县(治所在今内蒙古敖汉旗东白塔子村)、成州同昌县(治所在今辽宁阜新市西北)、东境兼得宜州宏政县(治所在今辽宁义县)、西境兼得大定府神水县(治所在今辽宁朝阳县西南小凌河北岸)、东南境兼得来州地(治所在今辽宁绥中县西南前卫)。

辽代的上京、中京、庆州、永州等都在承德疆域之中,这里的许多名山大川就是辽代捺钵的重要场所。

夏捺钵的主要地点有永安山、炭山。傅乐焕《夏捺钵考》中说:"永安山原名缅山,圣宗时改称。《圣宗纪》太平三年(1023年)七月丁亥,赐名缅山曰永安。后圣宗庆陵即营建其地。圣宗崩后,兴宗即陵置州,是曰庆州,更称庆陵曰庆云山。辽庆州遗址即今热河林西县西北之白塔子。永安山则称曰凹尔曼哈。"炭山也是夏捺钵的重要地区,辽国的皇帝多次在这里进行捺钵活动。据统计,从辽太宗天显四年(929年)至天祚帝保大元年(1121年)七位皇帝共计到炭山三十六次。乾隆《滦河濡水源考证》一文说:"滦河源出独石山口外东北一百里巴颜屯图固尔山。"自注云:"山为兴安正干,自张家口而东,至独石口外为大山,折而西北,过上都城入于海喇堪,与兴安大岭相连属,出泉处较兴安山梁尤为特出,山阳山阴树木茂密,与他山异。山阳为民人居址,山阴皆察哈尔蒙古游牧地。"还说:"欧阳修云滦水出炭山东北。胡三省《通鉴注》因之。其后陈组绶《职方图考》、顾祖禹《方舆纪要》皆从其说。今考独石口外无所谓炭山者,惟巴颜屯图古尔山,据努三云土人名其山为黑老山。按昔人有谓濡水出黑龙山者,龙、老音转承讹,黑龙山之言,似不为妄。今巴颜屯图古尔山其石色黝黑,所谓炭山或即指此。"

秋捺钵的主要地点是庆州伏虎林。《辽史·营卫志》记载:"秋捺钵:曰伏虎林。七月中旬自纳凉处起牙帐,入山射鹿及虎。林在永州西北五十里。尝有虎据林,伤害居民畜牧。景宗领数骑猎焉,虎伏草际,战栗不敢仰视,上舍之,因号伏虎林。"傅乐焕《春水秋山考》指出:"永州为冬捺钵所在,秋捺钵不应在此。"永州地处潢、土二河合流处,地平多沙,而秋猎应该选择山深林密、禽兽繁殖之地,《辽史·景宗纪》也没有临幸永州的记载,因此,傅乐焕先生推断伏虎林在庆州,《辽史·营卫志》永州为庆州之误。

冬捺钵的主要地点是永州广平淀。《辽史·营卫志》说:"(广平淀)在永州东南三十里,本名白马淀。东西二十余里,南北十余里。地甚坦夷,四望皆沙碛,木多榆柳。其地饶沙,冬月稍暖,牙帐多于此坐冬,与北、南大臣会议国事,时出猎讲武,兼受南宋及诸国礼贡。"广平淀还有一些别称,如藕丝淀,契丹语称宽大曰'阿思',藕丝、阿思同音异译,藕丝淀实为契丹本名,广平淀则为泺淀的译名;中会川也是广平淀的别称,《辽》《金》《元》三史中以"川"为名的地名很多,大体都不是河流名字,而是指某处之平野而言。广平淀在潢、土二河合流处,所以中会川犹言两河合流之平野。

傅乐焕在《辽史·游幸表补正》中还提到辽代捺钵活动的一些大川名山。如七金山,《钦定热河志》说:"和尔博勒津山,汉名七金山。在平泉州属喀喇沁右翼东一百二十里。"并引《辽史·地理志》说:"圣宗过七金山土河之滨,南望云气有郛郭楼阙之状,因议建都。"七金山在老哈河(土河)东岸,西南距大宁故城不远,因山有七峰,故名。再如松山,《钦定热河志》记载:"纳喇苏台山,汉名松山。在平泉州属喀喇沁右翼八十里。"其编纂者按语说:"纳喇苏台山与《辽史》《元志》所载松山方位相合,至辽上京临潢府有松山,饶州有松山,又松山州亦以松山得名,皆非中京道所统地,应在今赤峰县境内,与此喀喇沁右翼之松山别。"很显然,松山在古承德地域之中。与此类似,还有赤山,《钦定热河志》"赤山"下按语说:"唐张九龄有《贺赤山无贼状》,渔阳与今承德府滦平、丰宁县相直,是赤山当在今承德府本境及滦平、丰宁二县境内,而诸处俱无之。建昌县境有赤山及大赤山,但其方位不合,难以傅会。"马盂山,在平泉州属喀喇沁右翼南一百九十里,中有一峰,形类马盂,故名。地产铅砂,老哈河发源于此山。宋代王曾《行程录》称"富谷馆东望马云山,山多禽兽林木,辽国主多于此打围,马盂与马云乃音之转,实一山也。"马盂山即今日内蒙古宁城县甸子镇之锅底山。宋代欧阳修《重赠刘原父(刘敞)》诗,有"古北岭口踏新雪,马盂山西看落霞"之诗句,诗句描绘了欧阳修看到的承德一带的风光。

《辽史》中《本纪》和《游幸表》多次提到"驻跸土河""钩鱼土河""观鱼土河",

土河,又名老河,《隋书》称托纥臣水,《唐书》称土护真水,《契丹国志》称"契丹有水曰北乜里没里,复名陶猥思没里,源出中京西马盂山,东北流,华言所谓土河也。"蒙古名为老哈穆楞,即今老哈河。宋代苏颂《过土河》诗曰:

> 长叫山旁一水源,北流迢递势倾奔。秋来注雨弥郊野,冬后层冰度辐辕。
> 白草悠悠千嶂路,青烟袅袅数家村。终朝跋涉无休歇,遥指邮亭日已昏。"

《承德府志》"老河条"按语说:"老河为塞外一大川,萦络平泉、赤峰、建昌、朝阳四境。"又,柳河之滨也是捺钵之地。《承德民族开发史》谓柳河即今伊逊河,而《承德府志》将伊逊河与柳河并列,明确非同一河流。《承德府志·山川一》记载柳河"在府南,源出马兰关外雾灵山下,东流至板谷岭,迳府南境,又东至柳河口入滦河,亦名流河"。《承德府志·山川二》"豹河"条说在州(平泉)东北,一名瀑河,亦名柳河。并明确指出"(豹河)在辽时则谓之柳河,与今承德府南境之柳河各异。盖柳河之名,宋人屡言之,皆指今平泉州境之柳河,而非府境之柳河"。可见辽时之柳河即今日之豹河,非伊逊河。

《辽史》之《本纪》《游幸表》常见"猎平地松林"之记载,《辽史·地理志》称上京境内有平地松林,未详属于何州,曾公亮《武经总要平地松林条》称"东至怀州四十里",《怀州条》称"西至平地松林四十里;北至潢河(西拉木伦河)十里,河北至上京五十里"。谭其骧主编的《中国历史地图集》"临潢府附近"一图将平地松林标于今围场以北及内蒙古自治区克什克腾旗境内,因此,《承德开发史》说:"今天的木兰围场以及木兰围场之北这一片辽阔的草原,古时生长着茂密的松林,因此被称为'平地松林'。平地松林是辽帝经常行围的猎场。"上述资料不难看出古代承德地域确实为辽代捺钵的主要地点,是辽代政治、经济活动的重要地区。

金、元"春水秋山"———捺钵习俗的延展

辽国皇帝每年都要进行四时捺钵活动,特别是春秋两季必到某水某山行猎,因而称春猎之水为"春水",秋猎之山为"秋山"。四时捺钵不仅为有辽一代之制,金、元两代也沿行不衰,金、元所谓"春水秋山"是辽代捺钵的延续。

辽国皇帝以春季至春水,春水与春捺钵有密切关系。春水之活动内容,《辽史·营卫志》之"春捺钵"条云:"春捺钵曰鸭子河泺,皇帝正月上旬起牙帐,约六十日方至。天鹅未至,卓帐冰上,凿冰取鱼。冰泮,乃纵鹰鹘捕鹅雁。晨出暮归,从事弋猎。鸭子河泺东西二十里,南北三十里,在长春州东北三十五里。四面皆沙窝,多榆柳杏林。皇帝每至,侍御皆服墨绿色衣,各备连缒一柄,鹰食一器,刺鹅锥一

枚，于泺周围相去各五七步排立。皇帝冠中衣、时服，系玉束带，于上风望之。有鹅之处举旗，探骑驰报，远泊鸣鼓，鹅惊腾起，左右围骑皆举帜麾之。五坊擎进海东青鹘，拜授皇帝放之。鹘擒鹅坠，势力不加，排立近者，举锥刺鹅，取鹅脑以饲鹘。救鹘人例赏银绢。皇帝得头鹅荐庙，群臣各献酒果，举乐，更相酬酢致贺语。皆插鹅毛于首以乐，赐从人酒，遍散其毛，弋猎网钩，春尽乃还。"这段话说明"春水"活动主要有两项内容，即"弋猎"和"网钩"。宋代张舜民《使辽录》云："辽人打围，一岁各有处所。正月钩鱼海上，于冰上钩大鱼。二、三月放鹘，号海东青，打雁。"宋代宋绶《上契丹事》提到钩鱼时云："蕃俗喜罩鱼，设毡庐于河水（冰）之上，密掩其门，凿冰为窟，举照之，鱼尽来凑，即垂钓竿，罕有失者。"宋代程大昌《演繁露》对钩鱼方法言之甚详，其《契丹于达鲁河钩鱼》云："达鲁河钩牛鱼，北方盛礼，意慕中国赏花钓鱼，然非钓也。钩也。达鲁河与海接，岁正月方冻，至四月而泮。其钩是鱼也，北主与其母皆设冰上，先使人于河上下十里间以毛网截鱼，令不得散逸，又从而驱之集冰帐。其床前预开冰窟四，名为冰眼，中眼透水，旁三眼环之不透，第斫减令薄而已。薄者所以候鱼，而透者将以施钩也。鱼虽水中之物，若久闭于冰，遇可出水之处，亦必伸首吐气，故透水一眼，必可以取鱼。而薄不透水者将以伺视也。鱼之将至，伺者以告北主，即遂于斫透眼中，用绳钩掷之，无不中者。即中遂纵绳令去，鱼倦即曳绳出之，谓之得头鱼。头鱼即得，遂相与出冰帐，于别帐作乐上寿。"程大昌是中原人士，对契丹族习俗了解不够深入，才有"意慕中国赏花钓鱼"的说法，而所记述的钩鱼方法，是比较客观的。钩鱼活动并非如程氏所理解的单纯游乐、休闲性质，而是契丹统治者从事政治活动的独特形式，通过这样的活动加强同少数民族各部酋长的联系。

辽天祚天庆二年（1112 年）二月，天祚帝幸混同江钩鱼，生女直酋长在千里以内的，都按往例来朝，正遇"头鱼宴"，饮酒半酣，天祚帝临轩，命诸酋长次第起舞，只有阿骨打辞以不能，天祚帝谕之再三，阿骨打始终不从。天祚帝后来私下对枢密使萧奉先说："前日之燕（宴），阿骨打意气雄豪，顾视不常，可托以边事诛之。否则，必贻后患。"萧奉先说："粗人不知礼仪，无大过而杀之，恐伤向化之心。假有异志，又何能为？"（事见《辽史·天祚本纪》）这件事成为阿骨打（金太祖）叛辽的直接原因。"弋猎"是春水活动最重要内容，即捕天鹅。宋代姜夔《白石诗集》中有《契丹歌》，歌云：

> 契丹家住云沙中，耆车若水马若龙。春来草色一万里，芍药牡丹相间红。
> 大胡牵车小胡舞，弹胡琵琶调胡女。一春浪荡不归家，自有穹庐障风雨。

平沙软草天鹅肥，胡儿千骑晓打围。皂旗低昂围渐急，惊作羊角凌空飞。

海东健鹘健如许，鞲上风生看一举。万里追奔未可知，划见纷纷落毛羽。

平章俊味天下无，年年海上驱群胡。一鹅先得金百两，天使走送贤王庐。

天鹅之飞铁为翼，射生小儿空看得。腹中惊怪有新姜，元是江南终宿食。

题下原注说："都下闻萧总管自说其风土如此。"诗中"海东健鹘健如许，鞲上风生看一举"表明捕天鹅须用海东青鹘，但海东青辽国不产，须求之境外。《辽史·部族志》称"重熙二十一年（1052 年），遣使诣五国及鼻古德、乌古、敌烈四部捕海东青"。《三朝北盟会编》亦云："又有俊鹘号海东青者，能击天鹅，出五国，五国之东，接大海，自海而来者，谓之海东青，小而俊健，爪白者尤以为异。必求之女真，每岁遣外鹰坊子弟趣女真，发甲马千余人，入五国界，即海东巢穴取之，与五国战斗而后得。其后女真不胜其扰。"契丹统治者为什么这样重视以海东青来捕天鹅呢？有历史学家分析"契丹统治者对生女真各部的骚扰与宋辽榷场贸易有直接关系。北宋徽宗崇宁年间，开封统治集团奢侈之风日甚一日，宫禁中竞尚北珠。这种珍珠是北宋通过榷场贸易从辽朝获得的，而辽则取之于生女真地区，其美者大如弹子，小者如梧桐子，皆产于辽以东的大海中。每年八月十五，月白风清之时，则正值北珠大熟。珠皆藏于蚌内。北方严寒季节来得早，九、十月间，海边往往即覆盖着厚达尺余的坚冰，此时，人们因耐不过水中的寒冷，已无法直接破冰入海，捕蚌取珠。但当地产一种天鹅，以蚌为食，吃了蚌之后即将珠藏于嗉内。此外，还有一种猛禽，叫海东青，是一种专能捕杀天鹅的鹰鹘，并从其嗉中取珠。"（见李锡厚、白滨《辽金西夏史》）。契丹统治者确实十分重视捕天鹅，《辽史·道宗纪》："大康元年正月，乙酉，驻跸大鱼泺。丁亥，以获鹅，加鹰坊使耶律杨六为工部尚书。""大康五年三月，辛未，以宰相张仁杰获头鹅，加侍中。"二人皆以获鹅而受重赏。《辽史·穆宗纪》："应历十五年三月癸巳，虞人沙剌迭侦鹅失期，加炮烙铁梳之刑。"沙剌迭因侦鹅而遭到酷刑。除了经济利益的驱使之外，更为重要的是"弋猎"与辽的政治有密切的关系。前述《辽史·营卫志》中"春捺钵"条有"皇帝得头鹅荐庙，群臣各献果酒，举乐，更相酬酢致贺语"之句，"荐"即遇时节供时物而祭，"庙"即祖庙，"荐庙"就是用时新的食物祭祀祖先，"头鹅"自然是春季里最时新的祭品。祭祀祖先，祈求祖先佑护，在古代各民族眼里都是神圣的大事。契丹民族当然不能例外。《辽史·礼志一》有"告庙仪""谒庙仪"，并云："告庙、谒庙，皆曰拜容。以先帝、先后生辰及忌日行礼，自太宗始也。其后正旦、皇帝生辰、诸节辰皆行之。若忌辰及车驾行幸，亦尝遣使行礼。""四时有荐新"是用五谷或时新食物进行祭祀。看来以"头鹅"

117

荐庙属于"遣使行礼"。"四时有荐新"那种仪式也是非常隆重的。《辽史·乐志》记载："春飞放杏涡,皇帝射获头鹅,荐庙燕饮,乐工数十人执小乐器荐酒",并将其乐列入"国乐",即《辽史·营卫志》所记之"举乐"。可见契丹统治者的重视程度。"春水"期间,生女真各部都来献方物,属于"朝贡"形式的贸易,这种贸易极不平等,辽故意压低女真人带来的貂鼠皮等猎物的价格,对女真人巧取豪夺,称为"打女真",引起女真人的强烈不满。因而"春水"活动也就成了契丹统治者检验女真各部酋长是否对朝廷效忠的时机。天祚帝混同江头鱼宴就是一例。

"秋山"即秋猎之山,其最重要地点为庆州西境诸山。《辽史·地理志·庆州》条记载："本太保山,黑河之地,岩谷险峻。穆宗建城,号黑河州。每岁来幸,射虎障鹰。军国之事,多委大臣。后遇弑于此。统和八年(990年),州废。圣宗秋畋,爱其奇秀,建号庆州。有黑山、赤山、太保山、老翁岭、馒头山……黑河。"其他秋猎地点也可以看成"秋山",如平地松林、炭山。秋山活动内容主要是射鹿。《辽史·国语解》云："鹿性嗜咸,洒咸于地以诱鹿,射之。"《辽史·营卫志》"秋捺钵"亦云："七月中旬自纳凉处起牙帐入山射鹿,夜将半,鹿饮盐水,令猎人吹角效鹿鸣,既集而射之,谓之舐鹿。又名呼鹿。""秋山"活动的重要意义与"春水"相同,无须赘述。

金代延续辽代四时捺钵的制度,其活动以春、秋二季为主,故称"春水秋山"。《大金国志·熙宗纪》:"皇统三年七月,主谕尚书省,将循契丹故事,四时游猎,春水秋山,冬夏刺钵。"金太祖、太宗两朝,捺钵之地,史未详记载。天会十三年(1135年)正月,熙宗即皇帝位,天眷元年(1138年)二月即"如爻刺春水","幸天开殿",八月"以京师为上京,府曰会宁",《金史·地理志》"上京路"条云:"其行宫有天开殿,爻刺春水之地也。有混同江行宫。"该书"临潢府"条云:"有天平山,好水川,行宫地也,大定二十五年命名。有撒里乃地,熙宗皇统九年尝避暑于此。"这些地方都是熙宗时期捺钵之地。贞元元年(1153年)三月,海陵完颜亮迁都燕京,《大金国志》记载:"金国酷喜田猎,昔都会宁,四时皆猎。海陵迁燕,以都城外皆民田,三时无时可猎,候冬月则出。一出必逾月,后妃亲王近臣皆随焉。"世宗完颜雍每年夏秋两季捺钵,金莲川(今河北丰宁、沽源县境内闪电河河川)为重要地点,《金史·许安仁传》记许安仁谏行幸金莲川之谏书,曰:"昔汉唐虽有甘泉、九城避暑之行,然皆去京师不远。非如金莲川千里之外,邻沙漠,隔关岭,万一有警,何以应变,此不可不虑也。"《金史·梁襄传》载梁襄的谏书更为详尽,曾提到金莲川,云:"金莲川在重山之北,地积阴冷,五谷不殖,郡县难建,盖自古极边荒弃之壤也。气候殊异,中夏降霜,一日之间,寒暑交至,特与上京、中都不同,尤非圣躬将摄之所。"世宗采

118

纳了梁襄的建议,但谕辅臣曰:"梁襄谏朕毋幸金莲川,朕以其言可取,故罢其行。然襄至谓隋炀帝以巡游败国,不亦过乎。如炀帝者盖由失道虐民,自取灭亡。民心既叛,虽不巡幸,国将安保?为人上者但能尽君道,则虽时或巡幸,庸何伤乎?治乱无常,顾所行何如耳。岂必深处九重,便谓无虞,巡游以时即兆祸乱者哉。"金世宗春水秋山活动除去金莲川外,安州(治所在今河北高阳县东旧城,后移至葛城县即今河北安新县西南安州)、顺州(治所在今北京顺义县)、蓟州之玉田、滦州之石城,都是春捺钵之地,尤以石城之长春宫最为要地。冬季则驻跸燕京。章宗完颜璟永济朝春水多于燕京近郊建春宫,遂州(治所在今河北徐水县西北遂城)光春宫等地活动。夏秋两季则巡幸燕京北郊万宁宫(今北京北海公园一带)、玉泉山行宫、香山及蓟州诸山。宣宗完颜珣、哀宗完颜守绪时期,春水秋山史无记载。

关于金代春水秋山,金末文坛盟主赵秉文有诗作传世,他曾多次扈从金主行猎。《承德府志·艺文志》载有其《春水行》《扈从行》:

光春宫外春水生,驾鹅飞下寒犹轻。绿衣探使一鞭信,春风写入鸣鞘中。
龙旗晓日迎天仗,小队长围圆月样。忽闻叠鼓一声飞,轻纹触破桃花浪。
内家最爱海东青,锦鞲掣臂翻青冥。晴空一击雪花堕,连延十里凤毛腥。
初得头鹅夸得隽,一骑星弛荐陵寝。欢声沸入万年觞,毡毛散上千官冕。
不才无力答阳春,羞作长杨侍丛臣。闲与老农歌帝力,欢呼一曲太平人。

马翻翻,车辘辘,尘土难分真面目。年年扈从春水行,裁染春衫波漾绿。
绿鞯珠勒大羽箭,少年将军面如玉。车中小妇听鸣鞭,遥认飞尘郎马足。
朝随鼓声起,暮逐旗尾宿。乐事从今相继躅。
圣皇岁岁万几暇,春水围鹅秋射鹿。

傅乐焕先生将元代春水秋山分为前后两个时期,以入主中原为界。前期袭辽之制,后期夏秋出塞,春冬在燕京(大都)。《元史》本纪载世祖忽必烈二月或三月起行赴上都,八月或九月返回大都,在大都过冬。以后诸帝,于三、四月启程,八月或九月返回大都。元顺帝"时巡上都",周伯琦《纪行诗》云:"乘舆绳祖武,岁岁幸滦京。夏至今年早,山行久雨晴。"顺帝于夏至启程,八月归大都,已成定制。元人关于春水秋山诗作很多,世祖时中书左丞相耶律楚材之子耶律铸作《近闻贤王春水因寄》《秋山二首》收录在《双溪醉隐集》中:

风揭鸳鹅扰绿漪,鸣蝉声促越重围。海东青帖翠云起,照夜白侵瑶水飞。
玉鹭乱飞梨雪去,彩鸳争绝浪花归。非熊未必当时纪,依旧烟波绕钓矶。

万骑龙趋两队分,翠华方自发期门。内官急把朱旗飐,传道先教诏虎贲。

两龙如雾发璿台,蔽日旌旗四面开。疑自锦林花嶂里,建章营骑下天来。

诗中的贤王指的是即位之前的元世祖。仁宗、英宗年间的侍讲学士袁桷经常随皇帝到上都(即今内蒙古正蓝旗)春水秋山,其诗作《天鹅曲》收录于《承德府志·艺文六》:

天鹅颈瘦身重肥,夜宿官荡群成围。芦根唼唼水蒲滑,翅足鳌曳难轻飞。
参差旋地数百尺,宛转培风借双翮。翻身入云高帖天,下陋蓬蒿去无际。
五坊手擘海东青,倾眼光透瑶台层。解绦脱帽穷碧落,以掌疾搏东西倾。
离披交旋百寻宪,苍鹰助击随势远。初如风轮舞长竿,未若银球下平坂。
蓬头喘息来献官,天颜一笑催传餐。
不如家鸡栅中生死守,免使羽林春秋水边走。

这些诗形象地描绘了元代皇帝春水秋山的壮观场面,对于了解捺钵文化很有益处。

避暑山庄文化——辽金捺钵文化的丰富与创新

清朝统治者作为金人后裔入主中原后,仍然保留着春水秋山习俗。特别是康熙帝为抵御沙俄侵略,肆武绥藩,于康熙二十二年开始举行木兰秋狝。为保证木兰秋狝顺利进行,在京师至围场之间修建了几十所行宫,热河行宫是其中最重要的一所。这与辽代捺钵并无二致,因此,我们可以说清代行宫文化是辽代捺钵文化的继承与发展。当然,这两者之间也有一些差别,清朝的木兰秋狝,从规模、内容、制度等方面看,都远远超过辽、金、元捺钵、春水秋山。

首先,从时间上看,清代的木兰秋狝只相当于辽代的秋捺钵和金元时期的秋山,辽代秋捺钵的主要活动"呼鹿"清代则称"哨鹿",也称"哨鹿围",系从满语而来,汉语译为"木兰"。但清代的木兰秋狝的规模则是前代所不能比拟的。清代昭梿《啸亭杂录》"木兰行围制度"条,记哨鹿为行围之制之一,"若哨鹿日,制与常日不同。上于五更放围之前出营,凡侍卫及诸备差人等,分为三队,约出营十里听旨,停三队;又四、五里停第二队;又二、三里将至哨鹿处,停第一队,而侍从及扈卫之臣,只十余骑而已。渐闻清角声扬,远林呦呦,低昂应和,倏听枪声一发,咸知圣武神威,命中获鹿矣。其行围所有奏章,皆俟上还营后,披览发出,毫无遗滞。或有时上引诸文士赓唱终夕,以示暇焉。"乾隆皇帝写有《哨鹿赋》《后哨鹿赋》,对哨鹿活动描写得十分详尽,并在《哨鹿赋》序言中说:"我皇祖昔喜哨鹿,朕冲龄随侍,习闻

其事,年来乃亲试为之。"《承德府志·天章》载乾隆《哨鹿》一诗曰:

呦鹿鸣深秋,虞人哨致之。格物有会心,祇缘声应随。

哨鹿古未闻,差如鹤雉媒。深涧一声鸣,麇麇争长来。

晓起登崇山,山下止顿所。万灯如列星,秋池浸天宇。

即鹿以类招,偶一试其技。鹿来固欣然,鹿去亦可喜。

其次,清代木兰秋狝制度更加完备、严谨,是军国大事,具有军事训练的性质,而不仅仅是游乐。清代木兰秋狝被视为"本朝家法",除进行哨鹿外,还要举行大规模的围猎。《承德府志》记载"行围仪注"说:"至热河,驻跸避暑山庄。中秋后,启跸行围。将启跸,行在兵部领行围禁令。管围大臣带领随围官兵至围场祗候。先以百余骑小猎,于平甸撒围,国语曰'阿达密'。入围后,御行营。护军统领率官兵先往,度地广狭,立御营。扈从官兵等,次第安帐。行营前后严巡缴。止夜行,违者论如法。先期前锋,于一二里外设卡伦。每日五更管围大臣率蒙古布围人先往。其余扈从人等及辎重,均毋许先出卡伦。平明,上启跸,先驻看城。布围,用蒙古一千二百五十人,围中以大黄纛为中权,其名曰'佛勒'。两翼,左正白,右正红,曰'梅勒'。两翼前各以一蓝旗为前哨,曰'乌图哩'。前哨进,后队以次随发,由远而近,绕围场两翼,前各数骑拥纛飞驰,曰'跪乌图哩',将会于看城,呼'玛喇哈',则围合矣。皇上出看城,躬佩囊鞬,具弓矢,莅围所。各兽群集,上引弓射后,令御前大臣、侍卫随者曰'纳勒布密'。如有逸出围者,许官兵追射之,命中者纪诸册。围中有熊、虎诸猛兽,则管围大臣遣侍卫驰报看城,上策骑亲至其处,命虎枪官兵掩杀或御神枪及弓矢立殪之。围中麋鹿过多,则开一面放之。未初,罢围,驾还行营。陈牲数获,颁赐扈从王公大臣官员。行围竣出哨,遣随围蒙古各归部落。回銮自热河旋京师,告秋狝礼成。"

最后,清朝木兰秋狝政治意味更加浓厚,但秋狝之地并不是政治中心。辽代诸帝终年以捺钵为家,行止无定,虽然辽有五京,但并非车驾之所在,政治之中心,其政治中心在捺钵即行在所。《辽史·营卫志》"夏捺钵"条云:"四月中旬起牙帐,卜吉地为纳凉所,五月末旬、六月上旬至。居五旬。与北、南臣僚议国事,暇日游猎。""冬捺钵"条云:"广平淀,其地饶沙,冬月稍暖,牙帐多于此坐冬,与北、南大臣议国事,时出校猎讲武,兼受南宋及诸国礼贡。"关于南北大臣,《辽史·百官志》云:"至于太宗,兼制中国,官分南、北,以国制治契丹,以汉制待汉人。国制简朴,汉制则延名之风固存也。辽国官制,分南、北院,北面治宫帐、部族、属国之政,南面治汉人州县、租赋、车马之事。因俗而治,得其宜矣。"看来,南、北院是以其在大内帐殿南北方位来称呼的。《辽史》有"北衙不理民""南衙不理兵"之说。辽代南北臣僚会议是最高决策机构,每年定期于夏、冬捺钵期间开会议政。一切重大军国事件都要在会议上讨论决定。

清则不然,其政治中心在京师(北京),皇帝出巡期间,行政机关仍然在京师办公,处理日常的事务,军国大事则在行宫、帐殿随时处理。例如,康熙二十九年七月二十日,康熙在波罗河屯行宫(今河北隆化县城)部署指挥了乌兰布通之战,痛击了噶尔丹叛乱势力,维护了边疆的稳定。第二年五月,为解决喀尔喀蒙古各部之间的关系,康熙帝在多伦设帐殿招集喀尔喀蒙古各部王公贵族举行会盟,化解了他们内部之间的积怨,实现了大团结,加强了中央对蒙古的集权,稳定了北部边疆。避暑山庄建成后,康熙、乾隆每年都有近半年的时间在山庄居住和处理政务,成为第二个政治中心,因此留有"半部清朝史在山庄"的说法。避暑山庄见证了清帝国的许多重大历史事件。如:乾隆十九年乾隆皇帝在避暑山庄夜宴"三策凌",安抚内迁的杜尔伯特部蒙古族众,为西北边疆的统一打下了基础;再如,乾隆三十六年,乾隆皇帝在避暑山庄接见率领部众不远万里回国的土尔扈特部首领渥巴锡,多次赐宴万树园,设灯宴、观火戏,谱写了民族团结、共同抗击外侮的豪迈诗篇。再有,乾隆五十八年八月十日乾隆皇帝在避暑山庄万树园接见英国使团马嘎尔尼一行,这是清王朝与新兴的资本主义国家的第一次直接接触,虽然此次接触当时并未取得实际结果,但却对日后中、英两国产生了极大的影响。

辽清捺钵的建制与建筑形式各具特色。辽代皇帝居留的是可以移动的毡帐,装饰华美,并突出了龙的形象,如广平淀冬捺钵时"南有省方殿,殿北约二里曰寿宁殿,皆木柱竹榱,以毡为盖,彩绘韬柱,锦为壁衣,加绯绣额。又以黄布绣龙为地障,窗、槅皆以毡为之,傅以黄油绢,基高尺余,两厢廊庑亦以毡为盖,无门户。省方殿北有鹿皮帐,帐次北有八方公用殿,寿宁殿北有长春帐,卫以硬寨。"(《辽史·营卫志》)形式是亦蕃亦汉、蕃汉一体的。沈括于熙宁八年(1075 年,辽大康元年)使辽,在道宗设在犊山(永安山附近)的夏捺钵所见:

> 有屋,单于(道宗)之朝寝、后萧之朝寝凡三,其余皆毡庐,不过数十,悉东向,庭以松干表其前,一人持牌,立松干之间,曰"阁门"。其东,相向六七帐,曰中书、枢密院、客省。又东,毡庐一,旁驻毡车六,前植纛,曰"太庙"。皆草莽之中。东数里有缭涧,涧东原隰十余里,其西与北皆山也,其北山,庭之所依者曰"犊儿"。过犊儿北十余里曰"市场",小民之为市者,以车从之于山间。
>
> (沈括《熙宁使虏图抄》)

除帐殿东向是契丹人的传统外,汉化的特点已经十分明显。清代举行木兰秋狝大典,皇帝行营"中建帐殿,缭以黄木城,建旌门,覆以黄幕。其外为网城,正南暨东西各设一门,正南建正白,东建镶黄,西建正黄护军旗各二;东西门后三面设连帐;旌门,领侍卫内大臣率侍卫亲军护卫,网城门,八旗护军统领率官兵宿卫。又外,八旗各设帐房,专委官兵,禁止喧哗。御营门之前,扈从诸臣不得驻宿,东四旗在左翼,西四旗在右翼,均去御营百步。建镶黄旗护军纛于后,正黄旗护军纛于右,正白旗护军纛于左。扈从人等去行营二里外,各按翼驻宿。前锋营相形设卡座于路左右。八旗各设帐房,树旗帜以为侦哨以禁行人。蒙古王公台吉去御营三五里外,各酌立营帐。"康熙十年后,康熙帝又将木城改制为黄布幔城。乾隆二十年对驻跸大营之占地、黄幔城中御幄和圆幄等形制、内外城各旌门及连帐旗帜规格、护卫制、各衙门官帐位置等,逐一作了规定,并于乾隆二十四年所制《皇朝礼器图式》中首次绘画"皇帝驻跸大营"图。(李理《论清帝巡围驻跸大营制度》,见清代宫史研究会《清代宫史求实》第104—105页)但这毕竟属于帐殿形式。口外行宫特别是热河行宫的建成,改变了帐殿形式。热河行宫(避暑山庄)吸取了汉离宫别苑的形式而建,除苑景外,还形成了理政、议事的宫殿区,有着前朝后寝的格局。其文化活动内容也极其丰富,如欣赏制作诗文书画、戏剧音乐,编书校书、收藏文玩、观烟火、赏百戏、读书、品茗、赏月、登高、泛舟、游历园林山水等,可以说,皇家文化丰富了避暑山庄文化的内涵。

外八庙的建立,更是与清王朝政治息息相关,这些宗教建筑无不具有丰富的政治色彩,是清政府处理民族事务、整合民族关系,"绥靖荒服,怀柔远人"的重要手段。例如,乾隆四十五年,六世班禅为祝贺乾隆七十寿辰专门赶到承德,为达到"敬一人而使万人悦"的目的,清不惜重金专为六世班禅修建了须弥福寿之庙,并给予班禅极高的礼遇,六世班禅的觐见,密切了西藏地方政府与中央政府的关系,加强了祖国内地与西南边陲的联系,维护了统一的多民族国家基础,具有重大和深远的影响。

避暑山庄与外八庙共同构成了避暑山庄文化的内涵,其特殊性主要表现在以下几个方面。其一,鲜明的皇家文化特色:避暑山庄与外八庙组成了一个整体,从山庄和外八庙的构建方位上看,山庄依山而建,外八庙呈半圆状环绕在其外,形成了"百川归海,众星捧月"之势,其表达的内涵即为"普天之下,莫非王土,率土之滨,莫非王臣"的皇权至上的思想,尤其应该提出来的是,外八庙中的许多寺庙都有所本,有的仿布达拉宫,有的仿扎什伦布,有的仿固尔扎,不一而足。这些寺庙围绕在山庄周围,象征着君临万方、万宇一统,也象征着各民族紧密团结、同为一家的大一统思想。其二,和谐共生的文化特色:避暑山庄与外八庙融中华传统文化和藏、蒙、维少数民族文化于一炉,文功武略,梵儒化同,既有丰富的历史内涵,又表现出了与时俱进、大胆创新的时代特性。避暑山庄与外八庙的整体构成和设计中,体现出了"天圆地方、受命于天"的思想意识,在广阔的时空范围内诠释了"为政以德,譬如北辰;居其所,而众星拱之",须弥福寿之庙中的"庙高庄严"殿顶的八条金龙、普宁寺的大乘之阁都是这种传统思想的形象化的展示;外八庙的许多建筑,吸取了藏式的建筑风格,譬如普陀宗乘之庙、须弥福寿之庙具有鲜明的藏族建筑特色,吸取了西藏喇嘛寺的手法,运用红、白两色粉饰,修建盲窗、渲染出藏式寺庙的那种庄严肃穆的气氛;在外八庙的一些建筑中,还表现出了传统建筑与密宗"曼荼罗"相结合的样式,普宁寺与普乐寺就是由传统"伽蓝七堂"与密宗"曼荼罗"建筑形式组成。这些建筑,既不是单纯的传统建筑,也不是单纯的藏族建筑的翻版,而是"你中有我,我中有你",是融合汉藏、贯通传统和密宗的创新,它们所表达出来的"天地相应,人神一体""合内外之心,成巩固之业"的文化意蕴具有鲜明的时代特色。

避暑山庄文化内涵丰富,捺钵文化是避暑山庄文化的重要源头之一。乾隆帝于乾隆二十九年所作的《热河启跸往木兰作》,也透露出了某些信息,仅以此诗作为本文的结束:

> 雨过沙溪潦水收,川原鋥艾喜迎眸。
> 兴飞捺钵初排驾,愿惬瓯窭幸满篝。
> 守吏分疆递来接,村民生计自为谋。
> 轻于十一山田赋,莫慢催科事苦求。

原载于《河北民族师范学院学报》2012年第1期。

避暑山庄与清代秋审勾决制

周晓梅

(承德市文物局 避暑山庄研究所,河北 承德 067000)

[摘　要]　清制,每年的秋审斩犯,均需奏请皇帝"勾决"。因此,每年皇帝秋审勾决的时间大多在北巡、驻跸避暑山庄的过程中。避暑山庄既是清帝"避喧听政"的塞外宫苑,还是清帝处理秋审勾决的主要场所之一。

[关键词]　清帝;避暑山庄;秋审勾决

清制,每年的秋审斩犯,均需奏请皇帝"勾决"。因此,每年皇帝秋审勾决的时间大多在北巡的过程中。避暑山庄作为清帝北巡驻跸的最大行宫、木兰秋狝的大本营、处理政务的政治指挥中心,是清帝处理秋审勾决的主要场所。本文就康熙、乾隆、嘉庆诸帝与秋审勾决中的有关问题作一探讨,以求教于方家。

一、避暑山庄与清代秋审

依清旷殿是避暑山庄正宫区中轴线上的一座面阔五间、进深三间、卷棚硬山、看似北方民居的青砖灰瓦的平房,但它却是位于澹泊敬诚殿与烟波致爽殿之间承前启后、具有重要意义的一座建筑,是天子"九五之尊""身居九重"建筑规制的重要组成部分,更是一座皇帝行使最高司法权力、充满政治色彩的建筑。康熙时为此殿题名"依清旷",乾隆晚年又题名为"四知书屋",并于乾隆四十八年(1783 年)起在此殿陈设祭祀桌供,作为巡行期间举行祭祀活动的重要场所。

就是这样的一座貌不惊人的建筑,从清人的记载中可以知道,康熙时期就在此殿举行秋审勾决大典。乾隆、嘉庆二帝来避暑山庄驻跸时仍在此殿勾决。清代吴振棫《养吉斋丛录》的记载证实了这一点:"曩时勾决之处,宫内在懋勤殿,圆明园在洞明堂,香山在勤政殿后、致远斋之东、正直和平楼下,避暑山庄在依清旷。"

康熙、乾隆、嘉庆诸帝每年坚持北巡和赴木兰围场行围,使清帝了解塞外的环境、体察了蒙古的民情、落实对蒙古的政策措施,为巩固北部边防,加强统一多民族国家的团结和发展,起到十分重要的作用。在北巡行围和驻跸避暑山庄的园居生活中,他们仍然按制举行秋审勾决大典。

二、关于秋审勾决的典仪

根据清代的有关规定,皇帝勾决要遵循一定的典仪。懋勤殿是皇帝在紫禁城勾决的地方,其勾决的礼仪如下:每年秋谳前,九卿会议以闻,得到皇帝的谕旨后,内阁按省份的远近,定期请旨。朝审时,钦天监还要选择日期,由内阁奏闻请旨。皇帝同意后,刑部预进各省情实人犯黄册,各道御使进覆奏本。勾到当天黎明,内阁大学士、学士、刑部尚书、侍郎、记注翰林等官员俱齐集乾清门外。懋勤殿太监设宝座,案东向,陈设笔砚文具。红本处官员陈设黄册。在案前再设矮案两件。一件在案前,一件在案的右侧,上设朱笔、朱砚。秋审在巳刻(9—11点),朝审在卯时(5—7点)。届时,皇帝御懋勤殿,换素服后升座。大学士等人服常服,脱素珠,并由乾清门至幄内。记注官四人从左阶升入殿门,面南而立。内阁学士一人捧名册匣,大学士授覆奏本匣,刑部尚书等由阶右升入殿门。捧黄册匣学士入殿中,诣案面西而跪。大学士等趋至右案,南北面列跪。皇帝命大学士一人执笔。大学士承旨后开启黄册匣,展覆奏本于案。赐座,大学士等均一叩首后坐下。内阁学士启匣,依次举名奏请皇帝展阅黄册。同时,大学士等各展阅所携手折,详酌与否。其予勾者,大学士举朱笔加勾。既毕,内阁学士敛名折于匣,大学士捧勾决覆奏本于匣,众人皆退。皇帝还便殿。红本处收黄册。大学士以勾决本授红本处批发。其朝审勾决本直接交刑部。

清帝在巡行途中处理勾决等事务,仍遵循宫中成例,先秋审,后朝审。秋审于立秋后开始,到十一月中旬审理完毕。届时,行在刑部将各省情实罪犯的招册(案卷)依次上呈皇帝,皇帝分批阅看,分批勾决。而朝审的时间一般都在回宫后。清帝在巡幸途中处理秋审勾决,皇帝也要素服御便殿,大学士、学士、刑部尚书、侍郎、起居注官咸常服侍。"满学士一人按册奏犯人名,皇帝降旨,大学士一人秉笔,勾毕进御复阅。……勾者处决,未勾者牢固监禁。"

三、康乾嘉三帝处理勾决综述

清代秋、朝审制度,经历了一个沿袭明代勾决制度,并在清代司法实践中不断充实、完善的过程。清朝初年,康熙在平定了以吴三桂为首的"三藩"叛乱以后,于康熙十六年(1677 年)开始赴塞外巡视。康熙二十年建木兰围场。此后的数十年间,不断的南巡北狩,其间,整饬纪纲,政事悉举,与在京无异。1703 年避暑山庄建立,康熙、乾隆、嘉庆每年都到这里避暑消夏、赴围场打猎,居住时间有时达半年之久。而从京师至避暑山庄的沿途设立了多处驿站以传递章奏。康熙在喀喇河屯行宫穹览寺碑文中说,章奏"朝发夕至,往还过无两日"。乾隆八年,规定章奏三日一发,随时批发。嗣后俱照定例,自京师大臣处,加封交内阁,随本呈送行在,经皇帝批示后随本发回。清帝在驻跸避暑山庄和赴木兰行围之时,秋审招册也随时进呈。

雍正在位 13 年,没有举行木兰秋狝大典,也未到避暑山庄驻跸,更没有留下在此处理政务的记载。但他却谆谆告诫后世子孙"习武木兰,勿忘家法"。这对于乾隆的行围产生重要影响,其在位 60 年、当太上皇 3 年,赴围场行围 52 次,驻跸避暑山庄的时间更长。嘉庆皇帝在位 25 年,驻跸避暑山庄 19 次,赴木兰行围 11 次。康熙、乾隆、嘉庆三代帝王坚持近 140 年的行围、驻跸避暑山庄和塞外行宫,使这里成为按制举行秋审勾决的重要场所。

四、康熙帝勾到的情况

从康熙时期执行勾决制度的情况看,康熙初期,国内形势动荡,且皇帝年幼,勾决事宜由辅政大臣代理。康熙三年八月,停止派遣满汉官员往察直隶秋审的做法,只令各省督抚会同审录。而从《清圣祖实录》、《康熙起居注》等文献对勾决的记载看也缺乏系统性、规范性。康熙十二年、十四年对秋审招册作出先期进呈、正月停刑等作出明确规定。康熙十六年"三藩之乱"平定后,又恢复了"秋审事关人命,直隶各省重案,定限送京复核"的做法。此后,秋审勾决制的执行进入循旧制、按程序的阶段。康熙二十二年文献开始记录康熙帝秋审勾决人犯的具体数量。

据笔者对康熙勾决情况的初步统计,在康熙 61 年的执政生涯中,有 19 个年份停止勾决,其中有两次已经预勾,但停止行刑。

康熙一生曾经两幸秦陇、二度东巡、三次亲征、六下江南、数十次北巡举行木兰秋狝大典,在京师紫禁城的时候也不时驻跸畅春园、南苑等御园。秋审勾决的招册,随着皇帝驻跸地点的变换而进呈。除紫禁城、畅春园是康熙秋审勾决的地点以外,他还在北巡途中、西幸的行营、热河行宫、避暑山庄等地方多次履行勾决的权力。康熙三十一年在黄崖口、密云行宫;三十八年巡行塞外,驻跸喀喇河屯、两间房行宫;三十九年驻跸博洛河屯行宫;四十六年在两间房行宫;四十七年在热河行宫;五十一年北巡驻跸二沟行营;五十五年驻跸热河行宫、张三营行宫、多辉昂阿大营;六十年北巡驻跸得尔吉惠汉地方,多次发出关于秋审事宜的谕旨,或停勾,或停刑,或就某案作出裁决。如康熙四十七、四十八年,玄烨被废立太子的事情折磨得身心交瘁,疲惫不堪,在热河行宫连审各省死刑招册,在 9 天内对 7 人给予最严酷的凌迟处死罪后,又将 21 人斩立决。这在康熙勾决中是极为罕见的。进入晚年的康熙,受子嗣继统问题的困扰和身体疾病的折磨,自康熙五十年以后停止勾决的次数较多。

五、乾隆帝勾到的特点

乾隆初年,政局宽大,不少罪犯虽入"情实",但皇帝网开一面,不入勾决,入于"缓决"。凡"缓决"一次,第二年再议,仍入"缓决",历年如此办理,已成常例,这样的囚犯,称为"老缓"。有些归于老缓的罪犯,虽长期监禁,却可免于处死。乾隆二年三月、四月,更定旗人命案律例、钦定律例,是乾隆皇帝对清代律例的一次较大的修订。

乾隆帝从即位的第六年起开始巡行塞外,至 1798 年的 57 年间,巡幸塞外、赴木兰行围 52 次,驻跸避暑山庄 56 次,在避暑山庄度过 40 个万寿节。根据清代礼制的规定,逢皇帝的整寿、旬寿庆典,不仅一个月之内不理刑名、不勾决,还要大赦天下。但皇帝不理刑名、停止勾决,并不影响各省的正常审理案件,仍要按时造册上报。

乾隆在紫禁城处理秋审勾决时,于每年的九至十月间在宫中懋勤殿或圆明园洞明堂亲阅招册,研究案情,慎重勾决。朝审一般在十一月上旬一次完成。乾隆十一年十一月,乾隆对旗人盗墓给予极刑的处罚,"朕览此本实多抱愧,凡属旗人闻之,谅亦无不愧怼。掘墓之犯,将来秋审时,自必当在勾决之内。前康熙年间互殴致死者,皇祖从重加以立决,嗣后旗人斗殴致死之案渐少,此正适轻适重、以辟止辟之义"。此后对旗人盗墓处以绞刑,并通谕八旗和各省驻跸官兵,以示警诫。乾隆十二年九月,定侵贪官员罪名,并对历年勾决时已入于缓决者,"追二限已满,侵蚀未完尚在一千两以上及贪婪未完尚在八十两以上者,秋审时即入情实,请旨勾决",加大对贪官的惩罚力度。

乾隆十四年秋朝审,皇帝一反从前的做法,不留情面,大批勾决,均即处死。而且将许多"老缓"囚犯,亦行勾决,连乾隆初即位时审决、缓决 10 余次的罪犯也不免一死。

乾隆十五年、十六年,是乾隆 40 岁、皇太后 60 岁整旬寿庆之年,照例应该停止勾决,大赦天下。但属于侵贪之官犯均不在这一年大赦的范围内,仍予勾决处死。这种违背礼制的特殊做法,是乾隆为挽回官场风气所采取的严厉措施。

乾隆四十八年,弘历东巡盛京时正逢秋季,即曾于盛京皇宫西所内勾决斩犯。通过大量乾隆帝秋审勾决的事例,可以简要归纳出基本规律:时间一般在九月中上旬行围后回避暑山庄驻跸时开始,在避暑山庄依清旷勾决三次,回銮途中在两间房、喀喇河屯、常山峪、南石槽、密云县等处行宫审理两到三次。十月底完成。遇有停勾年份的案卷在第二年一并审理,最多延长两天完成。

六、嘉庆朝的勾到情况

嘉庆帝在其执政的 25 年中,有五年因即位、整旬万寿、太上皇驾崩及"岁周甲子",停止勾决外,其余年份均按制勾决。嘉庆帝从嘉庆七年(1802 年)首次在避暑山庄依清旷殿勾决。其他年份在塞外木兰秋狝、东巡盛京等地时,都没有影响按制举行秋审勾决。嘉庆帝勾决的规律:时间一般在九月中下旬行围后回避暑山庄驻跸时开始,回銮途中在两间房行宫、喀喇河屯行宫等审理两次。嘉庆皇帝的万寿节、皇后的千秋节都是十月,两节庆典过后继续进行;十一月上旬全部完成。嘉庆一改康熙、乾隆两帝八至九天审完全国死刑案卷的做法,一般是八天完成。遇有停勾年份的案卷在第二年一并审理,最多延长两天完成。

对突发案件的处理,嘉庆帝更是亲审案犯,毫不拖延。嘉庆十八年九月十五日,天理教徒林清等闯入紫禁城。当时,嘉庆正在由避暑山庄北巡回銮途中。到京后亲自审讯有关首犯,问明情况后于九月二十三日作出将首犯和接应太监等四人凌迟处死的终审判决。

嘉庆帝勾决地点除在紫禁城懋勤殿、圆明园洞明堂、正直和平楼下等场所外,还在避暑山庄依清旷,及京师至塞外沿途的两间房、喀喇河屯、波洛河屯、常山峪、中关等多处行宫处理过秋审勾决案,并以两间房、喀喇河屯、常山峪行宫为多。

嘉庆中期,曾将热河的秋审案件归入直隶,直接由皇帝审理,说明热河地位的重要性。而将知府级行政机构的管理上升到与行省等同的地位,在清代也是不多见的。

　　秋审勾决在清代被统治者定为"大典",充分表现了清帝对死刑案件复核这一司法程序的重视。经过"三司会审""九卿会审"和皇帝最后的复审,其中一些可以澄清犯罪事实,免于死刑。因清朝的秋审和朝审制度严格限于危害较小的死刑案件,既不会放纵重大犯罪,又使统治者博得"仁政"的好名,所以统治者乐于实行。同时,也有助于法律的统一运用及对司法机关的检查和监督。

　　清朝之所以成为一个巩固的多民族国家不是偶然的。清康熙帝修建避暑山庄,除具有休憩游览的生活功能之外,还在很大的程度上是利用这里作为调整民族关系,结好蒙、藏、维等各个少数民族的一个政治舞台,在给予他们优厚礼遇的同时,利用法律武器把中央的司法管辖深入到少数民族聚居的边陲之地,并以此达到震慑的目的。这是清以前历朝所不及的,也是清朝统一多民族国家比较稳固的重要原因之一。

　　原载于《承德民族师专学报》2003年第3期。

热河道库:清帝巡幸热河时期的备赏银库

滕德永

（故宫博物院 官庭部,北京 100009）

[摘　要]　乾隆时期,为了满足巡幸热河的备赏需要,乾隆皇帝将热河道库作为了备赏银库。虽然名为备赏,实际上在乾隆时期这些银两用途广泛,还被用于宫殿、寺庙的修建及围场树木的砍伐等。直至嘉庆年间,才基本以赏赐为主,令其名副其实。这些银两主要来自户部和内务府。随着嘉庆皇帝的崩逝,热河道库备用银库的功能由此终结,但与内务府之间联系依然存在,不过发挥的作用甚微。

[关键词]　巡幸;热河道库;备赏;户部;内务府

康熙皇帝开启了木兰秋狝与热河避暑的序幕,乾隆、嘉庆则将其推向高潮。在此期间,皇帝频繁地接见各少数民族首领及各国使节,用度浩繁。乾嘉时期,热河道库在其中发挥了重要作用。对于热河兵备道,学界已有著述,但对于其所属的道库研究非常薄弱。据笔者所见,仅有赖惠敏有所涉及,惜用墨不多。笔者结合中国第一历史档案馆所藏档案及清代相关文献探讨热河道库发挥的作用及其深刻的历史原因。

一、热河道库概况

热河道库全称热河兵备道库,它是热河兵备道的属库。据清代档案文献显示,清初基本沿用明代制度设道,但热河道设立于乾隆初年,这源于直隶总督孙嘉淦的奏陈。

　　在奏折中，孙嘉淦强调了设立兵备道的必要性与紧迫性。具体而言，原因有三。其一，热河地区地域广阔，既有的行政机构不能满足需要。"查承德州、八沟四旗，及喀喇沁三旗地方，绵亘数千里，设有承德州知州一员，热河同知、八沟同知二员，四旗通判一员，沿边布列。但职守相等，无所统摄。虽隶霸昌道所属，而该道驻口内，远隔重关，势难遥制。遇有解审案件，往返不无拖累。"其二，热河地区原设行政管理机构，存有诸多缺陷，不利于地方的管理。这一地区的人口以汉蒙为主，另有八旗驻军、内务府皇庄人口等。长期以来，该地以州县模式治理汉民，以盟旗的形式治理蒙人，至于八旗驻军则由所属都统等管理。若各方能各行其政，亦可相安无事，但几方杂处，必须多方协作，才能便于管理。问题在于，"热河武弁现设有副都统、总管、副将等，皆系大员。而文职不过同知以下，品职相悬，未能接洽，不无牵制掣肘之虞。且同知等官皆不能兼辖武弁，遇有巡查缉拿等事，往往呼应不灵"。其三，热河地区事务日繁，需要增设新的管理机构。"再喀喇沁等处种地民人日多于前，八沟、承德等处事务日益殷繁。将来绥辑兵民，经理地方，尚需筹划，而无文职大员料理，难以商酌举行。"

　　针对这种情况，孙嘉淦提出了自己的解决方案。"据臣愚见，似应于古北口外沿边一带地方，添设兵备道一员，于承德州驻扎。将热河等处同知、知州、通判等员，俱归统辖。其兵马钱粮，即令该道经管。其都司、守备等贤否，俱令稽查、察核。如此则文武兵民事权归一，呼应更灵，易于振饬。一切解审事件，俱可就近归结，以省拖累。而将来经理城垣、仓库，绥辑外藩，通商便民之政，亦可次第举行。"①在这里，孙嘉淦充分考虑到当地复杂的情况，以及清代皇帝在此木兰秋狝及常年来此避暑的特殊情况，特别提请添设兵备道。乾隆五年（1740年），热河道设立。作为其财务机构，热河道库亦随之设立。

　　由于资料的缺失，热河道库的内部设置情况不详。一般而言，"兵备道库专贮兵饷，或由布政使司照数移解，或由部拨邻省运往贮用。各道专稽出纳、造册，申督抚、河道总督，分咨兵工二部及本部察核"。毫无疑问，热河道库亦应有此功能，但亦有扩大。乾隆四十三年议准："热河兵饷改归道库支放。"乾隆五十年议准，"围场兵丁红事赏银四两，白事赏银八两；养育兵及孀妇孤子红事赏银三两，白事赏银六两；鳏寡孤独每名月给养赡银一两五钱，孤子俟成丁挑披甲、拜唐阿时裁汰。所需银两于直隶藩库领出，存贮热河道库，分别赏给"。此后，热河道库承应的开支用

────────────

① 中国第一历史档案馆：《直隶总督孙嘉淦奏为遵查口外八沟地方幅员辽阔原设理事同知一员难免顾此失彼请准添设道员等官职守事》，《宫中朱批奏折 04-01-16-0009-053》。

项不断加增，不再一一赘述。

更为重要的是，热河道库地处皇帝经常临幸之地，又不可避免地与皇权发生了联系，并由此在乾隆、嘉庆二帝巡幸热河时期的用项中扮演了重要角色。

清帝巡幸热河始于康熙，不仅旨在锻炼八旗军队，加强与边疆少数民族联系的木兰秋狝，而且有远离京中酷热，来此调理休养的避暑活动。乾隆、嘉庆继位后，皆效法康熙，频繁来此木兰与避暑。与出巡他处不同，清帝的热河之行时间更长，多达三五个月之久。在此期间，需用大量白银。康熙以前，囿于资料的限制，具体情况不详。自乾隆朝始，档案记之甚详。热河道库即为其提供了大量的经费。

就笔者所见，乾隆十九年时热河道库与皇帝巡幸热河发生了联系。是年闰四月十五日，乾隆皇帝为东巡盛京颁布谕旨："盛京户部银两自足赏赐之用，不必随带于途，但今岁有新归附之人，著于部库内拨银十万两，先期送往热河，交兵备道库，以备赏赐之用。钦此！"此后，热河道库成了行在皇帝临时银库，每年按需向其解交银两。乾隆三十年，热河道库交付的银两多达 167914.17 两；乾隆三十六年，热河道库交付的银两更多达 441500.38 两。据笔者所见，其交付银两的最高纪录出现于乾隆四十九年，其数额多达 1069285.71 两。当然，一般年份解交的银两数额不多，基本维持在 5 万两以上。

热河道库解交皇用的银两如此之多，就其用途而言，主要有以下几端：

首先，赏用。巡幸热河期间，清帝更是频繁赏赐随行人员、来朝人员等，有时需用银两甚多。乾隆五十五年，乾隆皇帝八旬万寿，边疆少数民族首领及外交使节等奔赴避暑山庄庆祝。在此期间，赏项颇多。据内务府统计，广储司为此支放银 1.5 万余两。[1] 乾隆五十九年，户部一次领取赏赐内阁、户部、礼部、工部、侍卫处、御茶膳房、提督衙门、鸟枪处、銮仪卫向导处、上驷院、太医院、粘杆处、内务府都虞司、会计司、武备院共计 18 处官兵赏银 15851 两。此外，户部还先后领取赏赐银两 22035.35 两。这并非年热河之行赏赐的全部，还有经广储司赏赐出去的银两，具体数目不详，但广储司仅从热河道库借用赏赐银两多达 8000 两。也正因如此，在档案中热河道库将此项银两称为"备赏银两"。

其次，官兵等人费用。这里的官兵主要包括两个部分：热河行宫守卫官兵和皇帝的随围官兵。乾隆初期，围场兵丁钱粮皆由京中派支，"往返需时，偶值雨水，更滋糜费"，后经大学士傅恒奏请"围场兵丁钱粮就近热河道库春秋二季支放，每年

① 中国第一历史档案馆：《乾隆五十五年九月二十日总管内务府（广储司）奏为皇帝驾幸热河赏过银两数目事》，《奏案 05-0430-025》。

于解送热河道备赏银两之便,多解银二万两,以备支放"。乾隆二十九年,围场总管齐凌扎布以"围场官俸内银米,例由京城该佐领办给,多有不便"为由,奏请"照围场兵丁例,银由热河道库支领",并得到谕允。由此,围场官18人,"每年应领俸银,按季造册,亦由热河道库支领"。是年,随围官兵共计1861人,共应补领路费银7174.06两。此外,还有京中各衙门兵丁3212人,共需路费银19683.16两。热河驻守官兵衙署、军营建设费用亦多取自热河道库。康熙时期,为了加强对避暑山庄的管理,设置热河总管。雍正时期,热河设"总管一员,副总管二员,佐领十六员,晓骑校十六员,笔帖式二员,兵八百名"。乾隆初年,又改设热河副都统。热河副都统有统辖八旗、总管围场之责,是皇帝热河行围的安全保障,其经费获得热河道库的支持。乾隆三十一年,热河副都统请领修理围场兵丁营房银6000两。乾隆三十六年,热河副都统、热河总管先后4次咨领修建副都统衙署以及官兵房间工物等项银共39000两。再次,兴建宫殿、寺庙等工程用款及维护费用等。该项费用主要集中在乾隆年间。乾隆皇帝继位后,对避暑山庄进行了大规模的扩建,增修宫殿和多处精巧的园林。据内务府统计,至乾隆二十九年,热河园内先后添建宫殿22处。这些宫殿、园林维护费用颇巨。乾隆三十五年,"修理热河园内河道、桥闸,并铺盖街道旗民铺面房间等工银二万两,又热河工程档房咨领园内河道清挖潮浅、修理桥闸、泊岸、城墙、牌楼等工银三万两"。乾隆三十六年,"热河园内及南路喇喀河屯等五处行宫,北路钓鱼台等八处行宫,共十四所。其中修理桥闸、补砌墙宇、裱糊房间等项共银二万四千八百八十两"。这些经费皆来自热河道库。乾隆四十七年八月,乾隆皇帝更是谕令热河道库将备用银两392850两拨交热河工程处应用。[①] 此外,为了满足皇帝信仰及联络边疆少数民族的需要,自康熙后期开始,皇帝在热河修建藏传佛寺。至乾隆时期,这种兴建活动达到顶峰。先后修建了普宁寺、普佑寺、安远庙、普乐寺、普陀宗乘之庙、罗汉堂、广安寺、殊像寺、须弥福寿之庙、广缘寺等。其修建经费亦经常取资于热河道库。乾隆二十九年十二月初一日,热河工程总理处行文热河道库,请领舍利塔、碧峰门、仿功德山、西岭晨霞楼、普宁寺等工,"共计银十三万一千三百一十四两四钱四厘,俱由热河道库如数支领"。其中,普陀宗乘之庙是外八庙中规模最大的一座,自乾隆三十一年至乾隆三十六年该工程共领内库银129万余两,并"领过热河道库银二十万两"。

最后,其他费用。热河道库储存的大量白银系"备皇上巡幸赏赉及工程等项之

---

① 中国第一历史档案馆:《乾隆四十七年八月十一日为热河道库存银著拨热河工程处备工应用事》,《军机处全宗03-18-009-000046-0002》。

用",实际应用时虽不限于此,但亦多与皇帝在热河的活动有关。乾隆皇帝还将其广泛用于他途。围场树木的砍伐运输即是其一,且用款较多。乾隆三十七年,仅此一项即用款97000余两。乾隆三十九年,用款37500两。此外,乾隆皇帝还用于救助受灾旗人与兵丁。乾隆三十五年,因热河地区遭受水灾,乾隆皇帝赏银救助。热河副都统自热河道库领银3340余两,热河总管领银1100余两。需要说明的是,这些用项主要集中在乾隆时期,至嘉庆时期则大为缩减。据嘉庆十二年(1807年)热河道库的奏销档案显示,其开除项下主要有工程银两7960余两,官兵盘费及各种赏银29210余两,采买庄头米石加价生息本银25000两。① 嘉庆十四年,热河道库开除项下主要有工程银15380余两,广储司备借银2000两,官兵盘费及各种赏银22640余两。② 总之,热河道库充足的存银为乾隆、嘉庆皇帝的热河之行提供了充足的经费支持,保证了各项事务的顺利开展。问题在于,热河地区经济较为落后,不能提供充足的税源,需要开辟新的经费来源,以保证库储的充足。

问题在于,当时的热河既有热河副都统,又有热河总管,其衙署都是可以选择的对象,但乾隆皇帝为何选择热河道库作为备用银库? 笔者认为原因有三。

其一,赏银的户部属性。清帝的热河之行,乾隆、嘉庆年间几乎每年都要举行,少有间断。在此期间,除与各少数民族首领们围猎、筵宴、观看摔跤、烟火等表演,清代皇帝还赏赐他们大量物品与白银。其中,赏赐的物品主要来自内务府,主要有衣帽、鞍袋、药刀等,后折赏给缎匹,交由广储司备带,赏赐的银两则主要来自户部。乾隆年间赏赐蒙古王公的银两数目约为1.1万余两,嘉庆年间基本维持此数。从来源上看此项银两分属户部,是国家管理体系,而热河总管属于内务府管理体系,这使得它并不适合存放在热河总管衙署内。

其二,热河副都统的局限。就清代的行政体系而言,热河副都统属于八旗驻防体系,属于军队系统。清代对统兵将领,管束甚严,无论是出征还是驻守地方,其"所用粮刍,该督抚布政使按期支给"。康熙以后,"各省提镇、驻防将军,掌兵权而不擅财赋,与文臣互相牵制焉"。乾隆皇帝曾敕谕察哈尔八旗都统巴尔品等:"尔宜持躬公正,律己严明,董率属弁,训练兵丁,练习行围,以精技艺。整理器械,以壮军容。所统弁丁,有不遵训令者听尔参处……凡一切事宜俱照题定事例办理。至钱谷词讼,民间情事俱属地方官管理,不得干与。"这都是军权与财权分离思想的体

① 中国第一历史档案馆:《嘉庆十三年五月二十七日总管内务府(广储司)呈为热河道库一年进费数目单》,《奏案05-0534-087》。
② ③中国第一历史档案馆:《嘉庆十四年四月十八日总管内务府(广储司)呈为热河道库一年出入银两数目单》,《奏案05-0542-018》。

现。热河副都统是热河军事驻防的最高将领,故不能兼管地方财务,至于军中所需经费则由户部和地方藩库拨解。这也决定了该衙署库房不能存贮户部运解的备赏银两。

其三,热河道库的优势。热河道设立之初,分辖热河、八沟、四旗、承德、塔子沟等四厅一州,地域广阔。其后,所辖区域略有变化。至于道员的品级,前期较为混乱,乾隆十八年时统一定为正四品,与热河行宫总管同级、宫中的二等侍卫、副护军参领、副前锋参领等同级,高于户部郎中、户部员外郎以及广储司司库等人的级别。而且热河道衙署即在承德,与避暑山庄相距甚近。这为其与户部和内务府的业务往来提供了便利。乾隆二十九年八月,乾隆皇帝谕令户部拨银 40 万两,交热河道库备用。当户部银两运抵热河,热河道揆义即"将户部委员解到备用银元宝四十万两当堂兑收贮库",并出具收管印信,交给委员带回备案。① 与接收户部银两不同的是,内务府广储司拨解的银两需要热河道自行派人领取。乾隆五十五年十一月,乾隆皇帝谕令拨解广储司银 30 万两,存热河道库备用。在领运过程中,热河道尚要配备车辆、护送兵丁及行文途径地方官员相助护送,以及行文兵部,给发出古北口车辆、人员公函的照票等诸多事宜。由于途径地方主要是热河道辖区,办理亦较为便宜。

综上所述,热河道库有地理位置上的便利,又有相当的行政级别,由此成为备赏银两的最佳储存地。自乾隆中期开始,便充当了清帝巡幸热河时期的备用银库。

二、热河道库经费的来源

据档案显示,热河道库的经费主要来自户部和内务府广储司。

在乾隆中前期,户部是热河道库经费的最主要来源。清代的档案文书并未明确记载户部向热河道库拨解银两的时间。乾隆皇帝曾言及此种办法,"每年巡幸热河,各项赏用银两,从前亦系部库备带,后经谕令改归热河道库支发,年来行之颇便"。文中亦未述及户部拨银开始的时间,仅表露出乾隆皇帝对这种办法的欣赏,但其中的"年来"显示时间未久。就笔者所见,这种拨解至迟发生于乾隆十九年。它与乾隆十八年冬厄鲁特蒙古四部之一的杜尔伯特部来归有直接关系。对于该部归附,乾隆皇帝非常重视,授予首领爵位,并赏赐金银缎匹等物品。乾隆十九年闰四月十五日又颁布谕旨:"有新归附之人,著于部库内拨银十万两,先期送往热河,

---

① 中国第一历史档案馆:《乾隆二十九年九月直隶热河兵备道揆义呈咨军机处受到银两缘由事》,《军机处全宗 03-0647-080》。

交兵备道库,以备赏赐之用。"此后的一段时间内,户部频繁向热河道库拨解银两。乾隆二十年,户部拨银 50 万两。乾隆二十五年,拨银 10 万两。乾隆二十九年拨银 50 万两。

从中可以看出,户部拨银数额并不固定,而是视此项银两的使用情况而定,若有不足,再行奏请拨解。但傅恒认为:"与其俟动支将完,临时陆续请拨,莫若于户部预请拨银四十万两,存贮备用。"行之不及一年,热河道即奏请改变。乾隆三十年,热河兵备道揆义即以上年户部拨解银两较多,除各项动支外,"现存银三十六万余两,为数尚多,足敷应用"为由,请求"或俟至开除动用,止存银十数万两时,再行拨给;或即于此时交户部拨银三十万两备存道库,亦可省往来动拨"。于是,户部拨银的数量依然随时变化。乾隆四十一年,户部拨银 30 万两。乾隆四十三年,户部拨银数量更是多达 100 万两。

至乾隆后期,内务府广储司则取代户部,成为热河道库经费的主要供应方。其实,早在乾隆三十五年,因内务府存储银两过多,乾隆皇帝谕令广储司解银 50 万两,交热河道库存储备用。① 至乾隆三十六年十月二十七日,乾隆皇帝再次谕令广储司拨银 50 万两,交与热河道库存贮备用。但此后广储司大量库银被拨解至户部和盛京,而拨解热河道库的行为犹如昙花一现,旋即中止。直至乾隆五十年,这种状况才发生了改变。据研究显示:自乾隆五十年至六十年,广储司 6 次向热河道库拨解银两,共计 220 万两。

嘉庆时期,热河道库亦基本照此办理。在嘉庆皇帝继位之后,太上皇帝乾隆仍然主导一切事务。在此情况下,嘉庆皇帝陪同乾隆 3 次临幸避暑山庄。由于热河道库存银尚足,广储司并未拨解。嘉庆四年,因乾隆皇帝崩逝,嘉庆皇帝暂时停止了热河避暑。嘉庆六年,嘉庆皇帝决定重启木兰与避暑,并令各衙门"照例预备"。是年三月十五日,热河道庆章以"今岁恭奉皇上驻跸热河,中秋后巡幸木兰,应赏扈从官兵以及行围打鹿人等赏银、路费,约计用银四五万两不等,(热河道库)现存备赏银两不敷应用"为由,奏请按照惯例,"由广储司银库拨给,领解备用"。② 至该年五月,嘉庆皇帝谕令广储司拨银 10 万两,存热河道库备用。③ 此后,嘉庆皇帝缩减

---

① 中国第一历史档案馆:《乾隆三十五年四月八日直隶热河兵备道明山保呈明收到备用银两缘由事》,《军机处全宗 03-0651-007》。

② 中国第一历史档案馆:《嘉庆六年三月十五日总管内务府(广储司)奏为热河道库请领银两备用事》,《奏案 05-0488-016》。

③ 中国第一历史档案馆:《嘉庆六年五月十六日总管内务府(广储司)奏为拨给热河道库银两事》,《奏案 05-0489-011》。

了拨解热河道库的银两数额。嘉庆十八年,内务府奏陈广储司拨解道库银两情况:"皇上巡幸木兰,所有扈从官兵以及行围打鹿人等赏银、路费等项俱系动用道库银两,嘉庆十二年、十四年、十六年、十七年存贮银两因不敷用,均经奏请由广储司银库存贮项下拨给银五万两备用。"

其实,在户部和广储司之外,当铺生息余利银也是热河道库的财源之一。它的产生与热河所属一条旱河的清理有直接关系。因该河途经地带,沙石颇多,经常淤塞河道。为此,热河地方多次清理。乾隆五十六年,直隶总督梁肯堂奏称:"旱河复经淤塞,应请随时修浚。"和珅、福长安随同热河道勘查了河道,核算清理工程需银3000余两。同时,和珅、福长安虑及"若每年奏请动项兴修,国家经费有常,年复一年,伊于何底?殊非经久之计"。对此,热河道全保提供了解决方案:"请动拨热河道库备赏银五万两,交与所属各州县当铺按一分生息,每年可得息银六千两,遇闰加增,作为岁修旱河之费",并得到和珅、福长安等认可。由此,此项当铺生息银两亦归入热河道库。这些银两并非每年皆能用罄,多有剩余。乾隆五十八年,旱河工程只用银3150余两。乾隆五十九年,该工程用银3460余两。为此,嘉庆皇帝于嘉庆五年谕令"嗣后每年承德府六州县生息余利银两,亦照例交热河道库"[1]。

综合而言,户部是热河道库最为重要的经费来源,广储司虽然数目稍逊,但供应的时间长,自乾隆五十年开始,直至嘉庆二十五年,多达35年。至于当铺生息银数目无多,是皇帝热河之行用银的重要补充。

三、热河道库银两的奏销管理

热河道库的管理采用了当时通行的四柱清册办法。即在奏销时,热河兵备道需要将道库收管的银两按照旧管、新收、开除、实存四个类别,将详细情况一一开列。再由负责官员遵照规定,按时呈交管理衙门,进行审核。

在其奏销清册中,虽有四项,但最为重要的是新收和开除两项。从前文可以看出,新收的主要来源是户部和内务府,至于其他来源,除当铺生息银外,主要是各处预支未能用罄银两,数目无多。所以在热河道库奏销的早期,它们并未开列新收的明细,只是记录该年入款的总量,乾隆二十七年、二十八年都是如此。即使如此,因为涉及的机构和人员众多,情况较为复杂,亦不能稍有含混,以致发生舛误。自乾隆三十九年开始,热河道奏销道库银两时即详细开列新入款项,"新收总理工程处

① 中国第一历史档案馆:《嘉庆五年六月十一日总管内务府(广储司)著查明热河道库现存银两数目事奉旨单》,《奏案05-0483-013》。

交还趱办布达拉庙借领道归款银二十万两，热河工程档房还清挖园内河道等分赔银八百六十八两五钱四分三厘五毫，户部委员永熙等缴回备带行围赏赐余剩银七十四两，热河副都统扣饷还借用购买孳生牛羊银六百三十两二钱，共新收银二十四万五千三百三两一钱四分四厘，核算数目相符。"此后，热河道库的奏销皆以此办理。

与新收项相比，热河道库的开除项则相对严谨，自奏销之初即条目清晰：要求开列领用银两的机构及详细用途。从奏销档案中可以看出，领银的机构主要有行在户部、内务府及热河属地机构。其中，行在户部领用银两的频次最为频繁，每年都有，至于热河属地机构与内务府则视需要而定，并不固定。乾隆三十六年，户部先后领银 15 次，热河地方先后领银 4 次，内务府该年并未领用。至于领银数目，户部 22.1 万余两，热河地方领用 17 万两。乾隆六十年，行在户部领银 19 次，内务府领银 3 次，热河地方领银 4 次；其领银数目分别为 3.8 万余两，1.1 万余两和 1.8 万余两。此外，热河道库前期的奏销，有时按照领银机构分类，然后按照时间顺序开列领银数目，并最终汇总统计各处领银总额；有时只开列领银的机构及领银的频次和总额；有时则只是简单地按照时间先后进行排列，既不分类处理，也不作汇总统计，只是计算开除总数。

热河道库奏销的时间前后有所变化。乾隆三十年以前，其奏销的时间应为该年的九月。乾隆二十七年八月，热河兵备道良卿呈报乾隆二十六年八月二十七日起至二十七年八月十八日止道库存贮备赏银两动用数目的四柱清册。乾隆二十八年、二十九年、三十年，热河道皆于是年八月奏销道库用银情况。至乾隆三十一年始，热河道奏销道库用银的时间改为了是年的十月份。这年的十月份热河道增福呈报乾隆三十年九月十三日起至三十一年七月二十七日止道库存贮备赏银两动用数目的四柱清册。乾隆三十五年十一月，因热河道未能按时呈报奏销清册，军机处令其"即速造开总册，送交臣等以便奏销"。热河道明山保回复的情况不详，但至十二月份他始行奏销。以此为契机，此后热河道又将奏销的时间改为了奏销之年的十二月份。此次更易之后，这一奏销时间成为定例，延续至清末。

热河道库储银的奏销对象前后亦有变化。乾隆时期，其奏销的对象是军机处。乾隆二十五年十月十九日，经户部奏准，热河道库备用银两"如有动用之处，造册呈报军机处查核"①。但从前文知道，乾隆支用热河道库银两的时间较早，但对于如

---

① 中国第一历史档案馆：《乾隆二十七年八月直隶热河兵备道良卿呈明动用备公银两数目事》，《军机处全宗 03-0498-017》。

何奏销并未见之记载,至于乾隆二十五年以后则执行这一制度。乾隆三十八年十二月,因热河道库的奏销清册尚未呈达,军机处进行督催,"查得热河道库每年支放银两,向例由该道造具总册,呈送本处查核奏销。本年未据送到,相应饬知该道,即将乾隆三十八年分动用银两总册造送军机处,以便核办"。文中明确表明,热河道库也的确向军机处奏销。而在遇有奏销问题时,军机处亦会令其改正。乾隆五十七年,热河道呈报乾隆五十六年八月初五日起至本年七月二十二日止道库用银的四柱清册,但军机处管理大臣认为此奏有不合之处,"查奏销动用银两,例应年清年款,以凭核办。本年皇上启跸回京系八月二十五日,所有动用银两数目自应截至八月二十五日为止,方足以清年款。今止截至七月二十二日,而八月内动用之数又需于来年开除项下报销,殊属牵混。除将原册驳回,饬令该道将四柱清册遵照札谕,截至本年八月二十五日按款开报,本处再行核办外,嗣后此项银两总需于圣驾到滦驻跸之日起至启跸回銮之日止,年清年款,毋再前后接算,稍有含混,致干驳斥也。"

其实,热河道库向军机处奏销存在诸多问题。首先,军机处是处理军国大事的机构,并非专管经费;其次,军机处并不管理经费出入的档案,不能审查热河道库经费出入是否合理,仍需交由户部和内务府进行办理。嘉庆时期,军机处意识到其弊,奏请"嗣后此项热河道库收贮银两,应请令该道一并报明直隶总督,归入奏销案内办理,以归核实"。为此,嘉庆四年六月十三日颁布谕旨:"所有热河道库收贮备用备赏银两,著该道于年底造册呈报内务府查核奏销,不必具报军机处并直隶总督。"嘉庆四年十一月二十七日,军机处行文热河道,"所有该道收发生息等项银两,应遵照前奉谕旨,一体造报内务府核办。除将此次呈报弁兵差费及香灯供献收交生息银两二款,转交内务府外,相应札知,嗣后应由该道经行呈报内务府,毋庸呈报本处,可也"。由此,热河道库的奏销对象由军机处变成了内务府。

四、热河道库备赏功能的衰减

乾隆年间,热河道库存银数目巨大。在乾隆皇帝崩逝以前,热河道库存银仍多达30余万两。即使到嘉庆五年六月,热河道库仍存银286100余两。[①] 至嘉庆五年,其数额大幅缩减。是年六月,在内务府查明热河道库存银情况后,嘉庆皇帝谕

---

① 中国第一历史档案馆:《嘉庆五年六月十一日总管内务府(广储司)奏为查明热河道库现存银两数目事》,《奏案 05-0483-012》。

令将其中的 15 万两拨交广储司，其余 13 万余两留道库备用。① 由此，热河道库的存银基本维持在 5 万两上下，几乎未有超过 10 万两者。这与乾隆时期形成了鲜明的对比。而热河道库存银数量的下降并非仅是数字的变化，凸显的是道库地位的下降。

嘉庆皇帝未在热河大兴土木是直接要素。经过康熙、乾隆两代皇帝长期的经营和建设，承德避暑山庄规模宏大，周边寺庙众多，可以满足皇帝的修养和统治需要。而无论是皇帝避暑的宫殿，还是进行佛教活动的庙宇，都需要巨额的经费支出。据统计，乾隆年间热河仅修建藏传佛寺用银 4869964 两。至嘉庆年间，皇帝可以享用前人成果，没有必要在此继续大兴土木，建造宫殿庙宇。由此，清代皇帝在此巡幸期间的经费大幅下降，直接导致热河道库存银的减少。

嘉庆皇帝对相关政策的调整则是根本原因。热河道库存储的银两名为备赏，实际应用则非常广泛，嘉庆皇帝将其奏销统归内务府管理之后，则将其严格限制在赏项范围之内，其余各项则排除在外。乾隆四十四年，热河道库出项中有工程银 24210 余两，抚恤银 100 两，借出银 6200 两，砍伐木植银 55000 两，内府官兵路费 9120 余两，各项赏银 18320 余两，内阁、礼部等官兵路费 5780 余两。而在嘉庆八年，热河道库的用款中只有旱河工程银 4230 余两，广储司借银 3000 两，赏银 19330 余两，内务府人员及东三省学习行围官兵、索伦莫尔根官兵回程路费 3590 余两。从中可以看出，嘉庆时期热河道库的支出项目中除没有大宗的工程银两外，还取缔了砍伐木植费用，以及行在内阁、户部等机构官兵费用，使得支出银两大为减少。

此次调整之后，热河道库承应皇帝在此期间的用银数目降幅很大，基本上不足 5 万两，且用银以赏银为主。嘉庆九年，热河道库开除银 26298.7 两，其中赏银 20070 余两，约占总数 76.3%。嘉庆十八年，热河道库开除银 39710 余两，其中赏银 28650 余两，②约占总数的 72.1%。由此，热河道库银两成为真正的备赏用银，名实相副。更为重要的是，嘉庆皇帝还将热河道库几乎转化为了内府银库。前文中，嘉庆皇帝谕令热河道库不再向军机处奏销，改为向内务府奏销。其实，若从热河道库银两的最初来源讲，这种改变并无道理，但自乾隆后期开始，广储司成为了热河道库银两最为重要的来源，则为其改变创造了条件。嘉庆七年二月二十日，嘉庆皇帝

---

① 中国第一历史档案馆：《嘉庆五年六月十一日总管内务府（广储司）著查明热河道库现存银两数目事奉旨单》，《奏案 05-0483-013》。

② 中国第一历史档案馆：《嘉庆十九年闰二月初七日总管内务府（广储司）呈热河道库一年进费银两清单》，《奏案 05-0570-077》。

即谕令广东地方备贡银两收到时分别解交圆明园和热河道库。① 至嘉庆八年七月二十九日,嘉庆皇帝谕令外省解交广储司的银两中,5 万两交热河道库,存储备用。② 嗣后,5 万两成为广储司拨解的固定额度。由此,广储司成为热河道库的法定解款者。

　　至此,除直接的管理人员外,热河道库无论是在银两来源方面,还是奏销的管理审查,都已经归属了内务府体系。这应是乾隆时期遗留的问题。嘉庆皇帝没有完全改变既有的成案,仍然保留了乾隆时期的一点遗迹。其实,嘉庆皇帝完全可以抛开热河道库,将该项银两存储于承德避暑山庄之内,芳园居即是较为理想的选择。不过,嘉庆皇帝最终并未如此办理。而在嘉庆之后,清代皇帝不再木兰秋狝,也不再临幸避暑山庄,亦不再需要备赏银两。热河道库备用银库的功能由此终结,但由于避暑山庄的存在及嘉庆时期确立的与内务府的管理关系,使得其与内务府之间仍存在着联系,经常出现于清宫档案之中,然所发挥的作用甚微。

　　原载于《河北民族师范学院学报》2021 年第 2 期。

---

① 中国第一历史档案馆:《嘉庆七年五月十四日档房为广东粤海关解交造办处备贡银两拨解热河道库应得出古北口车辆照票等事》,《内务府呈稿 05-08-030-000070-0038》。
② 中国第一历史档案馆:《嘉庆八年七月二十九日总管内务府著将应解广储司之项转解热河芳园居道库各五万两事奉旨单》,《奏案 05-0504-078》。

纪晓岚与避暑山庄

蒋秀丹

（承德市文物局 热河书画院,河北 承德 067000）

[摘 要] 清代大儒纪晓岚,由于受命担任《四库全书》的总纂,曾先后多次来承德,校对、修改《四库全书》。在山庄闲暇时撰写了《滦阳消夏录》和《滦阳续录》,其中对承德的山川秀美多有论述。纪晓岚用自己的才情丰富了避暑山庄的文化内涵。

[关键词] 纪晓岚;总纂;滦阳;文化内涵

避暑山庄修建于康乾盛世,自它初具规模始,几乎每年康熙、乾隆两位帝王都要大驾临幸,满朝王公大臣将扈从避暑山庄视为极大的政治殊荣,他们中的一些文臣以所见、所感、所想累积成书或者札记、诗文,为避暑山庄文化史谱写了绚丽的篇章。如康熙朝的汪灏、张玉书分别著有《随銮纪恩》《扈从赐游记》。而在乾嘉时代有这样一位大学者,多次蒙恩扈从避暑山庄,著述享誉当时,流传后世,他就是声名远播的文坛领袖纪晓岚。

一、纪晓岚总纂《热河志》

纪晓岚,名昀,又字春帆,晚号石云、又号观奕道人、孤石老人,人称茶星、纪河间,谥文达。生于清朝雍正二年(1724 年),卒于嘉庆十年(1805 年),官至协办大学士,太子少保兼国子监事,官位达到一品,一生极其荣耀和显赫。他曾经数次来到避暑山庄,乾隆二十一年(1756 年),他三十二岁时被授予庶吉士,因纂修《热河志》第一次扈从到承德,据《钱竹汀居士年谱》载:"尚书休宁汪文端公由敦、侍郎新建袠文达公曰修、富春董文恪公邦达,被旨修《热河志》,属居士(钱大昕)与纪晓岚任总纂之役。其秋大驾幸木兰,汪、裘二公奏二人,即令扈从热河,就近采访排纂。途中恭和御制诗进呈,天语嘉奖。由此馆中有南钱北纪之目。"可见这一年,他被三位授业师汪由敦、裘曰修、董邦达推荐,与钱大昕任总纂官,奉诏编纂《热河志》。

《热河志》最后成书于乾隆四十六年,因《热河志·进表》记载"御前待卫内大臣户部尚书(臣)和珅,经筵讲官户部尚书(臣)梁国治诚欢诚忭,稽首顿首,上言,臣等奉敕编辑《热河志》成书,谨奉表上进者……"其中没有提到纪晓岚,许多人误认为纪晓岚没有参加编写。笔者认为,《热河志》编纂开始于乾隆二十一年,完成于乾隆四十六年,这期间有许多人参与编纂,像前文提到的汪由敦、裘曰修、董邦达、纪晓岚、钱大昕,还有曹仁虎、和珅、梁国治。但是《热河志》最初是由纪、钱两人任总纂编写而成八十卷,首创二十四门的体例。因内容比较简略,后奉乾隆帝旨意,增补内容,详加辨证。所以曹、和、梁三人在原有规模的基础上续编《热河志》。曹仁虎《热河怀人》可以证明纪晓岚参与其事。诗云:

> 河间著作才,舆志资编纂。初登词苑班,即备属车选。踵事逮末儒,依类订成卷。余义在引申,匪曰夸证辨。

"河间"即纪晓岚。曹在诗注中说:"庶常扈从热河,始于先生(此指纪昀)暨钱竹汀,以方创辑《热河志》也……余承先生后,增订《热河志》,体例一遵原书,惟辨老河之非即白狼水;潢河之非即饶乐水;中京长兴县,即在大定府城内诸条,为前书所未及。"小纪晓岚八岁的曹仁虎,官至侍读学士,接替纪晓岚增订《热河志》,另有《续怀人诗》,表达对纪晓岚的钦敬之情。

二、纪晓岚主持编纂《四库全书》

纪晓岚第二次到避暑山庄是在乾隆三十六年,早在三年前,纪晓岚因其姻亲两淮盐运使卢见曾盐务案泄密事获罪,革职逮问,充军乌鲁木齐。越三年被召还,迎驾承德。"乾隆丙子土尔扈特使臣入贡,臣适扈从热河,叨预恭和圣制",立成五言三十六韵,进献《御试土尔扈特全部归顺诗》。得旨优奖,先授编修,很快恢复侍读学士职。对纪晓岚来说,避暑山庄无疑是福地洞天,幸运之神再一次降临身边,受命主掌《四库全书》,任总纂官,这是他一生事业最辉煌的顶点。编纂《四库全书》被称为有清一代的文治盛举。自乾隆三十七年正式开馆编修,历时 10 年,始告完成,收入 3461 种书,共 79309 卷;存目的有 6793 种书,93551 卷。这一万种书籍,按照中国古代传统的经史子集四部分类办法,作了系统的编排。皇子永瑢任总裁,总纂除纪昀外，还有陆锡熊，总校陆费墀。对部分清廷认为有违碍的书籍，或删掉，或篡改，尽失原书本来面目。但是它基本上包括了乾隆以前中国历代的主要著作，使许多典籍为中华民族保存了文化遗产，仍不失为举世闻名的珍贵典籍。早于《四库全书》成书的《四库全书总目》，以纪晓岚为主撰，是一部对万种文献扼其旨意，得其大要的宏伟的学术巨著，代表了中国古典目录学的最高成就。乾隆三十九年以《总目》二百卷篇帙过巨，纪晓岚又奉命简编《四库全书简明目录》二十卷，既有利于推广学术，又嘉荫士林。国家藏书总目同时编制繁简二本是清朝以前各代所没有的创举。清仁宗颙琰对总纂纪昀评价："美富罗四库之储，编摩出一人之手……似此集成今古备册府之大文，皆其宣力始终，尽儒臣之能事。"《四库全书》告竣后，用毛笔工楷先缮写成四部，送藏北京皇宫文渊阁，沈阳盛京文溯阁，北京圆明园文源阁，承德避暑山庄文津阁，是为北四阁。后又缮写三部，分储南三阁。纪晓岚为校理庋藏文津阁《四库全书》之故，先后四次扈从承德。他在《槐西杂记》中说："余校勘秘籍，凡四至避暑山庄：丁未以冬、戊申以秋、己酉以夏、壬子以春，四时之胜胥览焉。"乾隆五十二年正月，纪晓岚升任礼部尚书，充经筵讲官。五月乾隆帝发上谕："热河文津阁所贮《四库全书》。朕偶加翻阅其中讹谬甚多……因思文渊、文源二阁所贮《四库全书》，其讹舛处所，亦不一而足"，"著将文渊、文源、文津三阁书籍，所有应行换写篇页，其装订、挖改工价，均令纪昀、陆锡熊二人一体分赔"。"复令纪昀率原校疏漏之员往校文津阁书，陆锡熊往校文溯阁书。"因此这年冬天，纪晓岚奉敕来到了避暑山庄。乾隆五十三年秋，为校勘《四库全书》，纪晓岚再至避暑山庄。经过仔细校对，他向乾隆帝奏陈校勘结果和赔罚意见："查出誊写落字句偏谬各书六十一部，漏写《永乐大典》书三部，坊本抵换者一部，漏写遗书八部，缮写未全者三部，坊本抵换者四部，排架颠倒书四十六部，匣面错刻漏刻及书签误写者共三十部。其遗漏抵换诸书，请交武英殿、翰林院二处查寻底本，俟回京赔写；其应换刻匣面，俟赔写书完后，仍赴热河，携带工料，亲自监阅抽改。所有应赔书带书面，请按数于武英殿交价领用。"乾隆五十四年夏，纪晓岚第三次到避暑山庄，这次不像前两次那么辛苦，他自己说："乾隆乙酉夏，以编排秘籍役滦阳。时校理久竟，特督视官吏题签庋架而已。"然而，乾隆五十六年七月，弘历偶而翻阅文津阁书，见扬子《法言》卷一首有空白两行，一核对，发现是将晋、唐及宋人注释名氏漏写了，其他书内也发现个别错字，他又对总纂纪晓岚、陆锡熊大加申斥。于是纪昀在乾隆五十七年春第四次来到避暑山庄。复查结果，文津阁书仅经部即有空白舛处一千多条。经过这四次校勘，文津阁书查出了许多错误、谬舛之处，另外缮写改正并抽换,对校勘中甘苦,纪晓岚自有一番感受:"检校牙签十万余,濡毫滴渴玉蟾蜍。汗青头白休相笑,曾读人间未见书。"毋置疑,避暑山庄文津阁《四库全书》成为珍贵的善本书,纪晓岚功不可没。

三、纪晓岚创作《阅微草堂笔记》

《阅微草堂笔记》二十四卷为纪晓岚五种笔记即《滦阳消夏录》《如是我闻》《槐西杂记》《姑妄听之》《滦阳续录》的汇刊,始撰于乾隆五十四年历时九年,成书于嘉庆三年。嘉庆五年门人盛时彦为之校订合刊,用纪昀在北京的书斋名名书。并为之作序曰:"河间先生以学问文章负天下重望,而天性孤直,不喜以心性空谈,标榜门户;亦不喜才人放诞、诗社酒社、夸名士风流,是以退食之余,惟耽怀典籍;老而懒于考索,乃采掇异闻,时作笔记,以寄所欲言。《滦阳消夏录》等五书,俶诡奇谲,无所不载;洸洋恣肆,无所不言。而大旨要归于醇正,欲使人知所劝惩。"鲁迅先生在《清之拟晋唐小说及其支流》中对此书给予高度评价:"测鬼神之情状,发人间之幽微,托狐鬼以抒己见者,隽思妙语,时足解颐,间杂考辨,亦有灼见。叙述复雍容淡雅,天趣盎然,故后来无人能夺其席,固非仅借重以传者矣。"

《阅微草堂笔记》中的两部笔记《滦阳消夏录》和《滦阳续录》创作完成于承德。上文提到,乾隆五十四年纪晓岚因校理《四库全书》扈从承德避暑山庄。"昼长无事,追录见闻,忆及即书,都无体例。小说稗官,知无关于著述;街谈巷议,或有益于劝惩。聊付抄胥存之,命曰《滦阳消夏录》。"九年后,即嘉庆三年五月,纪昀最后一次扈从避暑山庄,"退值之余,昼长多暇,乃连缀成书,命为《滦阳续录》。七月告成"。这两部笔记虽然不是关于避暑山庄的专著,但书中对之亦有生动的记述:"莲以夏开,惟避暑山庄之莲至秋乃开,较长城以内迟一月有余。然花虽晚开,亦复晚谢,至九月初旬,翠盖红衣,宛然尚在。苑中每与菊花同瓶对插,屡见于圣制诗中。盖塞外地寒,春来较晚,故夏亦花迟。至秋早寒而不早凋,则莫明其理,今岁恭读圣制诗注,乃知苑中池沼汇武列水之三源,又引温泉以注之,暖气内涵,故花能耐冷也。"行文至此,我们有必要多说几句,因为纪晓岚似乎对避暑山庄的莲花情有独钟,他不仅在笔记中不吝笔墨详加述及,而且在他的御览诗中也有四首是咏诵山庄莲花的。

其一　恭和御制晚荷原韵

天然清韵出群芳,晚放犹余冉冉香。

秋露如珠莹妙相,寒塘似镜映仙装。

山中桂树同留月，木末芙蓉共拒霜。

岂是莲心偏耐冷，恩波只有御沟长。

其二　恭和御制莲原韵

亭亭出水满汀开，初日芙蓉若此哉。

时对吟诗谢康乐，方知雕绘是粗材。

澹沱晴烟幂水低，红衣翠盖望中齐。

双湖夹镜臣曾见，绝胜江南卷画溪。

其三　恭和圣制咏荷花原韵

莲开那得晚如斯，从古词人未有诗。

应为山庄作秋色，花神有意故留之。

较榴花更得春迟，此际榴花却让斯。

记得奎章天下诵，插瓶荷对傲霜枝。

其四　恭和圣制对荷原韵

天然千顷汇汪汪，水法何须问外洋。

泉似圣人心溥博，花如君子品端良。

天嫌长夏才新放，得到深秋尚晚芳。

信是此中涵帝泽，瑞莲沾润亦绵长。

诗人用清新淡雅的词语娓娓道出山庄莲花清韵傲霜、亭亭玉立的高贵品质，特别对晚开晚谢，为山庄秋色增辉的特性更是赞叹不已。

纪晓岚在《滦阳续录》中记述承德的自然风光："长城以外，万山环抱，然皆坡陀如冈阜。至王家营迤东，则嵚崎秀拔，皴皱皆含画意。盖天开在献，灵气之所钟故也。有罗汉峰，宛似一僧趺坐，头顶胸腹臂肘，历历可数，有磬锤峰，即《水经注》所称武列水，侧有孤石云举者也，上丰下锐，屹若削成。余修《热河志》时，曾蹑梯挽缏至其下，乃无数石卵与碎砂凝结而成，亘古不圮，莫明其故。有双塔峰，亭亭对立，远望如两浮图，拔地涌出，无路可上，或夜闻上有钟磬经呗声，昼亦时有片云往来。乾隆庚戌，命守吏构木为梯，遣人登视。一峰周围一百六步，上有小屋，屋中一几一香炉，中供片石，镌'王仙生'三字。一峰周围六十二步，上种韭二畦；塍畛方正，如园圃之所筑，是决非人力所到，不谓之仙踪灵迹不得矣。"他在文中提到的罗汉峰、磬锤峰、双塔山这三处胜景为承德的十大名山中的三座。正是由于纪昀的这番"仙踪"言论，后人对双塔山的考证才显得那么趣味横生，扑朔迷离。

《阅微草堂笔记》收录的另一部笔记《槐西杂记》不是在承德写就，但书中却有一段对避暑山庄的精微描写:"每泛舟至文津阁,山容水意,皆出天然,树色泉声,都非尘境;阴晴朝暮,千态万状,虽一鸟一花,亦皆入画。其尤异者,细草沿坡带谷,皆茸茸如绿茵,高不数寸,齐如裁剪,无一茎参差长短者。苑丁谓之规矩草。出宫墙才数步,即蓼影滋蔓矣。岂非天生嘉卉,以待宸游哉!"展现在读者视野里的是一个野趣天成,如诗如画的皇家御苑。

四、纪晓岚进献御览诗

"琐记搜罗鬼一车"真实地反映了纪晓岚托狐鬼以抒己见,劝诫时弊的一面。但是他作为御用文人,出于维护自身和封建统治的需要,还写了大量的御览诗,又向世人展示了一个乖巧、机智、世故、善揣人主之意的封建显宦形象。仅《纪文达公遗集》中收录的就达一百四十六首,而这些御览诗有相当数量是描写避暑山庄或从北京至承德途中的应景之作。约略统计,有近九十首之多。笔者认为有关避暑山庄的御览诗有如下特点:

(一)诗作时间可分为三个阶段:乾隆二十一年,第一次扈从承德,他进献十七首御览诗;乾隆三十六年,第二次扈从承德,恭献《御试土尔扈特全部归顺诗》五言三十六韵,其余诗作当在乾隆五十二年、五十三年、五十四年、五十七年、嘉庆三年进献。前四年是纪晓岚扈从避暑山庄校理文津阁《四库全书》之时。后一年是纪昀最后一次扈从承德。

(二)诗作内容多是应酬之言,用华丽的词语歌功颂德为其第一旨要。如:

恭和圣制至避暑山庄作原韵

銮舆今又到仙庄,跋涉山川健胜常。

好雨先知年稔足,鲜飙初入地清凉。

田农垦种多丰裕,乡校弦歌久善良。

六十年来培养厚,禽鱼亦自望恩光。

(三)用诗作感谢乾隆帝的知遇之恩。如:

恭和圣制出古北口作原韵

留干称形胜,雄关控制宜。

四围皆叠嶂,六月亦凉习。

忆纂山庄志,初赓圣制词。

岁富尧丙子,知遇至今恩。

纪昀在诗注中云:"乾隆丙子,臣官庶吉士时,以纂修志书随至热河,恩准一体赓扬,曾恭和圣制《出古北口》诗,自是仰蒙知遇栽培矜宥至正卿今已四十二年,实儒生罕逢之渥宠,恰如张果记唐尧丙子曾官侍中。"从注中我们了解到,这首诗作于嘉庆三年,纪昀从乾隆二十一年到嘉庆三年四十二年间,"仰蒙知遇栽培"之恩,先后7次扈从承德,官也从庶吉士做到了协办大学士(正一品),回想四十二年来沐浴隆恩,感激之情溢于言表。

(四)对山庄政治功用的认识。避暑山庄修建于康熙四十二年(1703年),完成兴盛于乾隆年间。其明显的政治功用是作为处理蒙藏事务的策源地,换句话说,即处理政务,招徕远人,巩固北部边防。而造园、涤烦、去暑都是为这一目的服务。纪晓岚对这点有比较清醒的认识,我们稍作留意,不难发现,他的御览诗多是以赞美山庄人间仙境处入笔,以歌颂乾隆帝胸怀韬略、精勤筹边收结。如:

恭和御制秀起堂原韵

畅引吟情翠满堂,岚光树色迥殊常。

数峰奇似云生夏,五月秋肆律应商。

拈句最宜山蕴藉,披襟恰称地清凉。

谁知圣主精勤意,一息筹边到远方。

纪晓岚以他居高位,享盛名,执学术牛耳的不同寻常的经历,活跃在清乾嘉时期,几乎他的每一部重要著述或多或少都与避暑山庄形影相随。由他开始主纂的《热河志》结束了承德"名号不掌于职方,形胜无闻于地志"的历史,由他任总纂官编撰的《四库全书》一部收藏在文津阁更使避暑山庄熠熠生辉。他为编志校书得以七次蒙恩扈从避暑山庄,留下了大量的御览诗,至今仍为一切研究山庄文化的人士所珍视。特别是在山庄开始创作并完成于此的旷世奇书《阅微草堂笔记》向世人展示了一个博雅淹通、隽思妙语的真正通儒。承德民间至今还流传着关于他的诙谐幽默的逸闻趣事,显示了他是一位口碑在民,具有广泛影响的封建官吏。可以毫不夸张地说,纪晓岚以他的智慧才情为山庄的文化建设作出了突出贡献,使这样一座具有明显政治功用的皇家园林弥漫着浓浓的文化气息。

原载于《承德民族师专学报》2001年第3期。

热河文庙秘藏的国宝重器——文王鼎

钱树信

（承德满族经济文化促进会，河北 承德 067000）

[摘　要]　国宝重器周文王鼎是乾隆四十四年五月热河文庙落成时，乾隆帝依太学例特颁内府所藏的周时法物十件之一，本文着重考证周器之冠的文王鼎七字铭文及其来历、特颁经过以及它的文化象征意义，亦同时揭示周文王鼎在热河文庙的使用保存和下落情形。

[关键词]　热河文庙；传国之器；周文王鼎

乾隆四十四年（1779年）五月，热河文庙落成之际，除奏准太学所用的六百件祭器配置祀典外，文物声明，宜从美备，乾隆帝又"依太学例，特颁内府所藏周时法物十件，用光俎豆"，使这些二千几百年前的古老青铜礼器显扬于热河文庙落成典礼上。这十件周朝的礼器有周文王鼎、周宝尊、周夔凤卣、周素洗、周雷纹爵、周叔朕簋、周蟠夔壶、周蟠夔罍、周蝉纹簋、周雷纹觚等。乾隆将这些形制多样、端庄厚重、纹饰精丽的青铜礼器钦颁热河文庙，特别是从朝廷库藏中特意遴选三代鼎彝传国之器——周文王鼎，作为十件法器之首，安厝在祀孔大典的楠木大案上，这在隆重国学盛典，崇祀先师规制法程上，尚属独一无二，为特殊恩典。

那么，这些周时法物到底为何物，尤其是其中的周文王鼎是怎样的一尊礼器？是怎样特颁的？其意义何在？为什么乾隆帝要以传国之器文王鼎作为十件周时法物之首颁给热河文庙？如此稀世绝少的周代青铜礼器在文庙是如何使用和保存的，它至今是否还秘藏在热河文庙？仅就上述几个问题，略陈如下：

上述的十件周时法物，乃西周时期（约公元前11世纪—公元前771年）制造的青铜器,是古代贵族进行祭祀等活动时举行礼仪所使用的食器(鼎、簋、簠)、酒器(尊、卣、爵、罍、瓿、壶)、水器(素洗)等,其中文王鼎、宝尊、叔朕簠三件刻有铭文。现就周时法物之首、刻有铭文的文王鼎作一说明。

鼎,古之食器,后失去原用途,成供奉先师的礼器,复为神圣的国之重器。据乾隆年间编撰的《钦定热河志》中的铭文拓片、器物图说记载,文王鼎为四足两耳的方形鼎。高六寸六分,深三寸,耳高一寸三分,阔一寸二分,口径长为四寸,宽五寸一分,腹径三寸四分,宽四寸三分,总重九斤六两。四足扁平,尖端上翘,鼎足模拟"雖"(一种长尾猿)形,上面是鼻子,下面是尾巴,古人赞赏这种兽类,大概是为了取其象征智慧之意。器身四角及中央铸出突棱,每面做饕餮纹饰。古人铸造鼎器,模拟物象,让人民了解那些能害人的鬼神怪异之物。这尊鼎器描摹饕餮,是为了警示人们不要暴饮暴食。

这尊鼎器内刻有七字铭文:鲁公作文王尊彝。

这七个字作何解释呢? 这里"尊彝"两字,用来表达尊敬之意。

铭文中所谓"鲁公",指的是周公旦。"文王"就是周文王。据《史记·鲁周公世家》中说,"周公旦者,周武王弟也。自文王在时,旦为子孝,笃仁,异于群子。及武王即位,旦常辅翼武王,用事居多。武王九年,东伐至盟津,周公辅行。十一年伐纣,至牧野,周公佐武王,作牧誓。破殷,入商宫,已杀纣,周公把大钺,召公把小钺,以夹武王……"其后武王大事分封功臣、周姓宗室及王室戚属。将其弟周公旦封在了少皞之墟——曲阜。所以,周公旦被称为鲁公。周公旦受封后,没有前往封地,而是留在朝廷辅佐周王。今人考证这尊文王鼎的铭文,其字形与商代比较相似,因为周公旦生活的时代距商朝较近,故而尚未对篆体字形加以改革。由此可以推断,这尊鼎器应当是周公旦为了祭祀其父周文王所铸制的祭器。"所以,宋代薛尚功撰《历代钟鼎彝器款识法帖》亦称文王鼎为"鲁公鼎"。

为了进一步印证《钦定热河志》有关特颁周代法物周文王鼎就是清代进士姚元之所撰《竹叶亭杂记》中指出的《宣和博古图》里的文王鼎,笔者在清宫所藏古代铜器的典籍《西清古鉴》冠于周器之首的几幅文王鼎的图样和说明中,进行了比对,结果证实热河文庙的文王鼎铭文和形制与之完全相同,只是器物的重量和体型上略有区别。可是,为什么《西清古鉴》会有好几幅文王鼎呢? 原来这里涉及周代的列鼎制度。《西清古鉴》说:"合前所录得四鼎矣。鼎之数,天子九,诸侯七,原非一器也。"大凡鼎彝,不能由诸侯自己随意拥有,必须经由国君赐命允许,然后按规制才能铸造。热河文庙乾隆特颁的这尊内府所藏,是周公旦祭祀其父周文王的祭器七尊中的一尊。

内府所藏的这尊文王鼎是怎样亲颁给热河文庙的,过程如何,其意义何在?据《清宫热河档案》内府造办处活计档广木作记载,热河文庙落成前一个多月,即四十四年四月初五日至初十日,六日之内,曾四次奉旨更换不同的十件铜器送进呈览:初五日员外郎四德五德等通过太监厄勒里交来以周蟠夔鼎为首的包括有周列伯敦、周雷纹爵等十件铜器,初六日礼部尚书内务府大臣德保奉旨将铜器图样,初七日将周康侯鼎等十件绘图持进连案一同呈览,初八日将十件铜器及花梨木匣并楠木大案呈览,直至初十日,员外郎四德五德经太监厄勒里传旨将以文王鼎为首的文庙铜器十件(即前所述)呈览,乾隆帝下诏签署"钦此"二字,才予以钦颁。由此看来,前三次奉旨进送呈览的都未合心仪,只有第四次替换下其他二鼎而代之以文王鼎为首的这十件铜器符合了乾隆帝的心思。

特颁以文王鼎为首的周时法物一个多月后,即四十四年五月二十四日,乾隆帝驻跸热河,时文庙落成,乾隆帝御龙袍衮服,亲诣行释奠礼。礼仪隆重,盛况空前。这是乾隆继往开来,循其前宗,在完全效法祖父和父亲尊崇孔子的做法。他亦认为先师孔子"教垂万世""道洽八埏"(文庙棂星门牌坊题额),应以三十三年崇祀先师规制颁给京师国子监(太学)内府所藏十件周时礼器的同样做法,依太学例颁给地处长城外蒙古界的帝王之都热河。这无论从隆重的程度和规格上,与内地都城北京和东北满洲盛京都城,都可谓是一种超越。因为热河文庙落成之日,正逢乾隆扬威绝域,完成祖父统一国家未竟大业,奠定统一多民族国家基础之时。此时,清王朝政权巩固,国家统一,经济繁荣,文化昌盛,正值康乾盛世的顶峰。热河自圣祖肇建山庄,成都成邑,万国来同,瞻就云日,无异京辇。这里兴建学校,改府设县,礼乐之兴,沐浴盛化,乐育人才。

乾隆帝特别以修建避暑山庄正宫主殿澹泊敬诚同等巨资七万多两白银敕建热河文庙,崇儒重道,服膺圣教。进一步说明兴起于东北的满族统治者认同中原传统主流文化,以正统王朝的身份,御旨申明尊儒道为"正道",以儒家学说为"正学",用尊孔来维护和巩固中国的统治。以崇儒来崇伟光大祖宗之业,乾隆时期推向了极致。在历史和现实中,热河文庙之于大清王朝,便是一种中国传统主流文化的象征,它凸显了第二个政治中心的文化象征意义。文王鼎就可以将它解读为这种文化象征的符号。尽管秦汉之后鼎作为一种存在之物,逐渐淡出人们的视野,为世忘却,但作为一种理想和载体,其拙朴华贵,一直被世人向往和欣赏,穿越时空,安厝在热河的周时法器文王鼎,其间无不有种文化基因和历史血脉的渊源在。

那么,十件周时法物在热河文庙是如何使用和保存的呢?热河文庙大成殿龛案陈设款式,神牌位次均照太学成式,而恭遇皇上驻跸热河亲诣行礼,香帛祭品,照致祭阙里之例,而特颁周时法物方才由藏库取出供于楠木大案之上。平时这十件周时法物均秘藏于文庙西院明伦堂内后面倒札库里保存。据统计,自文庙落成,乾隆帝、嘉庆帝和其后咸丰帝在承德先后三十六次诣文庙行释奠礼、瞻拜、拈香,所以这周时法物便经历三十六次的用取。单就瞻拜祭孔之礼,乾隆帝十一次亲诣阙里,而在热河文庙共有二十三次瞻拜拈香,可谓中国历代帝王祭孔之冠。

清代政权结束后,民国建立,热河文庙的祭器和皇帝御赐的图书逃过劫难。这里继承清朝时祭孔的衣钵,仍然照老规矩与每年春二月、秋八月的"上丁日",举行隆重的祭孔活动,由当地的热河都统或省政府政要担任主祭,对孔夫子顶礼膜拜。鉴于周时法物的贵重和历史价值,为防止宝物遗失受损,便由当时国民政府热河教育会出面保管,并由地方各公团长共同加封后,秘藏于承德市郊外,并要求一年之内数次变换隐匿地点。1930年,九一八事变前一年,瑞典著名考古探险家斯文赫定参加亚洲探险旅行,从北京到了热河,有幸拜访省政府高级官员,曾经参观了热河文庙,并在文庙附近的一处房舍里,见到"那儿负责收管着十个漂亮的青铜器。据说这些青铜器是周朝的……"其后日本工学博士关野贞和工学学士竹岛卓一以东方文化学院研究所首席建筑学者身份来热河调查,在热河文庙参观周时法物展览,关野博士负责观察法物并进行实测,作了详细记录,竹岛卓一负责拍照。上世纪三十年代末这十件周铜便被转移到避暑山庄宝物馆收藏。抗日战争结束后,冀热辽中央分局办事处接管承德避暑山庄,据负责保管工作的李征夫撰文说,宝物馆"铁门开着","文庙十件周代祭器仍完整,当时还存放在宝物馆内"。由于冀热辽部队战略转移,宝物馆落入国民党政权手中。避暑山庄文物在战争年代受到浩劫和严重损害。宝物馆内所存的许多珍贵文物不知去向,十件周铜亦不知被何人所取。为此,国民党热河省政府受舆论压力曾派员调查遗失的十件周铜,尤其是文王鼎的下落,最后无果而终。秘藏于热河文庙,距今三千多年的周朝所铸,具有中国文化象征意义的精美周文王鼎和其他九件周时法物就这样消失在战乱年代的烟云之中,成为承德避暑山庄的一大疑案,亦是中国文物历史的一个谜团。

原载于《河北民族师范学院学报》2012年第1期。

论承德坛庙文化与保护开发

王树平，包得义

（河北民族师范学院 文学与传媒学院，河北 承德 067000）

[摘 要] 有清一代，承德地区修建了大量的坛庙，分布范围广泛，类型多样，但保有"杂而有序"之特点。清代承德的坛庙建设，反映了当地官民的信仰特点，其中最突出者有三：政府导向下的文神、武神信仰；重农思想影响下的农业神信仰和儒释道杂糅的多元化信仰。承德独特的坛庙文化是其浓厚文化底蕴的重要组成部分。由于历史的原因，承德坛庙多数已遭毁坏，现存的诸如文庙、关帝庙、城隍庙、魁星楼等坛庙更需要我们有效保护和合理开发，使之在保护传统文化、传承地方历史、打造国际名城等方面发挥应有的积极作用。

[关键词] 清代承德；坛庙文化；官民信仰；保护开发

在历史上承德地区长期"名号不掌于职方，形胜无闻于地志"（康熙《溥仁寺碑》语），发展殊为缓慢。至清代康熙帝建设避暑山庄始，在朝廷政治力量的加持下，承德迎来了快速发展的时期，一跃而成为塞外一大都会，政治、经济、文化等方面均得到了长足的发展。从文化上观之，承德虽地处塞外，实与内地紧密相连，浑然一体，一个重要的表现就是与传统祭礼有关的坛庙在承德大量出现。这些坛壝的建置，体现了关内关外文化一体同根的特点，也是儒释道文化交融的结果。

一、承继与发展——清代承德坛庙的建置概况

坛庙为祭祀场所，与传统礼制密不可分。《礼记·祭法》云："夫圣王之制祭祀

也,法施于民则祀之,以死勤事则祀之,以劳定国则祀之,能御大灾则祀之,能捍大患则祀之。"简言之,凡于国于民有益之事与人,均需祭祀。礼制是历朝历代统治者极为重视的大事。清朝政府建立后,对前代礼制进行了继承与改革。自顺治始,已有十分完备的礼制,并在全国范围内颁发礼书,为民轨则。康熙朝编纂《日讲礼记解义》,乾隆朝编纂《大清通礼》《皇朝礼器图式》等与礼制有关的书籍,均足以表明清朝统治阶级十分重视前代礼制,也深晓礼制对于治国牧民的重要性。与此同时,清代逐渐恢复了一些因战争而废止的坛庙祭祀,也在全国范围内设置了一些新的坛庙。如清初定制,祭祀分为三个级别:"圜丘、方泽、祈谷、太庙、社稷为大祀。天神、地祇、太岁、朝日、夕月、历代帝王、先师、先农为中祀。先医等庙,贤良、昭忠等祠为群祀。"其后又有所调整,在制度上则更趋向完备。同时,朝廷下旨,"各省所祀,如社稷,先农,风雷,境内山川,城隍,厉坛,帝王陵寝,先师,关帝,文昌,名宦、贤良等祠,名臣、忠节专祠,以及为民御灾捍患者,悉颁于有司,春秋岁荐。"可见,国家对祭祀之事极为重视,同时又有所调控。在国家的提倡和号召下,全国各地纷纷大量建置坛庙。

"古者有封建即有坛壝,境内之祭不以域外而忽。"清代在全国范围内兴建坛庙以供祭祀,边远偏僻地区也并不落后,如新疆、承德等地,建造坛庙的步伐与内地基本一致。正是由于特殊的地理位置以及城市兴起等因素,承德也逐渐恢复并修建一大批坛庙,供奉对象名目繁复,有自然神、动物神、人神以及众多有名或无名的神仙精怪,可谓五花八门,难以统括。据《热河志》《承德府志》等文献记载,清代承德地区坛庙数量众多,但多数记载语焉不详,为详细了解清代该地所建坛庙情况,兹据地方志书及本地学者论文将一些尚能提供线索的坛庙载录于下表,以便睹其概貌。

清代承德坛庙概况统计表①

名称	建造者	时间	地址	供奉对象
先农坛	知府海忠遵建	道光八年	火神庙以东	神农氏、厉山氏、后稷氏
社稷坛	知府海忠遵建	道光八年	先农坛之东	土地神、五谷神
风云雷雨山川坛	知府海忠立建	道光八年	先农坛之东	风、云、雷、雨、山川之神
厉坛	知府海忠重建	道光八年	府署西头道沟	鬼神

---

① 此表依据《钦定热河志》《承德府志》而作,并参见兰晓东《承德寺庙概览》。

名称	建造者	时间	地址	供奉对象
城隍庙	敕修	乾隆三十七年到四十三年	署府东半里(今西大街)	城隍神及夫人
关帝庙	敕修	康熙五十年	粮食街	关帝
	敕修	雍正十年	西南街	
	敕修	乾隆二十年	狮子沟	
	敕修	乾隆二十年	二道河	
	敕修	乾隆二十五年	河东	
	敕重修	乾隆四十三年	丽正门右	
开仁寺	敕修、敕重修	康熙五十四年、乾隆二十八年	二道街	关帝、观音、如来、文殊、普贤
文庙	敕修	乾隆四十一到四十四年	今二道牌楼西北	孔子等
三官庙	民建	乾隆三十九年	今南营子承德宾馆楼	天官、地官、水官
灵泽龙王庙	敕修	康熙年间	山庄内湖北岸东向	龙神
河神庙	民建	清	迎水坝桥外	河神
龙尊王佛庙	敕修	康熙年间	府东北八十里汤山	龙尊王佛
龙王庙	敕修	乾隆二十年	狮子沟	龙王
文昌庙	知府海忠建	道光八年	学宫东南庙东后楼	文昌帝君
魁星楼	知府海忠建	道光八年	半壁山	魁星
火神庙	民建	康熙五十年	今邮电大楼前广场	火神、弥勒
药王庙	敕修	乾隆二十年	狮子沟	孙思邈
敦仁镇远山神庙	民建	嘉庆十六年	围场东哨门伊逊河出口	山神
雹神庙	僧体贵建	乾隆年间	大石庙	雹神
土地祠	民建	清	二仙居南	土地爷
名宦祠	知府海忠建	道光八年	西大街振秀书院西	待考
乡贤祠	知府海忠建	道光八年	名宦祠右	待考
节孝祠	知府海忠建	道光八年	府义学东南	待考
鲁班祠	民建	清	南营子	鲁班
			石洞子沟	
夏公祠	官建	乾隆三十九年	三官庙内	热河巡检司夏熙

（续表）

名称	建造者	时间	地址	供奉对象
酒仙庙	民建	乾隆年间	今南营子群众电影院后佟山	吕洞宾、杜康、刘伶
马神庙	民建	晚清	今西大街大北沟街道	马神
	民建	晚清	今西大街潘家沟口	
红庙（隆兴寺）	民建	晚清	今西大街路北红庙山上	刘备、关羽、张飞、斗姥
九云顶娘娘庙（碧霞元君庙）	民建	乾隆年间	今石洞子北山坡	药王、龙王、雹神、龙王、火神、元君娘娘、十殿阎君、玉皇大帝、雷公等等
忠义庙	民建	康熙五十二年	石洞子沟北山坡	刘备、关羽、张飞

综观上表，清代承德坛庙主要分为敕修、官修、民建以及僧建等几种类型，分布范围广泛，体系较为庞杂，细酌之则隐然可见其"杂而有序"的特点。从崇祀对象观之，大体可分为四个系统，其一为具"安邦土"功能的神祇，有关帝、城隍神、土地神等；其二是寓"化人民"神职的神祇，包括孔子及其陪祀、文昌帝君、魁星、名宦、乡贤等；其三是以"保衣食"为目标的神祇，如神农氏、厉山氏、后稷氏、土地神、五谷神，风、云、雷、雨、山川之神以及龙王、水神、雹神等；其四是以"护行业"为中心的神祇，有马神、药王、酒仙、鲁班等等。从数量上来看，承德关帝庙数量居首位，这一点与全国各地一致。清代关帝信仰达到顶峰，"关帝庙祀遍天下，各直省府州县建祠设像守土，官吏岁时展谒典礼"。正是源于国家的提倡，承德地区才会出现多座敕修的关帝庙，以突出关帝"守土佑民"的神职，此外尚有诸多民建的"老爷庙"，以供民众祈福崇拜，表达日常生活的诸多诉求，如祛病除灾、延年益寿等愿望，可见关帝信仰世俗化倾向较为明显，关帝的神职也远远超出其安邦守土的范围。

若对清代承德坛庙作历时的考察，可见众多坛庙建置时间集中在乾隆、道光年间，如道光八年（1828年）建设坛庙数量可观，有先农坛、社稷坛、风云雷雨山川坛、文昌庙、魁星楼、名宦祠、乡贤祠、节孝祠等，都是在承德知府海忠的主持下修建，以敕修和官修为主。清代承德坛庙数量大，分布广，但大多数坛庙毁于战乱，于今早已无存，成了城市历史文化中的一大憾事。

二、神祇与崇拜——承德坛庙所反映的官民信仰

"国家大事,在祀与戎",清代承德地区大量的坛庙建设,真实地反映了当地的官民信仰,并呈现出其自身特点。

(一) 政府导向下文神、武神信仰

在承德地区众多的坛庙中,关帝庙主要以"安邦守土"的作用伫立于热河大地,文庙以"教化润民"为修建目的,其中供奉的神祇分别是承德地区"文神""武神"之代表。这两类坛庙的建设,实际上均离不开政府的导向。

承德当时地处塞外,"前代声教所不及,边关之氓不见通都大邑礼乐威仪之盛非一日也",但是由于当地独特的景观与地理位置,受到了康熙帝的青睐,经过康熙、乾隆等统治者的建设,承德俨然发展成为塞外一大都会。这段历史,在乾隆四十三年(1778 年)重修关帝庙的碑文中有载:

> 自圣祖肇启山庄,成都成邑,朝宗辐辏,万国会同;我皇上觐扬光烈,四十五年以来开辟疆宇二万余里,自蒙古诸王公、喀尔喀及四卫拉特、回部诸藩等,莫不倾心托命,奔走俯伏,来享来庭。于是承德为古北口外一大都会,将山川灵淑之气蕴于古而发于今耶;抑天眷有德,圣天子赫声濯灵,"薄言震之,莫不震叠"者也。夫制礼以作民敬也,立庙以作民诚也。

诚如碑文所载,经过康、雍、乾三世的建设,承德地区政治和经济都取得了长足发展,礼乐之兴刻不容缓,清廷于乾隆四十一年动工修建文庙,以期立教化民。文庙是祭祀先师孔子的场所,陪祀者是孔门诸多弟子(颜子、子思、曾子、孟子等)以及历朝历代之纯儒(董仲舒、诸葛亮、陆挚、范仲淹、欧阳修、周敦颐、程颢等)。热河文庙于乾隆四十四年五月建成,所祀对象与京师及曲阜文庙一致,建成之时乾隆皇帝正驻跸热河,亲自参加释奠礼,并作诗纪念此盛事,诗云:

> 圣祖于斯避暑曾,养恬乐利被黎蒸。闾阎此日较前盛,礼乐百年以后兴。爰建庙堂欣庆落,载因释奠仰依凭。菁莪雅化捷影响,已有庠间俊秀升。

乾隆皇帝在诗文中既肯定了承德地区的飞速发展,也表明了此地需要复兴文化的急迫程度,文庙设有专署来教化当地民众,对儒家礼乐文化的传播起到了积极作用,继而为国家甄选人才打好了基础。文庙的建置,是统治阶级立教化民导向下的产物,归根结底是对孔子以及儒家文化的尊崇,借祭祀先师来达到教化与培养的目的,为地方文化服务,因此我们可视之为文神信仰系统。

与此同时,在政府导向下还建造了一批有特殊意味的坛庙,而关帝庙就是其中

一种。清代学者梁章钜《楹联三话》卷上"武庙戏台联"条云："相传每朝之兴,必有尊神为之护国,前明为岳忠武,我大清则奉关帝为护国。二百年来,武功之盛,震叠古今。神亦随地显灵,威震华夏。故朝廷尊崇封祀,漾溢寰区。"梁氏一语道出了清代统治者对关羽最重要神职——护国神的认定,这也是清代神州大地大肆建置关帝庙的重要原因。根据文献记载,承德地区在清代建造了大量的关帝庙,其中简易者为民众自发建造,规模宏大者为敕建。乾隆四十三年,敕令重修丽正门右侧的关帝庙,"改易黄瓦,殿宇崇闳,规制大备"。梁国治在《关帝庙碑记》中对动工的目的以及工程历时等进行了记载:

> 庙貌之成,可以见国家褒崇忠义,凛乎!纲常名教之大焉,可以使远近更易观听,动其严威俨恪之忱焉。秩祀之修,庸可已乎?工经始于乾隆四十四年五月,越明年五月工竣,凡用银五千八百九十三两有奇。新庙既成,文武吏士邦人咸喜,而蒙古外藩岁时朝觐者亦得展礼庑下,以申畏神服教之诚,以昭文德武功之盛。

这段资料,清楚地说明了敕修关帝庙之用意,借褒扬关帝之忠义,起教民化俗之功用。关羽作为西蜀大将,勇冠三军,义薄云天,应该说在他的辅助下,刘备才能成就其三分之一天下的功业,所以长期以来,关羽在民众心中一直是以保国护君的形象流芳后世。因此,清代关帝崇拜达到顶峰以后,关帝庙的修建本身就是以护国、护城为主要目的,雍正十年(1732年)在承德西南街修建的关帝庙,匾额即为"忠义伏魔",这四个字的寓意不言而明。同时,清廷于每年春秋及五月十三日遣官致祭,已成定制。虽然大多数关帝庙以政府导向为主,但实际上关帝信仰在民间的影响十分广泛,韩国学者朴趾源于乾隆四十五年随使团入清,他以一个外国人的角度记载:"关帝庙遍天下,虽穷边荒徼,数家村坞,必崇侈栋宇,赛会虔洁,牧竖馌妇,咸奔走恐后。"根据一些发愿文内容来看,关帝除了作为"武神"护城以外,还可以满足普通民众所发祛病消灾、增财增寿的祈愿。可见,关帝信仰在清代达到了官民的高度统一。

（二）重农思想影响下的农业神信仰

我国很早就进入农业社会,素有"重农"的传统,先秦典籍中早有重视农业的记载,《诗经》中就有关于"春祈秋报""藉田"等祭祀礼俗的记载,如《周颂·噫嘻》:"噫嘻成王,既昭假尔。率时农夫,播厥百谷。骏发尔私,终三十里。亦服尔耕,十千维耦。"这首诗描写周王春祭以后,率百官及农夫播种百谷的场景,这就是藉田之礼的记载,体现了统治者重农重民的思想,同时也表明农业对国家具有举足轻重的作用。可以说,从早期的祭礼发展而来的对自然山川之神以及其他农业保护神的崇拜,是中华民族重农重生思想的体现。清代,全国各地修建大量与农业生产有关的坛庙,正是这种思想的延续。清朝统治者入关以后,采取了一系列重农措施,如天聪九年(1635年)"禁滥役妨农",崇德元年(1636年)"禁屯积米谷,令及时耕种",重农贵粟政策自此开始。顺治十一年(1654年),定每年的仲春亥日举行"耕耤礼",场面阔大,十分隆重,兹引录文献于下:

> 帝亲飨祭献如朝日仪。毕,诣耕耤所,南乡立。从耤者就位。户部尚书执耒耜,府尹执鞭,北面跪以进。帝秉耒三推,府丞奉青箱,户部侍郎播种,耆老随覆。毕,尚书受耒耜,府尹受鞭。帝御观耕台,南乡坐,王以下序立。三王五推,九卿九推,府尹官属执青箱播种,耆老随覆。毕,帝如斋宫。府尹官属、众耆老行礼。农夫三十人执农器随行。礼毕,从府、县官出至耕耤所,帝赐王公坐,俟农夫终亩,鸿胪卿奏礼成,百官行庆贺礼。赐王公耆老宴,赏农夫布各一匹,作乐还宫。

清初的藉田之礼,实际上是继承了前代的礼制,并逐步完善,由帝王而百官再而农夫,这种制度是一脉相承的。与农业关联最密切的是先农坛的重兴,始于雍正四年,缘当年藉田内的嘉禾一茎多达九穗,视为瑞兆,于是雍正谕言:"国以民为本,民以食为天。礼,天子耤千亩,诸侯百亩。是耕耤可通臣下,守土者允宜遵行。俾知稼穑艰难,察地力肥硗,量天时晴雨。养民务本,道实由之。"同时下令,"顺天府尹,直省督抚及所属府、州、县、卫,各立农坛耤田"。

民为邦本,农为民本,大量与农业相关的天神地祇的出现,体现政府及人民对农业的重视,以及对"丰衣足食"的美好愿望。清代,承德地区除社稷坛、先农坛以外,还建有风云雷雨山川坛,风、云、雨诸神属于天神,顺治初年"配飨圜丘,并建天神坛位先农坛南,专祀之",又雍正六年敕建风神专庙,"岁以立春后丑日祭"。雍正七年,因又云师、雷师尚阙专祀,所以在"西方建雷师庙,祭以立夏后申日。东方建云师庙,祭以秋分后三日"。同时"赐号云师曰'顺时普应',庙曰'凝和';雷师曰'资生发育',庙曰'昭显'"。从赐号的名称来看,无一不是寄寓了美好愿望。与此同时,龙王、河神等掌管"水"的神祇,也是官民崇祀的对象,气候干旱时可以祈祷甘霖,雨水多时又祈祷无灾,这种朴素的信仰之后,是民众实实在在的生存需要,是历代统治阶级赖以生存的物质基础,因此,众多与农业相关的俗神,构成了官民信仰的重要部分,也是"农为本""重稼穑"的具体表现。正如孔颖达《毛诗正义》中总结的:"民之大命,在温与饱。"

（三）儒、释、道杂糅的多元化信仰

综观清代承德地区众多的坛庙以及崇祀的对象，我们发现民众信仰呈现出多元化的特点，其最直接的反映就是信仰体现出儒、释、道杂糅的现象。

佛教从西汉末传入中国以来，在南北朝时期得到了快速发展，尤其佛教灵验故事的盛行对中国古代志怪小说的发展产生了极大影响，而这些故事的广泛流传也对民众信仰产生了一定的作用。甚至在魏晋时期，小说以"实录"精神示人，晋代以"良史"著称的史官干宝，就编纂了一部影响深远的记述神奇怪异之事的小说《搜神记》，而他撰书的动机很大部分也是因为他深信确有很多灵怪之事发生。魏晋以后，这种观念一直存在，清代纪昀在《阅微草堂笔记》中便记载了大量的神怪之事，其中一条与承德碧霞元君庙有关，文云：

> 贝勒春晖主人言：热河碧霞元君庙（俗谓之娘娘庙）两厢，塑地狱变相。西厢一鬼卒，惨淡可畏，俗所谓地方鬼也。有人见其出买杂物，如柴炭之类，往往堆积于庙内。问之土人，信然。然不为人害，亦习而相忘。或曰："鬼不烹饪，是安用此？《左传》曰：'石不能言，物或凭焉。'其他精怪欤？恐久且为患，当早图之。"余谓天地之大，一气化生。深山大泽，何所不有。热河穹岩巨壑，密迩居民，人本近彼，彼遂近人，于理当有之。

纪昀是清代的大学者，他对鬼出没之事持肯定态度，这说明鬼神灵怪之事在社会传播相当广泛，且信众颇多。中国古代即有"泰山治鬼"之说，这种观念杂糅了中国传统的鬼魂信仰与佛教地狱观念，影响颇深。不仅仅是佛教在传入中国以后与本土的传统信仰文化发生交流和碰撞，就是本土生长起来的道家在发展的过程中也吸纳了很多中国原始时代的俗神，如火神、药王、茶神、农神等，其中有很多是传统礼制中尊奉的坛庙神祇。可见，无论佛教还是道教，都与中国传统的宗教信仰有着千丝万缕的联系，这种联系的又一突出表现是承德地区诸多坛庙的崇祀神祇存在杂糅混合现象。如康熙五十四年（1715 年）敕修、乾隆二十八年重修的开仁寺，本为祭祀关帝所建，但寺中又有观音、如来、文殊、普贤等佛菩萨；康熙五十年民建火神庙，除了供奉火神以外，还崇祀弥勒佛；建于晚清的红庙，除了祭祀刘备、关羽、张飞以外，还祭祀道教神斗姥；乾隆年间建造的九云顶娘娘庙（碧霞元君庙）主要崇祀元君娘娘，但庙中仍供奉药王、龙王、雹神、龙王、火神、十殿阎君、玉皇大帝、雷公等等。神祇的多元化凸显出传统文化中儒、释、道的互融，甚至在一些坛庙的管理上也出现这种特点，如双塔峰的关帝庙即由僧人悟真主持，纪昀《阅微草堂笔记·滦阳续录》中对此有明确记录："距双塔峰里许有关帝庙，主持僧悟真云：乾隆

壬寅,一夜大雷雨,双塔峰坠下一石佛,今尚供庙中。然仅粗石片,其一略似佛像而已。"据僧人悟真所说,关帝庙除了供奉关帝外,还供奉石佛,可以窥见清代承德坛庙神祇的多元化特点,生动地说明了儒、释、道文化在民间的杂糅与交汇。

三、保护与开发——承德坛庙文化与历史文化名城建设

(一)历史文化名城的建设离不开寺庙文化的深厚底蕴

承德作为一座享誉世界的历史文化名城,有其厚重的文化底蕴,而坛庙文化就是其中的重要部分。由于时间以及战争等诸多因素的影响,很多坛庙都湮灭无闻,只能存留于纸质文献甚至人民的口耳相传中。但是坛庙文化的开发对历史文化名城的建设却有着重要的意义和作用。

首先,针对各种坛庙而产生的庙会文化,丰富了本地民众的精神生活,也成为非物质文化遗产的重要组成部分。庙会因庙而生,最早是为了参加庙祭,民众云集,热闹非凡,久而久之加入了休闲娱乐以及商业等活动。如《燕京岁时记》记载了北京东西庙庙会盛况,"自正月起,每逢七、八日开西庙,九、十日开东庙。开庙之日,百货云集,凡珠玉、绫罗、衣服、饮食、古玩、字画、花鸟、虫鱼以及寻常日用之物,星卜、杂记之流,无所不有"。随着承德地区众多坛庙的产生,也相应地繁荣了庙会文化。如因正月十五是火神的祭日,所以从这一天开始举行庙会,一般持续半个月左右。届时,各地民众齐聚庙会,或经商,或祈愿,或看戏,人山人海,热闹非凡。又九云顶娘娘庙的庙会设在农历四月十八,实际上从四月十三日就有进香者相继而来,也是一片热闹景象。其他如正月初二文昌阁庙会、四月初八海云寺庙会、四月二十八药王庙庙会、五月初五城隍庙庙会、六月十三龙王庙庙会、六月二十隆兴寺庙会等,都是商贩与信众云集的重要日子,这些庙会集经济、文化、娱乐于一体,丰富了当地居民的物质与文化生活。随着社会的发展,有些庙会逐渐现代化,但它们所凝聚的精神却一直浸润着本地的非物质文化,成为这座城市厚重的文化底蕴的重要组成部分。

其次,承德地区的坛庙文化为研究民俗发展提供了丰富的资源。考察当地民众一年四季的风俗活动,莫不与多元的神祇信仰有关。如承德的先农坛的祭祀活动就比较有特色,"每年立春这天,由都统、道台、知府率下属及士绅等到坛前祭祀。祈求神祇保佑地方上风调雨顺、五谷丰登"。祭祀时,"在坛前放置纸扎春牛一头,芒神一尊。旁有竹筒一个,内装飞灰"。祭神仪式结束后,到"打春"时刻,都统下令点燃祭品,即春牛、芒神及竹筒。这预示着春季已到,春耕即将开始,勿误农时。

其他如农历二月初二有祭土地神,祈求五谷丰登的风俗,与土地神信仰有关;五月初五,水田地区的民众会祭祀河神,祈愿风调雨顺,与河神信仰有关;七月十五放河灯祭鬼,与佛教、道教均有关;夏秋季干旱时节,在龙王庙前祈雨,与龙神信仰有关,除此以外,还有腊月二十三祭祀灶神以及祭祀鲁班等行业神的习俗等,都是坛庙神祇信仰的产物,甚至是一些流传在民间的故事、俗语、诗歌等,也是坛庙文化流传广泛的有力证明。因此,坛庙文化不仅是城市精神文明发展的重要组成,也对我们考察民俗发生、发展有着举足轻重的意义。

(二)有效保护现存承德坛庙,合理开发坛庙文化

承德的坛庙,大部分兴建于清代,坛庙的兴衰实际上也见证了清朝统治的兴衰,坛庙的历史文化价值巨大,因此我们有必要对现存的一些坛庙开展历时和共时的考察,进行有效保护与合理开发。如位于丽正门右的关帝庙,在乾隆四十三年由民建改为敕建,非常隆盛,关帝庙是每年来承德朝拜乾隆皇帝的蒙古王公大臣的居住地,受到官民的重视。随着时间的推移,这座坛庙早已经失去了往日的辉煌,据载,关帝庙经历战争以后被严重破坏,很多文物散失,"1952 年修建承德剧场,将后殿琉璃瓦撤走改为布瓦。'文革'期间,庙内部分附属建筑以及殿脊上的大吻走兽被拆除"。1983 年关帝庙被列为市级重点文物保护单位,可供游人观览。根据实地考察得知,现在的关帝庙在每月的初一、十五香火最为旺盛,来者多为求财、祈平安的百姓。现在,作为国家民宗局批准的道教活动场所,关帝庙在每年的农历正月初一至十五,以及农历五月十三,都会举行祈福迎祥法会,届时将免费开放,以供民众祈福、观览。

又如位于西大街的城隍庙在清代曾充当过各国使臣的下榻场所,但这也无法改变其在后来逐渐走向衰微的趋势。民国期间,令城隍庙大伤元气的事件是被改建为戏院,古松被砍伐,石碑、塑像等都被移至后殿;20 世纪 40 年代初,康元吉与承德县月牙山蟠桃宫主持韩子康共同努力,对城隍庙进行了修缮和复原;新中国成立以后,因扩路需要,红照壁被拆除,其余建筑基本保持原貌,是承德市众多坛庙中保存最完整的一座;1983 年被列为市级文物保护单位,2006 年被国务院列为全国重点文物保护单位。据实地调研得知,城隍庙的香火也是在每月的初一、十五旺盛,大多数都是祈愿的民众,以本地市民居多。

以上两座坛庙的发展现状存在共同点,即客流量大的时间段基本一致,即每月的初一、十五。初一、十五烧香拜神、祈福求安是民间的传统习俗,民众来庙进香多寄寓着求财、求平安等世俗愿望。又如位于半壁山的魁星楼,是供奉魁星的道场,经过 20 世纪 90 年代复修以后,在每年的六七月份旺季时每天的客流量能达到 3000 人,甚至在高考前夕,一天的客流量可达万人。"魁星点状元"的故事在民众中广泛传播,很多家长带着孩子来拜魁星的目的即是希望学子能金榜题名,学业有成。由此可见,这些坛庙的世俗功能较强,光顾者多是祈福民众。

无论是儒、释、道结合的关帝庙还是以道教场所著称的城隍庙和魁星楼,它们都是清代承德坛庙中的重要组成部分,由于历史的原因很多坛庙都已经毁坏无考,但是它们所承载的深厚的文化底蕴是我们这座城市发展的重要组成部分,因此,有关这些坛庙的文献记录的"前生"还是复建后的"今生",都值得我们重视。

避暑山庄及周围寺庙已经成为承德享誉世界的亮丽名片,要打造国际化旅游城市,还必须深入挖掘城市历史文化资源。承德,有"百庙之城"的历史,我们应该深入挖掘这段厚重的历史文化内涵,选取有代表性的坛庙进行宣传、开发。我们完全可以将承德坛庙文化融入"避暑山庄文化"之中,构建避暑山庄-外八庙-坛庙为一体的独特的清代皇家文化旅游资源,既可以为世人提供新的文旅景点,也可以有效提升存世坛庙的文化价值。就整体来看,承德现存的诸如文庙、关帝庙、城隍庙、魁星楼等坛庙亟需我们的有效保护和合理开发,使之在保护传统文化、传承地方历史、打造国际名城等方面发挥应有的积极作用。

原载于《河北民族师范学院学报》2020 年第 3 期。

清代承德关帝崇拜与关帝庙考述

包得义,王树平

(河北民族师范学院 文学与传播学院,河北 承德 067000)

[摘 要] 在清帝沿袭前代成例持续追封关羽的影响下,关羽崇拜最终于清代达到鼎盛。作为清代前期第二个政治中心的承德,有清一代先后修建了三十多座关帝庙。考察清代承德关帝崇拜的兴盛,除与帝王的推崇和对关羽护国神的神职认定有关联外,还与完善大型皇家宫苑祠庙避暑山庄与外八庙的设置、促进民族团结维护国家统一有关。而到后期随着对关帝财神神职的突出推崇,关帝崇拜也越发呈现出强烈的世俗性倾向。

[关键词] 清代;承德;关帝崇拜;关帝庙;财神

古代中国很早就进入了农业社会,且持续历史久远,形成了以分散封闭、自给自足的小农经济为本的农业文明。这种文明影响了中国人讲求现实利益的文化心态,具体到宗教信仰方面,也表现出谋求对现实利益的直接救助,具有很强烈的功利性。在古代中国人的眼中,处处有神,物物有灵,时时也有神,故而中国人崇尚多神信仰。古人崇拜的神灵对象中,有对自然万物诸如天地、山川、风雷、云雨等的崇拜,也有对动、植物的崇拜,还有对历史发展过程中做出过杰出贡献的人物的崇拜。其中,在受到后人崇拜的历史人物(大多已神灵化)当中,最知名者当推"文圣"孔子和"武圣"关帝。作为最受国人崇拜的威名显赫的神灵,关帝的影响遍及中国大陆、港澳台地区以及海外华人世界,关帝信仰也成为普及于都市、乡村,并且走向世界的人神信仰。所以,关帝信仰的研究一直都是学者关注的对象,国内外的相关研究论著也很多。宏观上来看,20世纪学界对于关帝信仰的研究主要集中在对关公信仰起源、流变、影响、神职等问题的探讨;进入21世纪后,关公信仰问题研究在前面的基础上,进入民俗学、社会学、人类学、历史学、宗教学等跨学科交叉研究的时期。然而,国内目前的关帝信仰的研究,从研究方法和内容来看,多属历史学范畴,比较忽略关帝信仰的活态民俗文化,且现有研究中涉及田野调查的也多为南方及台湾等关帝信仰盛行区域的调查;整体上不均衡:侧重南方,忽略北方;宏观论述多,具体考查少。而地处塞外的承德在清代先后修建了30多座关帝庙,当时官方和民间各有不同的尊奉仪式,对当地人民日常生活的影响较为深远。承德地区皇权文化的影响、藏传佛教的渗透等,都使得承德关帝信仰具有不同的特色,值得研究。

一、清代承德关帝庙修建之简况

承德地区早在中原龙山文化时期就有人类活动的踪迹,历史文化悠久,在漫长的历史长河中,从商周以降,这里先后便是山戎、东胡、匈奴、乌桓、鲜卑、库莫奚、契丹、突厥、蒙古等少数民族聚居区,经济、文化、交通等方面的发展相比中原地区较为缓慢。至清康熙时始意识到"由都城东北出古北口,山川绵亘越数百里,而承德为之都会,外连沙漠控制蒙古诸部落,内以拱卫神京",地势十分重要,因此受到了当政者的高度重视。清康熙二十年(1681年)修建了规模较大的喀喇河屯行宫,又设立了木兰围场,承德开始呈现出清政权政治中心的态势。康熙四十二年,清廷肇建避暑山庄,至四十七年避暑山庄开始使用,标志着承德正式成为清帝解决民族、宗教、边疆问题的第二个政务中心。康熙五十年热河上营就已经是"生理农桑事,聚民至万家"的大村镇么。雍正元年(1723年)设热河厅,十一年罢热河厅改设承德直隶州。乾隆六年(1741年),弘历始幸避暑山庄,承德开始进入繁荣期。乾隆七年罢州,仍设热河厅,四十三年五月丁未的谕旨中说:"热河自皇祖建山庄以来,迄今六十余年,户口日滋,耕桑益辟,俨然一大都会",是年升为承德府。嘉庆十五年(1810年)设热河都统署。嘉庆二十五年,嘉庆帝猝死于避暑山庄,道光帝即位后,再也没来承德,随着清朝的衰落,承德也失去了第二个政治中心的光辉。

据《钦定热河志》《承德府志》等文献的记载,有清一代承德地区先后建立了30多座关帝庙,承德府境内有关帝庙5座;滦平县境内有关帝庙6座;丰宁县境内有关帝庙8座;平泉和赤峰境内有关帝庙7座;塔子沟境内有关帝庙5座。就承德关帝庙的修建时间来看,主要集中于康熙五十年至五十五年、雍正五年至十年、乾隆初年至二十五年等三个时间段。

承德市现存最有名的关帝庙当属位于避暑山庄丽正门西侧约 200 米处的关帝庙,其最初是雍正十年热河厅邀集地方商民及百姓共同出资兴建的民建寺庙,至乾隆四十四年诏令重修此庙,拨银 5893 两,大规模扩建后部及两侧跨院,将原来的普通布瓦改换为黄色琉璃瓦顶,使这座寺庙升格为皇家寺庙。重修后的关帝庙"殿宇崇闳,规制大备",陈设更加完备、气势更加宏伟。自此,这里不仅是朝廷官员、边疆各族首领和外国使者来热河拈香礼佛的重要庙宇,也是北巡官员扈从随行的行辕之地。道光八年(1828 年),热河都统英河为迎接圣驾准备期间,在修缮关帝庙时增建临街游廊和迎圣亭一座,尽管以后道光皇帝并未驾临,但增修的建筑也添加了官修寺庙的气势。同治十三年(1874 年)五月又一次重修关帝庙,将庙基抬高二尺,新添前后廊两步。

除了官建关帝庙外,承德也出现了民众自发修建的数量众多的关帝庙,俗称"老爷庙",据不完全统计,约有 20 多座。另外,承德还修建了以刘、关、张为纪念对象的三义庙,这也是关帝崇拜的反映。总之,承德的关帝庙,无论是规模宏大、形制齐备的官修庙宇,还是结构粗略、装饰简单的民建庙宇,虽然在级别、规模上有较大差异,但在引领、体现官方与民众的关帝信仰方面并无二致。

二、清代承德关帝崇拜之原因

承德地区在清代修建了多座以供奉关羽神像的关帝庙,也出现了一些供奉刘、关、张神像的三义庙,这些寺庙的修建,都是清代关帝崇拜盛况的生动写照。就承德地区的关帝崇拜原因来说,既有其与全国其他地方的关帝崇拜一样的共性因素,也有承德地区自身政治地位和地理位置等决定的个性原因,下面分述之。

(一)共性因素

1. 清代帝王对关羽的推崇

关羽,三国时期蜀汉名将,生前因建安五年解白马之围,表封"汉寿亭侯"。建安二十四年(219 年)关羽兵败被杀,后主景耀三年追谥为"壮缪侯"。其本为一平凡人物,但在其后的历史中,却赢得无数身后名,据学者研究,关羽自宋朝开始封王、封公、封帝以致成神、称圣。清代著名学者赵翼在《陔余丛考》卷三五"关壮缪"条中对历史上关羽的崇拜轨迹做了梳理,录如下:"凡人之殁而为神,大概初殁之数百年,则灵著显赫,久则渐替。独关壮缪在三国、六朝、唐、宋,皆未有祀。考之史志,宋徽宗始封为忠惠公。大观二年加封武安王。高宗建炎二年加壮缪武安王,孝宗淳熙十四年加英济王,祭于荆门当阳县之庙。元文宗天历元年,加封显灵威勇武安英济王。明洪武中,复侯原封。万历二十二年,因道士张通元之请,进爵为帝,庙曰英烈。四十二年,又敕封三界伏魔大帝神威远镇天尊关圣帝君。"

　　至清代,诸位皇帝对于关羽的追封、推崇更是前后相续。据《清史稿》卷八四《礼志三》"关圣帝君"可知,顺治九年敕封"忠义神武关圣大帝",雍正三年追封三代公爵,乾隆三十三年"以壮缪原谥,未孚定论,更命神勇,加号灵佑"。同时要求已修的关帝庙之"殿及大门,易绿瓦为黄",带上了皇家特征。四十一年诏改为"忠义"。"嘉庆十八年,以林清扰禁城,灵显翊卫,命皇子报祀如仪,加封仁勇。道光中,加威显。咸丰二年,加护国。明年,加保民。"并且跻列中祀。同治九年,加号翊赞。光绪五年,加号宣德。至此,关羽的封号就层垒叠加为"忠义神武灵佑仁勇威显护国保民精诚绥靖翊赞德关圣帝君",长达二十六字,真可谓是集前代封赐关羽的各类尊号之大成。而清代帝王有意识地追封和推崇,与他们对关羽神职的认定有极大的关系。

　　2. 清代对关羽护国神职的认定

　　清代学者梁章钜在《楹联三话》卷上"武庙戏台联"条中说:"相传每朝之兴,必有尊神为之护国,前明为岳忠武,我大清则奉关帝为护国。二百年来,武功之盛,震叠古今。神亦随地显灵,威震华夏。故朝廷尊崇封祀,漾溢寰区。"道出了清代统治者对关羽最重要神职的认定——护国神。

　　历史上的关羽,在与张飞一起协助刘备打天下的过程中,屡立战功,为蜀国的壮大和魏蜀吴三分天下局面的形成立下了汗马功劳。然最后兵败被杀,死于东吴之手。虽然如此,关羽英勇善战的战神形象却在民间记忆中越来越深刻,越到后期形象越发鲜明。随着元杂剧、明清小说中关羽戏的上演,尤其是通俗历史演义小说《三国志演义》的流行,极力把关羽神化,使之成为家喻户晓、老少皆知的神圣,关羽的战神形象越发深入人心。清代统治者虽然是起源于白山黑水之间的满族,但也一样强烈地受到了《三国演义》中关羽伟大形象的影响,清人王嵩儒曾说:"本朝未入关之先,以翻译《三国演义》为兵略,故其崇拜关羽。其后有托为关神显灵卫驾之说,屡加封号,庙祀遂遍天下。"关羽以善战闻名,清军载关羽像出师又获大捷,反过来又促进了关羽战神、护国神的崇拜信仰。除了军事战争时以《三国演义》为兵书,以关羽为保护神外,清朝早期统治者还有意从《三国志》记载的政治、军事事件中吸取治国理政的宝贵经验,清人昭梿《啸亭续录》卷一"翻书房"条载:"崇德初,文皇帝(即皇太极)患国人不识汉字,罔知治体,乃命达文成公海翻译国语《四书》及《三国志》各一部,颁赐耆旧,以为临政规范。"清代关帝庙祭祀歌辞里有言"扶植纲常正,浩气昭日星。绝伦独立,英爽若生。俎豆常馨,夏彝胥敬;仰神德莫畴,并助邦家永太平"。都说明了统治者对关羽安邦护国职能的看重。

在官方的提倡和引导下,加之社会普通民众早有的崇拜关羽心理,关帝信仰在清代呈现鼎盛之势,一个突出表现是无论大城还是小村、内地还是边疆都涌现出大量关帝庙。《承德府志》中说"关帝庙祀遍天下,各直省、府、州、县建祠设像守土"。朝鲜人朴趾源曾于乾隆四十五年随赴清参加乾隆皇帝的七十寿诞的朝鲜使团入华,在其归国后将其出使沿途的所见所闻编写为燕行文献《热河日志》,其中记载:"关帝庙遍天下,虽穷边荒徼,数家村坞,必崇侈栋宇,赛会虔洁,牧竖馌妇,咸奔走恐后。自入栅至皇城二千余里之间,庙堂之新旧,若大若小,所在相望,而其在辽阳及中后所,最著灵异……凡国有大灾,则祭告之。"与《承德府志》的说法高度一致。另外,通常情况下,一个城市或乡村总是文武二圣的祠庙并立,可往往是祭祀孔子的文庙只有一座,而武圣关羽的庙宇数量却是不受限制的。赵翼曾感叹:"今且南极岭表,北极寒垣,凡儿童妇女,无不震其威灵者。香火之盛,将与天地同不朽。"至今无人也无法统计得出或能说得出在清代的疆域里关帝庙数量到底有多少,只能一句"庙祀遂遍天下"概括之。可见,整个清代只要是有人群生活踪迹的地方,或多或少都会有崇拜关帝、修建关帝庙、祭祀关帝的活动,民众普遍祈求、希冀关帝守护着一方的平安与稳定,关帝信仰俨然成为一种全民信仰。

(二)个性因素

地方上修建关帝庙,往往与各地的实际有关,如山西解州因是关帝故里而建庙,新疆修建关帝庙与乾隆帝平定准噶尔部叛乱有关等,在承德修建大量关帝庙,当然还与完善大型皇家宫苑避暑山庄和外八庙的建制和承德处于汉、蒙交界地带的地理位置等有着密切的关系。

1. 皇家宫苑祠庙修建关帝庙以护法的惯例使然

由于清朝统治者将关帝奉为护国神,虔诚地祈求他护佑江山万年社稷永固,所以我们看到有清一代的皇家宫苑祠庙建制中都要修建一座关帝庙作为护法。以清代都城北京为例,圆明园、畅春园、长春园、颐和园、雍和宫、德寿寺和天安门外的正阳门等处都建有关帝庙。紫禁城内虽不建关帝庙,但在乾清宫设关帝神像,每天专人祭祀。

避暑山庄建成之后,清朝统治者从康熙五十二年至乾隆四十五年间先后于山庄东北外围陆续建成溥仁寺、溥善寺、普宁寺、普佑寺、安远庙、普乐寺、普陀宗乘之庙、罗汉堂、殊像寺、广安寺、须弥福寿之庙和广缘寺等12个皇家寺庙建筑群,用以供养藏传佛教领袖和培养合格僧侣。避暑山庄和外八庙形成了规模宏大的皇家宫苑祠庙建筑群落,自然也要遵循惯例建造护法关帝庙。但外八庙分散坐落在山庄四周,想为每座寺庙都建护法神庙也不现实,而从建筑的政治目的和功能需求上来说,避暑山庄和外八庙又是一个相互联系、有机统一的整体,因此最终选择在避暑山庄丽正门西侧重修原来由民众筹建的关帝庙,并将之改建造为避暑山庄和外八庙的总护法神庙——承德武庙。

从《清实录》和大内档案等记载,清朝各代皇帝亲自祭拜关帝庙已成祖传定制。万一遇事不能亲自祭祀时,也要选派内务府大臣代为供奉香火。而具体到承德时,皇帝每年巡幸热河、驻跸避暑山庄时,照例都要到关帝神像前拈香瞻礼,以求神灵佑护,并赏赐看庙僧人。

2. 维护国家统一促进民族团结的政治需求

清末学者徐珂所纂《清稗类钞》记载了不少有关清代的掌故遗闻,是书卷六十四有一条"以祀关羽愚蒙"的记载,文云:"本朝羁縻蒙古,实利用《三国志》一书,当世祖之未入关也,先征服内蒙古诸部,因与蒙古诸汗约为兄弟,引《三国志》桃园结义事为例,满洲自认为刘备,而以蒙古为关羽。"此一说法虽系后起,但颇具一定道理。清廷为了巩固和维护北方边疆的安宁,和蒙古诸部约为兄弟,并以《三国演义》中刘关张桃园三结义为喻,希望蒙古诸部像关羽一样忠心维护自己。而清代早期执政者拿《三国演义》和关公为喻,也是源于蒙古对于关公的忠义精神已经有了一定的认可。据俄罗斯汉学家李福清先生的研究,蒙古人早在17世纪就认识了关公,到18世纪时关公崇拜在蒙古族中很流行,蒙古人已经开始将关帝形象与蒙古崇拜的藏蒙两族民间史诗最伟大的英雄格萨尔王联系起来。此外,加上蒙古族信奉藏传佛教,而在清初受藏传佛教领袖人物章嘉活佛、土观活佛和班禅大师等的推动下,将关公吸纳进了藏传佛教护法神的行列。这样关公像也就出现在了藏传佛教寺庙里受人供奉。

承德的地理位置也很关键,"外连沙漠控制蒙古诸部落,内以拱卫神京",即处于连接京师和蒙古的交界地带,担负着护卫京畿的重要职责,具有重要的战略意义。《清稗类钞》中又言:"其后入帝中原,恐蒙古之携贰焉,于是累封忠义神武灵佑仁勇威显护国精诚绥靖翊赞宣德关圣大帝,以示尊崇蒙古之意。是以蒙古于信仰喇嘛外,所最尊奉者,厥唯关羽。二百余年,备北藩而为不侵不叛之臣者,专在于此。其意亦如关羽之于刘备服事唯谨也。"所以清帝在避暑山庄接待蒙古等族的拜见时,往往令蒙古王公下榻于关帝庙的附属建筑内,也隐含着这种意思。梁国治撰写的《敕修承德府关帝庙碑》中的"况承德距京师数百里,日月所照临,中外所瞻,就庙貌之成,可以见国家褒崇忠义,凛乎! 纲常名教之大焉,可以使远近更易观听,动其严威俨恪之忱焉","新庙既成,文武吏士邦人咸喜,而各蒙古外藩岁时朝觐者亦得展礼庑下,以申畏神服教之诚,以昭文德武功之盛",明白地提出了关帝庙在维护民族团结方面所起的极大作用。

总之,伫立在承德大地的关帝,是这片疆域的守护神,"忠义伏魔"的匾额题字,高度概括了这种信仰的内涵。

三、结论及余论

作为一位深受国人尊崇的神灵,人们希望关帝除了能在国家利益方面发挥保疆卫土、安邦定国的神职外,还能在个体家庭方面实现众人求财得利、祛病消灾等现实愿望,甚至人们还将关帝当作财神和行业神来拜祭。可以说,关帝是中国神灵系统中神职最多的神灵。也就是说关帝在民众眼里具有世俗所期望的全能神职。因此,按时祭祀关帝则成为必然。一般来说,旧历五月十三日是祭祀关帝的日子,在这一天朝廷会在官修关帝庙中进行官方祭祀,普通民众也会自发地在民建关庙中进行祭祀活动,"是日,民间赛会尤盛。凡国有大灾则祭告之"。或者"每逢五月,自十一日起,开庙三日,梨园献戏,岁以为常"。丰富的纪念活动,往往会引发出热闹的关帝庙会文化,迎祭神祇、艺能表演、商品交流是其中三大构成要素。民众在这种既"娱神"的活动中,同时又享受到了"娱人"的快乐。简言之,关帝信仰在满足清代统治阶级追求长治久安与普通民众希望生活幸福的不同诉求上达到了和谐与统一。

承德地区关帝庙数量众多,规格较高,统治者看重关帝保疆守土、稳固江山的政治功能,下层民众喜欢其祛病消灾、赐福添财的神职,而承德地区的关帝信仰在藏传佛教的影响下又具有特殊的含义,关帝庙在清代曾发挥过礼宾部的作用,成为边疆少数民族首领来热河拈香瞻礼和国外使团的入住之地,见证了中外民族文化交流和融合。避暑山庄丽正门西侧的承德关帝庙,1983 年认定为市级重点文物保护单位,后来经过重新修葺,面貌焕然一新,已于 2002 年开始重新面向游人开放。但是相较避暑山庄及外八庙的保护程度和旅游开发度,关帝庙的"旅游经"念得并不好。虽然关帝庙也属于避暑山庄周围寺庙群,但是其地位远远赶不上外八庙。为了提高承德关帝庙——中国现存的唯一一座敕修的关帝庙的影响,我们建议承德避暑山庄旅游开发相关公司将关帝庙也纳入避暑山庄周围寺庙游览区域,在每年迎领大批国内外的游客在避暑山庄和外八庙旅游的路线图中增加关帝庙一个环节,这样既可以促进旅游经济的繁荣,也可以扩大承德关帝庙的知名度,又反过来吸引更多的游客来承德旅游。总之,作为文物保护单位,科学保护、合理开发承德现存的关帝庙,有助于承德文化建设和历史文化名城的打造。

原载于《河北民族师范学院学报》2017 年第 2 期。

须弥福寿之庙民族团结价值研究

高俊杰

(承德市外八庙管理处,河北 承德 067000)

[摘　要]　须弥福寿之庙是承德外八庙中兴建最晚的一座喇嘛庙,是乾隆皇帝仿六世班禅在西藏日喀则扎什伦布寺的居所而建。1780 年,班禅大师"不因召至而出于喇嘛自愿来京",清帝遂采取"敬一人而千万悦"的宗教策略,不惜重金,落成此庙。须弥福寿之庙是清政府推崇藏传佛教,结好边疆少数民族,最具代表性的藏汉艺术结合的建筑典范,是民族团结的丰碑。

[关键词]　须弥福寿之庙;乾隆皇帝;六世班禅;建筑典范;民族团结

一、须弥福寿之庙的建筑背景

须弥福寿之庙建成于乾隆四十五年(1780 年),仿六世班禅在西藏日喀则的驻寺扎什伦布寺而建,是承德外八庙中兴建最晚的一座喇嘛庙。此庙在避暑山庄的北面,小布达拉宫的东面,依山就势,占地面积 37900 平方米。据《清实录》记载,"乾隆四十三年十二月乙丑,谕军机大臣:昨据章嘉胡图克图奏称,班禅额尔德尼因庚子年为大皇帝七十大寿,欲来称祝。朕本欲见班禅额尔德尼,因道路遥远或身子尚生(未出痘),不便令其远涉。今即处于本愿实属吉祥之事,已允所请。是年朕万寿日,即驻热河,外藩必集,班禅额尔德尼若于彼时到热河,最为便益。已谕令承办,虽为日尚宽,而早为部署,更觉从容妥当"。六世班禅为清帝祝寿早在乾隆四十三年十二月就已确定下来,乾隆皇帝认为班禅自愿来觐实乃大清的"吉祥善事"。

遂采取"敬一人而千万悦"的宗教策略,不惜重金,兴建须弥福寿之庙,以为六世班禅来承德居住之所,故此庙又称班禅行宫。

有关资料显示,此庙从动工到落成只用了一年零一个月的时间。建庙时间虽短,但寺庙建筑布局合理,气势恢宏,庙内陈设也极尽奢华。据嘉庆五年(1800 年)行宫陈设档记载,庙内各类佛像多达数万尊,班禅源流画及墨刻填金婆罗树画轴,各类佛、菩萨、护法神画像,唐卡等,以及各种供器、法器、仪仗,不胜枚举。如此庞大的工程用极短的时间完成,就是在科技发展的今天也很困难。这充分说明清政府对西藏领袖六世班禅到来的重视程度。

乾隆皇帝在《须弥福寿之庙碑记》中写道:"布达拉既建,伦布不可少。择向兴工作,亦以不日成。都纲及寝室,一如后藏式。金瓦映日辉,玉幢扬风舞。自成动静偈,朗标色空喻。"恰当地说明了须弥福寿之庙建庙的背景、速度、形制和落成后的壮丽,以及皇帝对班禅大师及佛法的崇敬之意。

二、从须弥福寿之庙透视康乾边疆民族政策

清代在治理边疆民族地区的过程中,基本采取因俗而治的政策,注重从感情上加强与边疆民族的联络。康乾时期是这种政策的典型时期。透过须弥福寿之庙,正可窥见清代边疆民族政策之一斑。

其一,须弥福寿之庙碑与康乾边疆民族政策。须弥福寿之庙的石碑在避暑山庄和外八庙的全部装饰中,形制和规格是最高的。此庙石碑处于重檐黄琉璃瓦歇山顶的碑亭内,亭内悬挂乾隆御笔"智光普照"匾额,意为佛的智慧之光普照世界。亭正中立乾隆四十五年御制须弥福寿之庙碑,碑身正面四边刻 14 条龙戏珠,两侧是龙戏珠石雕,碑首为二龙戏珠,中间是篆书"御制"。碑身之下是一巨大的龟形石雕赑屃,长 4 米,宽 3 米,为一整块巨石雕成。赑屃是传说中龙的第八子。具有性善、长寿、好负重的特点。在赑屃的下面是"海水江崖"石墁浮雕,四角为鱼、鳖、龟、虾四种动物。整个石碑通高 8 米,宽 2.5 米。通体雕刻精细,构思巧妙,碑头碑身为一块整石所造,在没有先进运输工具的清代,依靠人力又拉又推,是经过怎样的艰难才运到这里的,不敢想象。碑文用满、汉、蒙、藏四体文字镌刻。

乾隆在碑文中记述了从顺治到自己的文治武功的传统,宣扬了边疆少数民族拥护清政府,特别是六世班禅自愿前来入觐,是清政府与西藏关系密切的表现。乾隆皇帝在此庙中设赑屃,有其寓意:一是表示祈求长寿;二是对六世班禅的尊重,体现出此庙的高贵;三是清帝的天下一统思想。须弥福寿之庙碑象征全国各民族和

睦相处,祖国统一,充分体现了康乾时期对边疆民族因俗而治以促进多民族团结的政策。

其二,六世班禅在须弥福寿之庙的活动与康乾边疆民族政策。班禅大师在须弥福寿之庙居住期间,主持寺庙的开光大典,在庙内熬茶、放布施;为皇帝、皇子、各少数民族王公、寺庙活佛讲经说法并为他们摩顶加持赐福;还多次到普陀宗乘之庙和普宁寺等藏传佛教寺庙拈香礼佛,为蒙古各部王公、台吉摩顶,赐法名,弘扬佛法。不仅如此,班禅在离开承德时,把自己的大弟子及 20 名西藏喇嘛留在了须弥福寿之庙,传播藏传佛教。通过这种因俗而治的政策,更密切了西藏和清政府的关系。

三、从须弥福寿之庙建筑风格看民族文化的融合

须弥福寿之庙从总体特征上看是藏族寺庙,但某些单体建筑和某些建筑的细部装饰,又融进了大量的体现汉族建筑特色的内容。须弥福寿之庙综合运用藏汉建筑手法,可谓是藏汉建筑艺术结合的典范之作,充分体现了清代民族文化的融合。

(一)藏汉结合的建筑布局反映出清代民族文化的融合

须弥福寿之庙建筑布局合理,气势恢宏,分前、中、后三部分。前部为汉式传统建筑五拱石桥、山门、碑亭、琉璃牌坊。中部藏式建筑大红台是寺庙的主体,平面呈回字形,由三层群楼围绕一座重檐攒尖顶大殿,名妙高庄严殿,俗称金瓦殿。红台西面是六世班禅的住宿楼吉祥法喜殿,为重檐歇山鎏金瓦顶。东面有御座楼,是乾隆皇帝休息的地方。后部有金贺堂和万法宗源殿,是班禅弟子的住处。东侧有生欢喜心殿(原为乾隆皇帝的住处)与西侧吉祥法喜殿相对,"生欢喜心"现已不存。最北面的山岗上是一座高耸入云的琉璃万寿塔。塔周有九间楼、罡子殿、单塔白台等建筑,充分体现出须弥福寿之庙结合藏汉寺庙建筑风格的特点。

(二)琉璃牌坊体现着清代民族文化融合

琉璃牌坊处于须弥福寿之庙的中部,为三间四柱七楼形式,由各种形状的琉璃饰件镶嵌而成。牌坊的边柱及大小额坊上雕刻多种花卉。牌坊的四柱是黄绿琉璃相间的云纹和绿柏图案。中间为"一统江山"图案。正面中间嵌白玉石匾额,上用满、汉、蒙、藏四种文字镌刻的乾隆御笔题额"总持佛境",是说六世班禅居住的宗教圣地统领天下万法。石匾四边嵌黄琉璃龙戏珠图案。

在承德皇家寺庙中只有普陀宗乘之庙(小布达拉宫)和须弥福寿之庙(班禅行宫)中建有琉璃牌坊,这两座琉璃牌坊,全部使用等级高贵的黄绿釉琉璃装饰,在封建社会里牌楼非比寻常,一般建筑物不允许使用,而且使用黄绿琉璃牌楼更是有规定。黄色是尊贵的色彩,唐代把黄色定为代表皇室的颜色,其他人不能用。在明清两代,皇帝的宫殿、陵墓及敕建的寺庙准用黄色,其他人不得擅用,宗室亲王、郡王、贝勒等高级官员,只能用绿琉璃屋顶。在等级森严的大清朝琉璃牌坊更是有着严格的等级制度。据须弥福寿之庙山门外下马碑记载:"凡蒙古、扎萨克等来瞻礼者,王以下,头等台吉以上及喇嘛准登红台礼拜,其余有官职者,许在琉璃牌坊前瞻叩,余既不准入庙门。其入庙门者,不得由中路行,俱令进左右掖门,以昭虔敬……"过琉璃牌坊只有皇帝才可以从中门通过,登红台礼拜,其他够级别的官员可从两侧门通过,无官职者只能在庙门外叩拜。当年六世班禅与清帝一起同登红台,能够受此皇恩,真可谓是"一人之下,万人之上"了。

琉璃牌坊"二楼"正中嵌黄色琉璃正龙盘坐大花板,一条巨龙张口瞪目,周围祥云环绕,硕大的火焰宝珠翻飞滚动。须弥福寿之庙中的这种独龙戏珠图案也是只有皇帝才可以享用,充分体现了寺庙的高贵等级。

这些本属清代皇家寺庙特点的建筑风格被应用于藏传佛教建筑之中,既充分体现了清代高超的建筑水平和等级制度,更体现出清帝对藏传佛教黄教的尊崇,体现了清代的民族融合。

(三)妙高庄严殿和吉祥法喜殿突显了清代民族文化融合

妙高庄严殿是须弥福寿之庙的主体建筑,象征黄教始祖宗喀巴成佛的佛境,是六世班禅在此居住时讲经的地方。据记载,年已70的乾隆皇帝,为迎接六世班禅,专门学习了一般常用的藏语,还研究了藏史,在引导班禅参观了整个寺庙后,乾隆曾在此殿请他讲经,由章嘉国师翻译。班禅将跋涉途中每一站祈祷、祝福乾隆万寿的记录送给乾隆,并献吉祥哈达和40余件礼品。乾隆将自己身穿袈裟的画像及弓、箭、金币、金丝袈裟等送给班禅,并颁发了金册、金印,为他题写了"宝地祥轮"匾额。

与妙高庄严群楼相连的鎏金瓦顶殿,是六世班禅的住宿楼,名"吉祥法喜殿",当年殿内陈设着佛像、挂像佛、佛龛、字对,金、银、玉各类供器、法器,琳琅满目、富丽堂皇,有"金殿"之称。妙高庄严殿的鎏金攒尖顶,在世界建筑史上都是少见的,四条脊上八条鎏金行龙,金光闪耀,欲势腾飞。四条金龙昂首向上趋向中心宝幢,体现乾隆天下大一统思想;四条金龙昂首向外,体现着无限的空间意识。每条铜龙

176

重 300 多公斤(1995 年修复鎏金瓦顶时,古建处对每条金龙都称了重量)。仅这两座鎏金殿,即可看出乾隆皇帝建此庙是不惜工本的。据乾隆四十四年九月档案记载:"……须庙都罡殿楼铜瓦俱照布达拉庙一样镀金二次,钦此钦遵,今合计二次共需用头等金叶一万五千四百二十九两八钱五分四厘。"殿内陈设装饰繁华,有各种画像佛、佛尊、佛龛、御笔匾、字对、多心经、佛塔、嘎布拉鼓、七珍、八宝、五供等。清帝把班禅讲经的妙高庄严殿与御座楼紧邻;班禅的住宿楼与生欢喜心殿(乾隆皇帝的住处)相对,西面是金顶金龙,金碧辉煌,而东面是琉璃瓦顶,色彩庄严高贵。乾隆皇帝有意如此安排,让六世班禅充分体会到清帝的特殊礼遇。这种建筑风格也突出了班禅行宫所具有的民族文化融合与民族团结意义。

四、结论

乾隆时期,清王朝与西藏的关系已经处于和平稳定的历史阶段。西藏分为前藏和后藏,前藏为达赖,后藏为班禅,他们推崇喇嘛教——黄教。此时六世班禅比八世达赖年长 20 岁,按照黄教的教规,历代达赖与班禅的关系是"递相为师"。此时六世班禅是八世达赖的老师。据《须弥福寿之庙碑记》记述,"黄教之兴,以宗喀巴为鼻祖。有二大弟子:一曰根敦珠巴,八转世而为今达赖喇嘛;一曰凯珠布格垶克巴勒藏,六转世而为今班禅额尔德尼喇嘛。是二喇嘛,盖相递为师,以阐宗风,而兴梵教。则今之班禅额尔德尼喇嘛,实则达赖喇嘛之师也"。西藏此时的真正领袖是掌握西藏地方政权的六世班禅。因此西藏地区及蒙古各部均视六世班禅为精神领袖。事实证明,乾隆皇帝不惜重金兴建此庙确实达到了"敬一人而千万悦"的政治目的。正如须弥福寿之庙碑文所述:"而一闻班禅额尔德尼之来,其欢欣舞蹈,欲执役供奉,出于至诚,有不待教而然者。"

须弥福寿之庙是清政府推崇藏传佛教,结好边疆少数民族,最具代表性的藏汉建筑典范,是民族团结的丰碑。

原载于《河北民族师范学院学报》2015 年第 3 期。